中国語文法の意味とかたち

──「虚」的意味の形態化と構造化に関する研究──

木村英樹 著

白帝社

ま え が き

　本書は，現代中国語を対象に，広義に文法的現象と呼び得る諸々の事象を取り上げ，文法的意味と形態，および文法的意味と構造の対応のあり様(よう)を明らかにしようとするものである。ここで言う文法的現象および文法的意味とは，統語論，構文論，談話文法，さらには語用論のレベルに属するさまざまな現象と意味を含む。扱うテーマは，ダイクシス，アスペクト，ヴォイス，およびいくつかのタイプの構文に関わるものである。

　高度に孤立語的であり，単音節言語であり，早い時期から表意文字をもつに至った中国語は，その宿命的とも言える特質として，純粋に文法的意味のみを担う形式や真に機能語と呼べる形式に著しく乏しい。その乏しい文法的資源を懸命に駆使し，見かけほどには決して簡素でも単純でもないさまざまな文法的意味を形成している姿は健気でさえある。その健気さに応えて，長らく見逃されてきた文法的意味や，妥当に理解されることなく遣り過ごされてきた数々の文法的意味を，一つでも多く掘り起こし，それらに対して，より的確な説明とより明確な記述を与えたいという思いは，中国語の文法研究に携わる者の多くに通じるものと思われる。

　もっとも，健気なだけが中国語文法の特質ではない。したたかであることもまた，この言語の特質の一つである。真の文法形式や機能語に乏しい中国語は，その乏しさを補って，文法的意味の形成に名詞や形容詞や動詞といった実質語の類いをも抜かりなく動員する。中国語は，実質語が具えるさまざまな意味特性を，顕在的なものから潜在的なものまでを含めて，積極的にかつ巧みに文法装置のパーツに組み込む言語なのである。本書の第6章や第7章で取り上げた動詞表現と文法形式の協働による文法的意味の成立や，第8章で論じたヴォイス構文の構造化に関わる現象などはまさにその典型と言える。実質語と文法的形式，あるいは実質語と文法構造が，持ちつ持たれつ相呼応して織り成す文法現象の綾(あや)

は，孤立語における文法というもののあり方を考えるうえでまことに示唆的であり，その綾のからくりを読み解くところに，中国語文法論ならではの興奮とおもしろさがある。

　本書は，個別言語の研究として中国語の文法記述を目指すものであるが，問題の分析にあたっては，常に自然言語の多様性と普遍性という観点に立って考察を行い，より一般性の高い記述を心がけたつもりである。本書の成果が中国語の文法研究のさらなる進展と深化への一助となり得れば，また，他の言語の文法研究や対照研究への懸け橋となり得れば幸いである。

木　村　英　樹

目　次

まえがき……………………………………………………………………… i

序 ………………………………………………………………………………… 1

第Ⅰ部　ダイクシスをめぐって

第1章　指示詞の意味機能——指示と代示——……………………… 15
　　1　はじめに ……………………………………………………………… 15
　　2　"这/那"の意味機能 ………………………………………………… 15
　　3　"这个/那个"の意味機能 …………………………………………… 20
　　4　むすび ………………………………………………………………… 28

第2章　指示詞の連接機能——指示と定位——……………………… 30
　　1　はじめに ……………………………………………………………… 30
　　2　「つなぎ」としての"这/那" ……………………………………… 32
　　3　指示と方位 …………………………………………………………… 33
　　　　3.1　方位詞の機能的特徴 ……………………………………… 34
　　　　3.2　指示詞"这/那"の定位性または方位詞の指示性 ……… 38
　　4　N_1DN_2の構造 ……………………………………………………… 47
　　5　N_1DN_2の意味 ……………………………………………………… 51

第3章　指示詞のダイクシス——「近」と「遠」——……………… 57
　　1　はじめに ……………………………………………………………… 57
　　2　現場指示 ……………………………………………………………… 59
　　　　2.1　対話の場合 ………………………………………………… 60
　　　　2.2　独言・内言の場合 ………………………………………… 74

3　記憶指示 …………………………………………… 77
　　　4　むすび ……………………………………………… 84

第4章　三人称代名詞の敬語制約 ……………………………… 87
　　　1　はじめに …………………………………………… 87
　　　2　"ta"のコンテクスト ……………………………… 88
　　　3　現場指示の"ta" …………………………………… 90
　　　4　現場内文脈指示の"ta" …………………………… 94
　　　5　文脈指示の"ta" ………………………………… 100
　　　6　"ta"の敬語制約の一般化 ……………………… 111
　　　7　むすび …………………………………………… 113

第5章　疑問詞の意味機能——属性記述と個体指定—— …… 115
　　　1　はじめに ………………………………………… 115
　　　2　"几"と"多少" ………………………………… 116
　　　　　2.1　従来の記述と問題提起 ……………………… 116
　　　　　2.2　疑問基数詞と疑問名詞 ……………………… 119
　　　　　2.3　疑問基数詞から疑問序数詞への拡張 ……… 120
　　　　　2.4　〈数〉と〈量〉 ……………………………… 121
　　　3　"谁"と"什么"と"哪(.个)" ………………… 122
　　　　　3.1　"谁"について ……………………………… 122
　　　　　3.2　"哪(.个)"について ……………………… 125
　　　　　3.3　"什么"について …………………………… 126
　　　4　むすび …………………………………………… 132

第Ⅱ部　アスペクトをめぐって

第6章　北京官話における「実存相」の意味と形式
　　　　——モノ・コトの「時空間的定位」という観点から——
………137
- 1　はじめに…………………………………………………………137
- 2　考察の対象……………………………………………………138
- 3　北京官話の「アスペクト」的状況……………………………139
  - 3.1　文末助詞の"了"……………………………………140
  - 3.2　文末助詞の"呢"……………………………………143
  - 3.3　動詞接辞の"着"……………………………………146
  - 3.4　動詞接辞の"了"……………………………………149
  - 3.5　動作動詞のアスペクト特性と有標化……………151
- 4　実存化の標識…………………………………………………152
- 5　むすび——実存相の提案——………………………………153

第7章　動詞接辞"了"の意味と機能論的特性……………156
- 1　はじめに…………………………………………………………156
- 2　"了"の文法的意味
  　　——"完成""実現"それとも「完了」——……………157
  - 2.1　刘勋宁1988における"完成"の意味………………157
  - 2.2　「実現相」の内実……………………………………159
- 3　完了相の成立要件……………………………………………166
- 4　完了相の機能論的特性………………………………………172
  - 4.1　存現文の場合…………………………………………172
  - 4.2　事態叙述文の場合……………………………………175
  - 4.3　過程描写文の場合……………………………………178

第Ⅲ部　ヴォイスをめぐって

第8章　ヴォイスの意味と構造……187
1. はじめに……187
2. 有標ヴォイス構文の構造と意味……189
   - 2.1　指示使役文と許容使役文……190
   - 2.2　誘発使役文……192
   - 2.3　受影文……193
3. 構文と事態のカテゴリ化……198
   - 3.1　使役文と受影文のパラメータ
     ——「スル」と「ナル」——……198
   - 3.2　「処置文」改め「執行使役文」……202
   - 3.3　ヴォイス・カテゴリの相関と対立……204
4. 準動詞（c）のカテゴリ化……205
   - 4.1　2系統のカテゴリ化……205
   - 4.2　諸方言におけるcのカテゴリ化……208

第9章　北京官話授与動詞"给"の文法化……214
1. はじめに……214
2. 従来の解釈……217
   - 2.1　"给"のAM化について……217
   - 2.2　"给"のPM化について……219
3. 受影文と執行使役文……221
   - 3.1　受影文の構文的特徴……221
   - 3.2　執行使役文の構文的特徴……223
4. "给"の文法化……224
   - 4.1　授与動詞から「授与目標マーカー」へ……224
   - 4.2　「授与目標マーカー」から「受益者マーカー」へ……228

4.3 "给"によるAM機能の成立——「受益者マーカー」
　　　　　から「状況誘発者マーカー」へ——……………… 230
　　4.4 "给"によるPM機能の成立——「授与目標マーカー」
　　　　　から「被使役者マーカー」へ——……………… 232
　5 むすび …………………………………………………… 234

第Ⅳ部　構文をめぐって

第10章　"的"構文の意味と構造
　　　　　——事物限定から動作限定へ—— ……………… 239
　1 はじめに ………………………………………………… 239
　2 杉村説の検討 …………………………………………… 242
　　2.1 「照応形式」説について ……………………………… 242
　　2.2 「"的"前移」説について …………………………… 247
　3 「名詞述語文」説について …………………………… 250
　4 de の機能と"的"構文の意味 ………………………… 253
　　4.1 「動作区分機能」と属性指定 ……………………… 253
　　4.2 意味とかたちに基づく検証 ………………………… 257
　5 むすび …………………………………………………… 263

第11章　二重主語文の意味と構造 ……………………… 265
　1 はじめに ………………………………………………… 265
　2 二重主語文の分類 ……………………………………… 267
　3 経験的事態と二重主語文の成立 ……………………… 268
　　3.1 〈温感〉について …………………………………… 268
　　3.2 〈疲労感〉について ………………………………… 271
　　3.3 〈痛痒覚〉について ………………………………… 272
　　3.4 〈味覚・嗅覚〉について …………………………… 274
　　3.5 〈飢飽感〉と〈快感〉について …………………… 275

3.6 〈悲喜感〉について……………………………………276
　　3.7 〈視聴覚〉について……………………………………279
　　3.8 その他の経験的事態について…………………………281
　4 属性的事態と二重主語文の成立……………………………285
　　4.1 B類二重主語文の下位分類……………………………288
　　4.2 〈性状〉タイプについて………………………………288
　　4.3 〈多寡〉タイプについて………………………………290
　5 もう一つの「NP$_1$＋NP$_2$＋V」構造と二重主語文の位置づけ
　　　……292

第12章 "有"構文における「時空間存在文」の特性
　　　──所有と存在──………………………………………298
　1 はじめに──「存在文」の特立に関わる問題点──……298
　2 "有"構文が表す〈存在〉の諸相…………………………305
　　2.1 【特定の時空間におけるリアルな具体物の存在】を表す
　　　　タイプ（＝タイプA）……………………………………306
　　2.2 【特定の時空間におけるリアルな状況の存在】を表す
　　　　タイプ（＝タイプB）……………………………………307
　　2.3 【構造体における構成部品の存在】を表すタイプ
　　　　（＝タイプC）……………………………………………308
　　2.4 【範疇における成員の存在】を表すタイプ
　　　　（＝タイプD）……………………………………………310
　　2.5 【事物における相対的関係者の存在】を表すタイプ
　　　　（＝タイプE）……………………………………………313
　　2.6 【所有物としての存在】を表すタイプ
　　　　（＝タイプF）……………………………………………314
　　2.7 【事物における質的属性の存在】を表すタイプ
　　　　（＝タイプG）……………………………………………315

2.8 【事物における量的属性の存在】を表すタイプ
　　　　　（＝タイプH）………………………………………… 316
　　3 「時空間存在文」の特性 ………………………………………… 319
　　　3.1 非既知性について ………………………………………… 319
　　　3.2 「所在文」との相違 ……………………………………… 320
　　　3.3 数量詞の付加について …………………………………… 322
　　4 むすび ……………………………………………………………… 326

参考文献 ………………………………………………………………………… 329

あとがき ………………………………………………………………………… 337

索　　引 ………………………………………………………………………… 341

序

　中国語の伝統的な品詞分類の概念として「実詞」対「虚詞」という二分法が存在することは，中国語学の領域では広く知られるところである。実詞は実質語（content word）に，虚詞は機能語（function word）にそれぞれほぼ対応する。しかし，言うまでもなく，言語の意味とは語によってのみ表されるものではない。イントネーションなどの音声形式によって表される意味，統語構造によって表される文法的意味，構文によって表される構文的意味，複数の文表現の相互作用を基盤として成立する談話的意味，言語表現と発話環境の相互作用を基盤として成立する語用論的意味等々，言語形式が担う意味にはさまざまな種類のものがある。そして，それらの意味は，名詞，動詞，形容詞などの典型的な実詞が表す実質的な意味を除けば，概ね「虚」なるもの，すなわち，実質性に乏しいものである。つまり，機能としての意味も含めて，言語形式の意味を虚か実かの観点で分けるとすれば，一部の典型的な実詞が表す実質的な意味を除いて，その大半は，虚詞が担う狭義の文法的意味と同様に（あるいはそれ以上に）「虚」的であると言える。現実の発話は，実詞が表すもろもろの実質的意味を素材とし，それらに，虚詞の表す文法的意味をはじめとするさまざまな「虚」的意味が有機的かつ複層的に結び付くかたちで形成されている。本書は，中国語におけるさまざまな種類の「虚」的意味とその形態的な表れおよび構造的な表れの関係を明らかにしようとするものである。

　典型的な孤立語に属し，形態変化という文法手段をもち合わせず，また純粋に文法形式と呼ぶにふさわしい機能語にも乏しい中国語にあっては，文法的意味をはじめとする「虚」的な意味のほとんどが非顕在的（covert）なかたちで形態や構造のなかに組み込まれている。一例を挙げれば，(1)は，〈李さん〉が〈座る〉という動作を続けたことの結果として〈疲れる〉という状況に変化したという事態を表す文として問題な

く成立しているが，(1)の結果補語（resultative）[1]である形容詞 "累"［疲れている］を，「心地よい；快適である」という意味の形容詞 "舒服" に置き換えた(2)は明らかに不自然であり，非文と判断される。

(1) 小李　　　坐累了。
　　李さん　　座る-疲れている-PERF[2]
　　［李さんは座り疲れた。］

(2) *小李　　　坐舒服了。
　　李さん　　座る-心地よい-PERF

人が〈座る〉という動作を通して〈心地よくなる〉あるいは〈快適になる〉という事態は日常十分に起こり得る事態ではあるが，(2)はそのような事態を表す自然な表現として成立しない。同様に，(3)も不自然である。

(3) *小李　　　洗舒服了。
　　李さん　　洗う-心地よい-PERF

"洗" は「(物を) 洗う」という動作を意味する動詞であり，〈洗い物をする〉ことによって〈心地よくなる〉あるいは〈快適になる〉という事態も日常決してあり得ないことではないが，(3)は，(2)と同様，そのような事態に対応する自然な表現として成立しない。逆に，(4)や(5)や(6)はすべて問題なく成立する。

(4) 小李　　　洗累了。
　　李さん　　洗う-疲れている-PERF
　　［李さんは洗い物をし疲れた。］

(5) 小李　　　洗膩了。
　　李さん　　洗う-飽きている-PERF
　　［李さんは洗い物をし飽きた。］

---

1) 「結果補語」とは中国語学の伝統的な用語であり，動詞に後接して，動作行為の遂行の結果として関与者にもたらされる何らかの状況を表す成分を指す。結果補語には，一般に，非対格動詞または形容詞が用いられる。
2) PERF は「完了相」(perfective) を示す。

(6) 鞋　　　　洗湿了。
　　　靴　　洗う-湿っている-PERF
　　　［靴が洗い物をしていて濡れた。］

　(1)および(4)(5)(6)と，(2)および(3)の成否の対立は，この種の構造からなる結果構文——すなわち，非能格自動詞か他動詞のいずれかが結果補語を伴って構成される動詞句構造を述語とする一項文——が，通常は，それ自身の構文的意味として「主語の表す事物が，動詞の表す動作の遂行によって，社会通念上《好ましくない》状況に変化する」という事態を表す構文であるという事実に起因しており，(2)と(3)が不自然であるのは，《好ましくない》状況への変化を表すための構文に，《好ましい》状況を意味する"舒服"が抵触するからにほかならないのだが，問題は，このタイプの結果構文がそのような「虚」的な構文的意味を有しているという情報を示す明示的（overt）な標識が文中のどこにも——形態的にも構造的にも——見当たらないということである。

　この種の結果構文に関してさらに興味深いのは，一般には社会通念上《好ましくない》状況への変化を表すこの種の構文が，主語の表す事物が動詞の表す動作の直接的な対象（＝受動者）である場合には，《好ましい》状況への変化も表すことができるという事実である。(7)と(8)の文はともに社会通念上《好ましい》状況を意味する形容詞が結果補語に用いられているにもかかわらず，極めて自然な表現として成立している。

(7) 衣服　　　　洗干净了。
　　　服　　洗う-清潔である-PERF
　　　［服は洗ってきれいになった。］

(8) 刀子　　　　磨快了。
　　　包丁　　研ぐ-鋭い-PERF
　　　［包丁は研いで切れ味がよくなった。］

　(1)-(6)の例とは異なり，(7)と(8)では，主語名詞の表す事物が動詞の表す動作にとって受動者の関係にあり，当該の動作の働きかけを直接に受ける対象となっている。本構文は，このように，変化の主体が当該の動

作にとって直接的な受動者という立場にある場合には、《好ましい》状況への変化を表す事態にも対応し得る。(8)と同様に"刀子"［包丁］の変化を語る構文であっても、"切"［(物を)切る］という動作がもたらす変化を問題にする場合には、やはり《好ましくない》状況への変化を語る(9)のみが成立し、《好ましい》状況への変化を語ろうとする(10)は成立しない。

(9) 刀子　　　切鈍了。
　　 包丁　　 切る-鈍い-PERF
　　［包丁は(物を)切って切れ味が悪くなった。］

(10) *刀子　　 切快了。
　　 包丁　　 切る-鋭い-PERF

使い始めは切りにくい包丁も、物を切っているうちに次第に刃が立ち、結果として〈切れ味がよくなる〉という事態も現実にあり得なくはないと考えられるが、ここでは"刀子"が"切"という動作にとっては道具であって、直接の受動者ではないため、《好ましい》状況への変化を語ろうとする(10)は、やはり(2)や(3)と同様に不自然に感じられる。"刀子"が動作の結果として〈切れ味がよくなる〉という《好ましい》状況に導かれるという事態を語るためには、(8)の"磨"［研ぐ］のように、"刀子"が動作の直接の受動者となるタイプの動詞が主要動詞に充てられなければならない。

　結果構文をめぐるこうした文法的事象は、物事とは、それを直接の対象として積極的な働きかけを行う努力があってこそ、望むべき《好ましい》結果が得られるものであり、その努力なくして無為に遣り過ごせば、あるいは放置すれば、結果として物事は概ね《好ましくない》状況に至ってしまうという、人間の経験的知識に基づく普遍性の高い世界観を反映する現象として捉えることも可能であり、認知言語学の観点からも興味深い現象であると思われる。が、それはさておき、当面の議論と関わってさしあたり確認すべきことは、(7)と(3)や(8)と(10)の成否の対立についても、それに関わる「虚」的な意味の存在を示唆する明示的なサインは、

やはり形態的にも構造的にも一切存在しないという事実である。したがって，当該の構文のこの「虚」なる意味を突きとめるには，一方では，構造の内部に分け入り，意味論的な観点から，各要素に対する個々の具体的な形式の選択制限や形式間の共起制限，さらには，述べられようとする事態の関与者の意味役割などを検証し，一方では，機能論的な観点から，本構文が現実に用いられる談話環境の特性を分析するなどといった多様な観点からの観察と分析の作業が必要とされる。

　膠着語的な言語や屈折語的な言語においても多かれ少なかれ同様の事情が存在することは言うまでもないが，典型的な孤立語に属する中国語においては，とりわけ上に示したような現象が文法的現象のうちの圧倒的多数を占めて存在し，そのことが，従来の中国語文法研究におけるさまざまな「虚」的意味の見落としや，文法記述の不備をもたらす要因となっている。

　本書は，中国語の文法体系の再構築を目指す記述的および理論的研究の一環として，ダイクシスおよびアスペクトに関わる一連の虚詞的な形式と，ヴォイスに関わる構文をはじめとする複数の構文を取り上げ，従来の研究が見落としてきたか，あるいは的確に捉え切れなかったもろもろの「虚」的意味を探り出し，それらと形態的もしくは構造的な「かたち」の対応関係を明らかにし，加えて，その対応のあり方を，自然言語としての普遍性と個別性という観点から特徴づけ，より一般性の高い，説明力に富む記述を試みるものである。

　本書は次の4部から構成される。
　　第Ⅰ部　ダイクシスをめぐって
　　第Ⅱ部　アスペクトをめぐって
　　第Ⅲ部　ヴォイスをめぐって
　　第Ⅳ部　構文をめぐって
　第Ⅰ部では，指示詞，三人称代名詞，および不定称が担う疑問詞を対象に，狭義のダイクシス論から待遇論に及んで議論を展開する。まず，

第1章（「指示詞の意味機能」）では，指示詞のパラダイムの基本系列に属する2系列の形式——"这/那"と"这个/那个"——を取り上げ，前者は事物を指さすだけの「指示機能」を担う典型的な指示詞であり，後者は名詞表現の代わりに用いる代用形式，すなわち「代示機能」を担う典型的な指示代名詞であることを種々の統語論的，構文論的および語用論的事象に基づき論証する。併せて，指示詞もしくは指示代名詞と呼ばれる語類が言語横断的に担う指示と代示という2種類の意味機能が，中国語においては言語表現の上で差異化され，"这/那"と"这个/那个"という2種類の異なる形式によって分け担われているという事実を明らかにする。

　事物を「コレ/アレ」と指さす"这/那"の指示機能を，認知言語学におけるグラウンディングの観点から捉え直せば，それは，事物を話し手の立脚するリアルな空間にダイクティックに定位する機能にほかならず，その意味において，第1章で取り上げた"这/那"は［空間性］という意味特性を有する形式であると考えられる。第2章（「指示詞の連接機能」）では，指示と定位という2種の意味機能が［空間性］を接点として近似し，あるいは連続することの反映として，指示詞である"这/那"が一連の相対的空間詞（＝「方位詞」）との間に複数の統語機能を共有するという事実を指摘する。加えて，"我这本书"［私のこの本］の例に見られるような，2つの名詞表現を繋いで1つの名詞句構造を構成し得る"这/那"の「連接機能」を取り上げ，これが，方位詞との共有の機能である「トコロ化機能（＝前接作用）」と「連体機能（＝後係作用）」の同時発動の産物であることを明らかにする。

　第3章（「指示詞のダイクシス」）では，近称と遠称の対立について考察する。「話し手に近いものは{这-}で指し，遠いものは{那-}で指す」とだけ記述されてきた従来の説明の限界を克服し，近称と遠称のより本質的な意味論的対立の機構を解明すべく，認知言語学における捉え方（construal）の観点から，事物が話し手によってどのように捉えられた場合に話し手はそれを〈近い〉と認識し，あるいは〈遠い〉と認識する

のかを考察し，{这-}と{那-}の多数の実例の観察と分析を通して，話し手の〈近〉か〈遠〉かの認識の決定に与る意味論的要因と語用論的要因を明らかにする。

　第1章で取り上げた"这个/那个"は，"这/那"とは対照的に，人間を対象に用いることのできない形式であり，事物のみを対象として代示機能を担う形式である。その"这个/那个"に代わって人間を対象に代示機能を担う形式は三人称代名詞の"tā（他・她）"である。ただし，"tā（他・她）"は，対話者――すなわち，一人称の"我"と二人称の"你"――の連帯の意識のそとに存在する「他」者を指す人称表現であることから潜在的な〈排他性〉を帯び，加えて代用形式であることも相俟って，目上の人物を対象に用いるには一定の待遇論的な制約が働く。つまり敬語の制約に触れる可能性がある。第4章（「三人称代名詞の敬語制約」）では，"tā（他・她）"による指示と照応の現象を待遇論の観点から捉え，"tā（他・她）"を目上の人物を対象に用いることに伴う非礼感の度合いを左右する要因を，構文論，機能論および語用論のレベルにおいて明らかにし，従来語彙論の域を出ることのなかった中国語敬語論の枠を越える新たな中国語敬語論の展開の可能性を示す。

　第5章では，前章までで扱った定称の形式から不定称の形式に目を転じ，{哪-}をはじめとする，〈人〉〈事物〉〈数〉〈量〉の問いに用いられる５種類の不定称形式――"哪-"［どれ；どの］，"什么"［なに］，"谁"［誰］，"几"［何~］，"多少"［いくら］――を取り上げ，それらが疑問詞として用いられる際の意味上および文法機能上の対立について考察する。まず，機能論的な観点から，疑問詞には少なくとも２つの意味機能――すなわち，未知の対象について属性の記述を求めて，その同定を図ろうとする「属性記述要求機能」と，未定の個別の対象について選択的な指定を求めて，その同定を図ろうとする「個体指定要求機能」――があることを指摘し，問題の５種類の疑問詞の意味上および文法機能上の対立には，この２種類の機能の対立が関与的指標として作用しているという事実を種々の意味的および統語的事象に基づいて明らかにする。併せて，〈数〉

を問う"几"は本来的には〈基数〉を問う疑問詞であること，また，〈事物〉を問う"什么"は個体指定要求機能に乏しいことなど，中国語の疑問詞の体系的な理解にとって重要な複数の事実を提示する。

　第Ⅱ部では，従来のアスペクト論を見直し，これまでアスペクトを表す形式として記述されてきた複数の形式について，新たな視点からそれらの意味機能を捉え直し，併せて，今後のアスペクト研究に益する新たな方向性の提示を試みる。まず，第6章（「北京官話における「実存相」の意味と形式」）では，北京官話を対象とする事例研究として，北京官話において従来アスペクトを表す形式とされてきた4種の形式——動詞接辞の"了"と"着"および文末助詞の"呢"と"了"——を取り上げ，従来の記述がそれらすべてを一律に時間相（＝アスペクト）を表す形式と見なしてきたことの不備を指摘し，もろもろの意味的および文法的事象に基づき，動詞接辞の"着"と文末助詞の"呢"については，事柄または事物に空間的実存性を付与する形式して捉えられるべきものであり，動詞接辞の"了"と文末助詞の"了"については，事柄または事物に時間的実存性を付与する形式として捉えられるべきものであることを論証する。なお，北京官話には，ここで取り上げる4種の形式のほかにも，事柄や事物を，さまざまなかたちで話し手が視点を置くリアルな時間領域もしくはリアルな空間領域に定位するための文法形式や文法構造が存在し，それらの形式や構造は，事柄や事物に時間的もしくは空間的な実存性を付与することによってそれらを具体化し，あるいは個別化する機能を担っていると考えられる。本章では，そのような機能を担う一連の形式や構造を，一つの意味機能範疇を形成する成員として捉え，この意味機能範疇を仮に「実存相」と呼ぶ。

　第7章（「動詞接辞"了"の意味と機能論的特性」）では，中国語の動詞接辞のなかから，事柄に時間的実存性を付与する形式の一つである"了"に論点を絞り，"了"による〈完了〉アスペクトの表現の成立要件を意味論，統語論および機能論の観点から考察し，中国語話者における〈完了〉の認識のあり方を明らかにするとともに，従来目配りが十分で

はなかった"了"の機能論的振る舞いに着目しつつ"了"の意味機能を特徴づける。併せて，"了"を「動作や状態が事実の状態にあることを意味する」形式であるとする刘勋宁1988のいわゆる「実現説」について，その理論的欠陥と記述の不備を指摘し，"了"の意味機能を特徴づけるための日本語の術語としては従来どおりの〈完了〉という用語が〈実現〉よりも適切であることを確認する。

　第Ⅲ部ではヴォイスに関わる構文を取り上げ，意味と構造および意味と形式の関係をカテゴリ化と文法化の観点から論じる。本論では，動詞の形態変化を前提とする伝統的な形態論的ヴォイス論の枠組みを越え，言語類型論的な観点から，ヴォイスを広く「動作者と主語の関係を中心に，名詞表現の意味役割と格表示の対応関係の変更が何らかのかたちで明示的かつ規則的に反映される現象」と捉え直し，屈折語としての中国語におけるヴォイス的現象のあり方とその特質を，意味と構造の両面から明らかにする。まず，第8章（「ヴォイスの意味と構造」）では，〈受け身〉と〈使役〉を表す5種の有標ヴォイス構文を対象に，構文間の意味および構造の対立と相関の関係を有機的に特徴づけ，カテゴリ化の観点から各構文間の対立を動機づける意味的指標を抽出する。加えて，5種の有標ヴォイス構文がいずれも「関与者の一方が〈スル〉または〈ナル〉という状況に対して，もう一方の関与者が，それを広義に〈サセル〉立場で関与する」といったタイプの事態に対応するという点において類似し，この意味的類似性が5種の構文の構造的類似性を動機づけ，そこに一つの構文カテゴリ，すなわちヴォイスと呼ぶにふさわしい構造カテゴリが成立しているという理論的解釈を示す。

　第9章（「北京官話授与動詞"给"の文法化」）では，授与動詞が文法形式としてのヴォイス標識の機能を獲得するという方言横断的な現象を取り上げる。中国語では，北京官話を含む多数の方言において，「（人に物を）与える」という意味の授与動詞が文法化（grammaticalization）により，ヴォイス構文における2種類の関与者——すなわち，受け身構文における〈動作者〉と，結果構文をベースとするタイプの使役構文

における〈被使役者〉──をマークするヴォイス標識機能を獲得している．本章では，北京官話の授与動詞を対象に，この種の文法化および意味拡張のプロセスを明らかにし，併せて，〈受動〉と〈使役〉が，結果構文の有する〈結果性〉を介して〈授与〉との間に構文ネットワークを形成するという意味的連携の構図を提示する．

　第Ⅳ部では 3 種類の構文を対象にそれぞれの構文的意味についての考察を行う．まず，第 10 章（「"的"構文の意味と構造」）では，典型的な虚詞に属する "的" が述語動詞に後接するかたちの「"的"構文」を取り上げ，従来説得力のある説明が得られていない本構文の "的" の役割について，これを「動作に対する区分機能を担う接辞」と特徴づけ，その妥当性を本構文の種々の意味的および文法的特徴によって裏づける．さらに，"的" の動作区分機能は，"我的書" の例に代表される連体構造助詞の "的" の事物区分機能から拡張的に生じたものであり，また，接辞としての文法機能はこの機能拡張に伴うカテゴリ・シフトの結果であるとの解釈を示す．

　次に，第 11 章（「二重主語文の意味と構造」）では，従来「題述文」と「主述文」の区別が曖昧であったことに起因して，その規定が明確ではなかった二重主語文について，その範囲を種々の構文論的根拠に基づき明確に定義し，その上で，「経験的事態を表すタイプ」と「属性的事態を表すタイプ」という，意味構造の異なる 2 つのタイプの二重主語文の存在を指摘し，それぞれのタイプの意味と構造を特徴づけ，中国語の二重主語文の特質を明らかにする．

　最後に，第 12 章（「"有"構文における『時空間存在文』の特性」）では，従来，述語動詞に "有" を用いるいわゆる「"有"構文」のなかにあって，特に「存在文」と名付けられ，他の "有" 構文とは区別されてきた「特殊」なタイプの構文を取り上げ，この構文についてのより的確な記述と説明を目指し，新たな観点からの意味および構造の分析と特徴づけを行う．まず，広義に〈所有〉を表す "有" 構文の意味的諸相を概観し，次に，従来一括りに「存在文」と呼ばれてきたタイプの構文を，知覚的

な存在事象を述べるタイプと概念的な存在事象を述べるタイプとに二分し，それぞれの意味と構造を"有"構文との関連において特徴づけ，両者の対立を明確にする。さらに，知覚的な存在事象を述べるタイプの存在文を「時空間存在文」と名付け，このタイプの存在文のみが目的語の不定性（indefiniteness）と数量詞付加に関わる制約を受けるという点において真に「特殊」な"有"構文であることを指摘し，併せて，そうした制約を受ける理由を機能論的な観点から説明する。以下第1章から順を追って各論に入る。

第Ⅰ部
ダイクシスをめぐって

第1章

指示詞の意味機能
—— 指示と代示 ——

1 はじめに

　中国語の指示詞は，{哪（nǎ）}を形態的な核とする不定称の系列——すなわち，日本語の「コソアド」の「ド」に対応する系列——を除けば，近称と遠称の2系列が残る。日本語の「コソア」3系列に対して，中国語は「遠」対「近」のみの2本立てである。それぞれの系列は，{这（zhè）}と{那（nà）}を形態的な核として，【表Ⅰ】のような整合性のあるパラダイムを構成する。なお，各々の形式はいずれも語の資格をもち，文の構成要素となり得るものである。

　本論では，これらのうちから，従来それぞれの担う範疇概念が明確にされてこなかった"这/那"と"这个/那个"を取り上げ，それらの意味機能を明らかにしたい。

2 "这/那"の意味機能

　形態の面からも意味の面からも指示形式の基本形と見ることのできる"这/那"が，次の例のように，判断詞"是"［～である］の前や形容詞述語の前に用いられた場合，従来の中国語文法では一般に，これを主語と見なしてきた。"这/那"は「主語に立ち得る語」と見るのが従来の通説である[1]。

1）　朱德熙 1982 等参照。

【表Ⅰ】

範疇概念＼Deixis	近	遠	
？	这	那	$\begin{pmatrix}こ\\そ\\あ\end{pmatrix}$れ・$\begin{pmatrix}こ\\そ\\あ\end{pmatrix}$の
？	这个	那个	$\begin{pmatrix}こ\\そ\\あ\end{pmatrix}$れ
場所	这里/这儿	那里/那儿	$\begin{pmatrix}こ\\そ\\あそ\end{pmatrix}$こ
性状・様態	这样　这么	那样　那么	$\begin{pmatrix}こ\\そ\\あ\end{pmatrix}$んな・$\begin{pmatrix}こ\\そ\\あ\end{pmatrix}$ー
程度	这么	那么	$\begin{pmatrix}こ\\そ\\あ\end{pmatrix}$ー・$\begin{pmatrix}こ\\そ\\あ\end{pmatrix}$れほど

(1) 这是香港买的皮鞋。

　　［これ，香港で買った靴です。］

(2) 那是什么？

　　［あれ，何ですか？］

(3) 这很麻烦。

　　［こりゃ，面倒だ。］

　このように，"是"の前や形容詞述語の前の"这/那"を主語と認定することは，それを構文上"他是学生。"［彼は学生です。］における代名詞の"他"［彼］や"手续很麻烦。"［手続きが面倒だ。］における名詞の"手续"［手続き］などと同様に位置づけることに等しいわけだが，そのことの是非については後ほどふり返ることとして，ともかく，上の例を見るかぎり，"这/那"は機能上日本語の「コレ/ソレ/アレ」に対応しているように見受けられる。

しかし，"这/那"の文法的な振る舞いを広く見渡すと，"这/那"と「コレ/ソレ/アレ」との間には少なからず相違点があることに気付く。まず(4)と(5)の非文に示されるように，"这/那"は，動詞文の主語や目的語の位置に立てないという点で「コレ/ソレ/アレ」とは異なる。

(4) *<u>这</u>倒了。
　　［<u>これ</u>が倒れた。］
(5) *我想用<u>那</u>。
　　［私は<u>あれ</u>を使いたい。］

また，"这/那"は，連体修飾を受けとめることも，自らが助詞の"的"を伴って連体修飾語句を構成することもできない。

(6) *我的<u>这</u>不好用。
　　［私の<u>これ</u>は使いにくい。］
(7) *<u>这</u>的盖子丢了。
　　［<u>これ</u>の蓋がなくなった。］

"这/那"は，従来，それ自身の範疇概念として〈事物〉（＝コト・モノ）の意味を担うものと考えられてきたが，(4)-(7)に示されるような振る舞いからして，それ自身が〈事物〉を表す語だとは考えにくい。"这/那"は，むしろ，それ自身何らの範疇概念も担わず，専ら指示概念のみを担う語だと理解されるべきである。それは恰も方向を指示するための矢印や指さしのように，対象（事物）のありかを知らせるべく，それを「指し示す」だけの役割を担うものであって，それ自身が，指し示された先の対象（事物）を「表し示す」ものではない。したがって，"这/那"の意味するところは実体性に乏しく，名詞に相当する文法機能にも欠ける。(4)-(7)の非文法性はまさにそのことの反映と理解される。現場指示と文脈指示の別を問わず，"这/那"の機能は一に「指す」ことのみであって，それ以上でもそれ以下でもないのである。

"这/那"のこのような意味機能が最もドラスティックなかたちで実現されるのが，連体詞的用法である。"这/那"の連体詞的用法とは，"这三个花盆"［この3個の植木鉢］や"那一匹马"［あの1頭の馬］のように，

"这/那"が「数詞＋量詞」の組み合わせを介して後ろの名詞に係る機能を指すが，そこでの"这/那"は，後ろの名詞が表し示す対象に対して，これを専ら指さすことに務めている。「植木鉢」や「馬」という〈事物〉を表し示しているのは後ろの名詞の"花盆"と"马"であって，"这"や"那"ではない。"这"と"那"は，「植木鉢」と「馬」をただ指し示すのみである。

　ちなみに，この種の連体詞的機能は，"前、后、上、下、里面、旁边……"など，相対的な空間概念を表す一連の語類——いわゆる「方位詞」——が特徴的に担うところのものでもあり（例えば，"前一辆车"［前の車］，"后一个人"［後ろの人］，"里面一本书"［なかの本］，"旁边一个列车员"［そばの乗務員］など），"这/那"と方位詞がこの種の機能を共有するという事実は，中国語における指示表現と空間表現の近接性の問題を考える上で甚だ興味深いものである。言語一般において，指示詞の本来的な役割が，話し手との関係において対象を相対的に場のなかに位置づけるあるいは定位することであってみれば，それが機能上何らかの接点をもって空間表現と連続するということは十分にあり得ることである。日本語の「ココ/ソコ/アソコ」に相当する"这里/那里"が基本的には方位詞に属しながらも，"前"［前］や"里面"［なか］などの方位詞一般が具える連体詞的な機能を欠いており（つまり"*这里一个人"［この人］という表現が成立せず），それを補うかたちで"这/那"が連体詞的に機能し得る（つまり"这一个人"［この人］が成立する）といった事実なども含めて，"这/那"と方位詞の関わりはいくつかの興味深い問題をはらんでいる[2]。

　本節の冒頭に触れた，判断詞"是"の前と形容詞述語の前に現れる"这/那"についても，それらが対象を指さすのみであって，それ自身対象を表し示すものでないという点においては，連体詞的に用いられる場合の"这/那"と何ら変わるところはない。(1)-(3)の文は，いわゆる"是"

---

2)　詳しくは大河内1981ならびに本書第2章を参照されたい。

構文と形容詞述語文の差こそあれ,いずれも「話し手がある対象を指し
示し,それについての何らかの判断を述語において表明する(あるいは
聞き手に求める)」といったかたちの構文であり,文頭の"这/那"の
役割は,述語に示される判断の向かう対象を,矢印のごとく指し示すこ
とにほかならない。少なくとも,それは,"他是学生"の"他"や"手
续很麻烦"の"手续"のように,述語において述べられる属性の,その
もち主としてのモノやコトを表し示すものとは意味機能が異なるものと
考えるべきである。先にも述べたとおり,この種の"这/那"は,従来,
一般には「主語」と説明されているが,これを主語と決め込む以上は,
なぜここで主語に立ち得るものが動詞文の主語や目的語の位置に立てな
いのか((4)(5)の例を参照),といった当然の疑問に対して,何らかの適切
な解答が提示されて然るべきである。それが示されない限り,「"这/那"
＝主語」という従来の説は即座には受け入れ難い。本論では,このよう
に"是"構文や形容詞述語文の文頭に用いられる場合の"这/那"を,
一種の副用語的な成分として捉えることを提案したい。対象をただ指し
示すのみで,それを表し示しはしない"这/那"の非実体的な性格――
言い換えれば,虚詞的な性格――と,加えて,判断詞"是"の前や形
容詞述語の前という位置が必ずしも主語のためだけのものではなく,"还
是皮鞋"[やはり革靴だ],"又是皮鞋"[また革靴だ],"都很麻烦"[すべて
面倒だ]のように,副詞一般にも開かれた位置であるという事実を考え
併せれば,この種の"这/那"の機能をひとまず副用語的なそれとして
位置づけることも ad hoc な議論ではないと思われる[3]。いずれにしても,
"这/那"を虚詞的に捉える視点は,その諸機能全般を理解する上で重
要であると考えられる[4]。

---

3) 詳しくは本書第2章を参照されたい。
4) 朱德熙1982に代表されるように,"这/那"は,一般には,「実詞」のなかの体
言に属する語と見なされており,「虚詞」の類には数えられていない。

3　"这个/那个"の意味機能

　"这个/那个"という形式は，数詞の"一"と量詞が結び付いた"一个"［1個；1つ］に"这/那"が連体詞的に係る"这一个"［この1つ］あるいは"那一个"［あの1つ］からの派生形式（ないしは省略形）と見ることもできれば，また，"这/那"と量詞"个"の直結したかたちと見ることもでき，さらにはまた，語史的な変遷の経過を踏まえて，その"个"を接辞の一種と見ることもできる[5]，といったように，形態的にはいくつかの解釈の可能性をもつ形式だが，その方面の議論は今は措くとして，ともかく，それ全体で一語相当の機能を具える複合形式である。"这个/那个"も，"这/那"と同様，広く様々な範疇に属する対象に用いることができ，しかも"这/那"とは対照的に，名詞相当の機能を具えているという点で日本語の「コレ/ソレ/アレ」により近く対応する。先の(4)-(7)も，"这/那"を"这个/那个"に置き換えることによってすべて自然な文になる。"这个/那个"がそれだけ実体的であるということの反映であると考えられるが，実体的であって，かつdeicticであって，しかも対象の内容を具体的に表さない（つまり，事物の名前を述べていない）となれば，これは一種の代用表現と考えるのが最も妥当であろう。つまり，"这/那"が対象を指さすだけの指示形式（すなわち「矢印」）であったのに対して，"这个/那个"は，発話現場やコンテクストのなかに確立している対象について，そのものの名前を言う代わりに用いる代用形式もしくは代示形式（無論deicticな代用形式もしくはdeicticな代示形式）であり，その意味で，まさに指示代名詞の名にふさわしいものと考えられる。例えば，眼の前の花瓶に言及して「この花瓶（は大きすぎる）」と言う代わりに「これ（は大きすぎる）」が充てられたり，あるいは，対話者の互いの知識のなかに共有されている花瓶に言及して「床の間の花瓶（を使おう）」と言う代わりに「あれ（を使おう）」が充てら

5）　呂叔湘1985参照。

れるといった場合の，いわゆる代示機能（substitution）を担うのが"这个/那个"であると考えてよい。名詞表現に代わっての代用表現である以上，それ自身が名詞機能を担うのも当然のことと言える。

　また，本来，先行表現があってこその代用表現であってみれば，それを用い得る語用論的条件としては，問題の対象が，常に何らかのかたちで——例えば，先行文脈において既に導入済みであるとか，対話者が暗黙のうちに認知し合っているとかのかたちで——発話に先立って談話の場に確立されているものでなければならない[6]。したがって，未だ談話のなかに導入されていない対象を，今新規に談話のなかにもち込んで，「ねえ，見て。これ，香港で買った靴なの。」などというような場合には，"这个"を用いることが明らかに不適切に感じられる。

　(8) 哎，你看，#这个是香港买的皮鞋[7]。

　新規に導入したい対象については，対象を単に指さすだけの"这/那"を用いなければならない。人の紹介に用いるときの"这"などはまさにその典型と言える。

　(9) 老师，这是我哥哥，叫李明。

　　　［先生，これ，私の兄です。李明といいます。］

　(8)の"这个是香港买的皮鞋。"［これは香港で買った革靴です。］が適切であると感じられる場合があるとすれば，一つは，その靴が既に談話のなかに導入されていて，今，さらにそれについて「これは香港で買ったものなのだ。」という新たな情報が付け加えられる場合であり，いま一つは，"香港买的皮鞋"［香港で買った革靴］なるものがあらかじめ話題に上っていて，さてそれはどれかと言えば「これ」だ，というように，該当する対象が発話の現場において選択的に指定される場合，すなわち，既に前提とされているセットのなかから特定の対象が選び出されて，これに，述語の表す属性が振り当てられるといった場合である。日本語で「これ

---

6) 代示される対象の名前（すなわち名詞表現）が，必ず先行文脈のなかに明示的なかたちで言語化されていなければならないという意味ではない。
7) ＃の印は，語用論的に不適切であることを示す。

が香港で買った靴だ。」という表現が適切と感じられる状況を想起されたい。いずれにしても，対象の存在が発話に先立ってあらかじめ談話の場に確立している状況である[8]。

　もっとも，対象の存在が発話に先立って談話の場に確立している状況でありさえすれば，常に"这个/那个"の使用が可能になるというわけではない。"这个/那个"は，人間を対象に用いることができない。例えば，先の(9)の発話に続くかたちの(10)では，談話内に既に導入済みの"我哥哥"［私の兄］を先行詞として"这个"が用いられているが，この発話は語用論上極めて不自然とされる。

(10) 老师，这是我哥哥，叫李明。#我跟这个学日语。
　　　［先生，これ，私の兄です。李明といいます。#私はこれに日本語を習っています。］

　誰々に日本語を習う，その誰々とは，言うまでもなく動作行為の関与者であり，実体のある存在である。その，実体のある存在である「私の兄」を対象に，"我哥哥"と言う代わりに"这个"を用いる(10)の発話は，極めて不躾な表現と感じられ，語用論上の適性を欠く。人間ではなく"我的电脑"［私のパソコン］を先行詞として"这个"が用いられている(11)の発話が文法的にも語用的にも何ら問題なく成立しているのとは対照的である。

(11) 这是我的电脑。最近我经常用这个写文章。
　　　［これ，僕のパソコンです。最近はいつもこれで論文を書いています。］

　中国語では，次の(12)の発話が不躾だと感じられることからもうかがえるように，人称表現であることを明示しない（つまり［＋人間］を明示的にマークしない）かたちの代用表現を人間に対して用いることは一般に不適切と感じられる。(12)では"你（的）妈妈"［あなたのお母さん］と

---

8) 不定称（あるいは疑問詞）の「ドレ」に相当する指示形式が常に"哪个"のかたちで用いられ，"哪"単独では用いられないという現象も，それが，あらかじめ談話のなかに設定されたセットのなかから，該当する対象を選択指定することを求めるための形式であることと関わっている。

言うべきところを，"你的"［あなたの］という代用表現で済ませているところに不躾さが感じられる。

(12) 小李的妈妈来了，[#]你的没来。

　　　［李君のお母さんは来たけれど，[#]<u>あなたの</u>は来なかった。］

"这个/那个"もまた例外ではない。先の(10)の"我跟这个学日语。"の不適切さは，人称代名詞の"他"を用いずに，人称表現であることが明示的ではない"这个"を"我哥哥"の代示形式として用いたことに起因する[9]。

一方，それとは対照的に，代用ではなく，対象を指示する（＝指さす）だけの"这/那"は，生身の人間を対象として(10)のように用いても不躾だとは感じられない。眼前にいる目上の人物を対象にしてさえ，(13)のように"这"で指すことに語用論上何ら支障はない。(10)および(13)における"这"と"这个"の適否の差は，指示形式と代示形式の差を端的に反映している。

(13) 这是林老师。

　　　［こちら，林先生です。］

ちなみに，日本語においても，代示的に用いる「コレ/ソレ/アレ」には，指示的に用いるそれよりも，待遇性に関わる制約がより強く働く。

日本語の「コレ/ソレ/アレ」は，人間を対象に用いる場合，対象を指すためだけの指示的用法においては，対象となる人物の耳に届く範囲でそれらが用いられれば不躾と感じられ，語用論上の制約を受けるが，対象の耳に届かない範囲で用いられれば別段不躾とは感じられず，語用論

---

[9] "这个/那个"が人間を対象に用いることのできないギャップを埋めるかのごとくにあるのが三人称代名詞の"tā（他・她）"である，といった見方もできなくはない。あるいは，逆に，人間以外の対象に用いられる代名詞系代用表現の"它"（＝it）が，実際には多くの構文的制約により"他・她"ほど自由に機能しないため，"这个/那个"がそのギャップを補っていると考えるべきかもしれない。いずれにしても，人間のための代用表現には代名詞系の形式が充てられ，人間以外のそれには指示詞系の形式が充てられるといった「棲み分け」の構図が，対照研究の立場から見ても興味深い問題である。

上の制約を受けない。次の(14)が語用論上不適切と感じられるのは，指示対象である「林先生」の耳に届く範囲で「林先生」が「コレ」で指されているためであり，(15)が語用論上不適切と感じられないのは，指示対象である「林先生」の耳に届かない範囲で「林先生」が「アレ」で指されているためである。

(14) 文子：「お母さん，#これ，林先生。」
　　 文子の母：「まぁ，林先生。初めまして。文子の母でございます。いつも，文子がお世話になりまして。」
(15) 文子：「あれ，林先生ですよね？あの噴水のそばのベンチに腰掛けていらっしゃる方(かた)。」
　　 章子：「どれ？あ，あれ？そう，あれ，林先生。」

また，指示的に用いられる「コレ/ソレ/アレ」は，対象が生身の人間ではなく，写真や絵画のなかの人物を指して用いられる場合も，(16)のように，特に不躾だとは感じられない。

(16) （写真を見ながら）お母さん，これ，林先生。すてきな先生でしょう？私，この先生にトルコ語習ってるの。

それに対して，代示的に用いる場合の「コレ/ソレ/アレ」については，人間を対象にそれらを用いることはいかなる場合においても不躾と感じられ，たとえ対象となる人物の耳に届かない範囲であっても，また，写真や絵画の人物を指す場合であっても，常に語用論上の制約を受ける。「パソコン」を対象として代示的に「コレ」を用いている(17)が，中国語の(11)と同様，語用上何ら問題のない発話であるのに対して，人間を対象に代示的に「コレ」を用いている(18)は，たとえそれが写真のなかの人物を対象にした発話であったとしても，明らかに不躾であり，語用論的適性を欠いている。

(17) これ，僕のパソコンです。最近はいつもこれで論文を書いています。
(18) これ，林先生。#私はこれにトルコ語を習っています。

このように，人間を対象として指示的に用いられる場合の「コレ/ソレ/アレ」は，中国語の"这/那"よりも語用論的制約が強く，指示対

象となる生身の人間の耳の届く範囲においてそれらを用いることは通常不躾に感じられる。そして，代示的に用いられる場合の「コレ/ソレ/アレ」に働く語用論的制約はそれ以上に厳しく，中国語の"这个/那个"と同様に，いかなる場合においても人間を対象に用いることは不躾に感じられる。日中両語に共通して，人間を対象に，代用表現として指示詞を用いることは語用論上厳しく制約されるということである。

　最後にいま一つ，"这个/那个"の代用形式としての性格は，疑問表現の成立に関わるそれ自身の振る舞い方にも反映される。未だ正体を確認し得ていない現場の対象について，「これ（は）何ですか？」と，そのものの何たるかを問い掛ける場合，"这"を用いた(19)のかたちが自然で，"这个"を用いた(20)のかたちは不自然に感じられる。

(19)　这是什么？
(20)　??这个是什么？

　談話のなかに未だ確立していない未確認対象に向けて相手の注意を新たに喚起し，その正体に関する特徴づけを求めようとするこの種の疑問表現に，代用表現——すなわち，元来は談話の場に確立した対象の名前の代わりに用いられるはずの代用表現——は，当然のことながらなじまない。(20)の不自然さはそのことに起因すると考えられる。同じく疑問表現であっても"这个是谁的？"［これは誰の？］のように，対象そのものの何たるかは既に認識済みであり，それのもち主（帰属先）が問われているような場合は"这个"も不自然ではなくなる。もっとも，"这个是什么？"も，「これはいったいどういうことなのだ」という意味で発せられる場合——例えば，子どもが脱ぎ散らかした服を見て，父親が「これは何だ！」と詰問するような場合——には，自然な表現と受け取られる。この場合は，先の，対象そのものの何たるかを問う疑問表現とは異なって，発話者は既に対象の何たるかを認識しており，"这个"は，その対象を表し示す何らかの名詞表現（例えば「この服は何だ」の「この服」）の，その代用として用いられているにすぎない。正体の未だ定かでない対象を新規に取り上げ，相手にその記述を求める場合は，や

はり⑲のように，"这/那"を用いてその未確認対象を指さすしかない。

　以上，「コレ/ソレ/アレ」に対応する"这/那"と"这个/那个"の形式について，その意味機能上の特徴を考えてきたが，相原1990では，この２つのタイプの形式の対立が，本論とは異なった視点から捉えられている。相原論文では，"这/那"が「漠とした面的指示」の機能を担うのに対して，"这个/那个"は，対象を「ことさらに，他と区別的に，個として極立たせて指示」する，言わば「『極立たせ』という点的指示」の機能を担うもの，と特徴づけられている。しかし，こうした特徴づけが，本論で取り上げた"这/那"と"这个/那个"に関わるいくつかの意味的あるいは機能的現象に対して妥当な説明力をもち得るとは考え難い。そもそも，⑴や⑼の例の"这"が「漠とした面的指示」を表しているとは理解し難く，また，"这个/那个"のかたちが常に「『極立たせ』という点的指示」に働いていると見ることも中国語の事実に合致しない。例えば，さぁ召し上がれ，と眼の前に差し出された月餅について，㉑のように問う場合の"这个"に，果たして「ことさらに，他と区別的に，個として極立たせて指示する」働きがあると言えるだろうか。

　㉑　你哪儿买的这个？
　　　［君はこれをどこで買ったの？］

「極立たせ」の意図のあるなしにかかわらず，動詞文の主語や目的語の位置には，先に述べたとおり，"这个/那个"が用いられなければならない。相原論文は，目的語に立つ形式が"这/那"ではなく，"这个/那个"でなければならないことについて，

　　「目的語という情報伝達上の枢要な位置にあるためには，極立たせを担う『这个』こそがふさわしい」

といった解釈をとるが，そもそも，目的語が「情報伝達上の枢要な位置」であるという一般化そのものに議論の余地がある。㉒の例一つを見ても明らかなように，目的語は必ずしも常に「情報伝達上の枢要な位置」で

あるとは限らない。

⑵ 甲："谁陪你？"
　　　　［誰が君に付き添うの？］
　　乙："小李陪我。"
　　　　［李君が僕に付き添います。］

⑵においては，意味の上からも，また，目的語に立つ代名詞が音声上いわゆる軽読化（弱ストレス化）されるという事実からも，目的語が「情報伝達上の枢要な位置」となり得ていないことは明らかである。その点で，相原氏の解釈は説得力を欠く[10]。事実，先の⑵で「情報伝達上の枢要な位置」と考えられるのは，連用修飾語の"哪儿"［どこで］の部分であって，目的語の"这个"の部分でないことは明らかであるが，にもかかわらず，このように"这个"が用いられなければならないとなると，相原氏の解釈はもはや立ち行かない。

"这个／那个"によって「際立たせ」や「ことさら他と区別」する「点的指示」の効果がもたらされ得るとすれば，それは，この形式が，個別の対象（すなわち，個としてのモノやコト）を表し示す名詞表現に代わって用いられる指示限定的な代用表現であることの当然の結果――つまりは，それ自身が限定的な個の表現であることの結果――であると理解すべきである。つまり，「極立たせ点的指示」とは，この"这个／那个"という形式それ自身に内在する〈個別性〉が，ある種のコンテクストに支えられて際立たされたときにのみ生じるコンテクスチュアルな産物であり，あくまでも状況依存的な作用と理解すべきである。これを，"这个／那个"が常に固有に担うところの意味機能の本質と受け取っては，

---

10) 仮に，相原氏のような機能論的な解釈が妥当だとすれば，それでは，動詞文の主語の位置に立つときの"这个／那个"はどのように理解すればよいのだろうか。説明と分析の一貫性を保つためには，主語その他の位置に立つ"这个／那个"についても，目的語の位置に立つ場合のそれと同様に機能論的な解釈が適用されて然るべきである。

中国語の指示詞の本質を見失うことになる[11]。"这/那"と"这个/那个"の本質的な意味機能の対立は，前者が指示（＝矢印または指さし）のみの機能を担い，後者がdeicticな代示の機能を担うところにあると考えるべきである[12]。従来"这/那"と"这个/那个"は区別なく，いずれも〈事物〉という範疇概念を担うとされてきたが，〈事物〉を表すのは"这个/那个"のみであって，"这/那"には〈事物〉を表す機能は存在しない。ただ対象を指し示すのみで，それ自身はいかなる対象の意味も表し示さず，固有の範疇概念を担わない"这/那"については，ひとまず「無範疇」の指示詞とし，冒頭に挙げた一覧表を【表Ⅱ】のように修正することとする。

4　むすび

　中国語の指示詞に関する研究は，これまでは，通時論的ないわゆる語史的研究の分野により多くの関心が寄せられ，現代語の指示詞に関する共時論的研究はその陰に置き去りにされてきた感が強い。日本語の「コソア」とは対照的に，中国語でのこの方面の研究は大きく立ち遅れており，とりわけ意味論的な研究に見るべきものが少ない。そうした中で，

---

11) そもそも「指示」という行為そのものが，特定の対象を「他と区別的に，個として極立たせ」ることにほかならず，その意味では，"这个/那个"だけに限らず，すべての指示表現に「極立たせ点的指示」の意味が内包されていると見ることもできるはずである。仮に，"这个/那个"において，ことさらに強くその意味が感じられることがあるとすれば，それはコンテクスチュアルな産物であると理解してよい。

12) 指示詞が抱える指示機能と代示機能の二重性については，既に呂叔湘1985に詳細な議論が見られるが，"这/那"に関しては，"是"や形容詞述語の前に立つそれが代示性のものと見なされており，その点で，本論とは見解が異なる。仮に"这/那"が代示機能を担うものなら，それと"这个/那个"との相違点が明らかにされなければならないが，呂氏の議論はそこには及んでいない。"这/那"と"这个/那个"の統語機能の差が意味の問題にまで掘り下げられて追求されていない点が惜しまれる。なお呂叔湘1985で意味されるところの代示（「称代」）の概念と本論のそれとは必ずしも一致しない。

【表Ⅱ】

Deixis / 範疇概念	近	遠	
無範疇	这	那	(こ/そ/あ)れ・(こ/そ/あ)の
事物	这个	那个	(こ/そ/あ)れ
場所	这里/这儿	那里/那儿	(こ/そ/あそ)こ
性状・様態	这样　这么	那样　那么	(こ/そ/あ)んな・(こ/そ/あ)―
程度	这么	那么	(こ/そ/あ)―・(こ/そ/あ)れほど

　呂叔湘1985は，唯一，現代語の指示詞を包括的・実証的に取り上げ，現段階では最も水準の高い記述的研究として，優れた成果を挙げている。が，そこでも，意味の問題に踏み込んだ議論は必ずしも十分に行われてはいない。指示詞の本質的かつ体系的な理解には，意味論的および語用論的な考察が不可欠である。

　中国語の指示詞に関しては，本書の第3章で取り上げる，{这}系と{那}系の遠近対立に関する指示領域の問題なども含めて，多くの課題が残されている。近年の語用論の成果や，日本語の「コソア」の研究の成果も取り入れた視野の広い研究が俟たれる。

第2章

指示詞の連接機能
——指示と定位——

1　はじめに

　前章では，"这个/那个"が代示機能を担うのに対して，"这/那"が，指示詞本来の最も primitive な意味機能とも言うべき指さし機能としての指示機能を担う形式であることを，"这/那"の種々の文法機能に基づいて明らかにした。本章では，その"这/那"がそれ自身の指示機能に動機づけられて担うもう一つの文法機能，すなわち連接機能に焦点を当て，中国語指示詞の文法機能の多様性の一端を明らかにしたい。

　中国語の名詞句構造には構造上いくつかのタイプがあるが，そのうちの一つに，指示詞"这/那"を冠する名詞表現とその直前の名詞表現が直接接合するかたちで構成されるタイプのものがある。この種の名詞性内心構造すなわち装定（junction）には，大きく分けて2つのサブ・タイプが存在し，1つは(1)の例に代表されるタイプであり，いま1つは(2)の例に代表されるタイプである。

(1) a. 我这一副眼镜
　　　　［私のこの眼鏡］
　　b. 他那本书
　　　　［彼のあの本］
　　c. 老张那破旧的车
　　　　［張さんのあのボロ自転車］
(2) a. 张华这个人
　　　　［張華という人］

b. 电话这东西
　　　［電話という物］
　　c. 他们这些年青人
　　　［彼ら若者］

　2つのタイプの違いは，装定内部の2つの名詞表現——すなわち指示詞（以下Dと記す）に先行する名詞表現（以下 N_1）と，それに後続する名詞表現（以下 N_2）——が同一の対象（referent）を指している（refer to）か否かという点にある。(1)では N_1（"我"［私］，"他"［彼］，"老张"［張さん］）と DN_2（"这一副眼镜"［この眼鏡］，"那本书"［あの本］，"那破旧的车"［あのボロ自転車］）が各々異なる対象（referent）を指し，(2)では N_1（"张华"［張華］，"电话"［電話］，"他们"［彼ら］）と DN_2（"这个人"［この人］，"这东西"［この物］，"这些年青人"［これらの若者］）が同一の対象を指している。

　(2)のタイプの構造の成り立ちについては，指示詞それ自身に内在する"複指"機能，すなわち照応機能に根拠を求める一応妥当な説明[1]が既に与えられているが，(1)のタイプの N_1DN_2 については従来納得のいく構造説明が与えられた例を見ない。一般には，N_1 が"領属性"(possessive) の修飾語である場合に限り，N_1DN_2 構造の成立が可能とされているが[2]，しかし，それではなぜ"的"が用いられないのかという点が大きな疑問として残る。周知のとおり，極めて一般性の高い中国語の統語規則として，"領属性"の修飾語は，それが「譲渡不可能所有」(inalienable possession) の関係のものであり，なおかつ人称代名詞である場合を除いては，head の名詞との間に連体構造助詞の"的"の介在を必須とする。そこで，問題の N_1DN_2 においても，N_1 が"領属性"の修飾語であるなら，そのあとに当然"的"の存在が期待されることになる。しかし，実際には，(1)の例が示すように，"的"は不要であり，N_1 は DN_2 に直接結合

---

1) 呂叔湘編 1980 参照。
2) 呂叔湘編 1980：351，353，584，586 および丁声树等 1979 参照。

し得るのである。なぜか。従来明確な解答は示されていない。譲渡不可能所有の場合の"的"の不在に対しては当を得ている，「de を介在させて，de の意味機能の一つとして，『所有・所属』の概念を顕在化せずとも，それは２項間の（名詞）連鎖によって十分表されている」（相原1976）からであるという説明も，N_1 と DN_2 の関係が必ずしも inalienable でない場合にも成立するこの N_1DN_2 構造にとっては有効でない。N_1DN_2 における"的"の不在にはやはりなにか別の説明が用意されなければならない。

　本論は，上のような問いに対して一つの解答を与えることを意図しつつ，(1)のタイプの N_1DN_2 について，その構造の統語特性と意味を特徴づけることを直接的な目的とする。なお，以下の議論が明らかにすることではあるが，その特徴づけの作業は，表題の副題に挙げた「指示」と「定位」という２つの意味機能の近似性とその文法的反映に関する議論に大きく支えられている。言い換えれば，問題の N_1DN_2 構造を特徴づける過程は，この２つの意味機能の意味的近似とその反映としての文法的近似を主張する議論とまさに表裏を成す。したがって，指示と定位の近似性を主張することもまた本論にとっての核心的な課題であることを一言付け加えておく。

　以下，N_1DN_2 という記号は(1)のタイプの構造のみを指すものとして用い，(2)のタイプは，本論では議論の対象としない。

2　「つなぎ」としての"这/那"

　２つの名詞表現がいかなる機能語の力も借りずに直接連結することによって一つの装定 N_1DN_2 が成立し得ていることの裏には，指示詞"这/那"の存在が大きく与かっていると考えられる。その一つの論拠として，例えば(3)や(4)の N_1DN_2 から D の部分を落とした結果（(3)′ と(4)′）はたちまち文法的な装定として成立しなくなる。

(3)　他那（一）本书是 1970 年出版的。

　　　　［彼のあの本は1970年に出版されたのです。］
(3)′　*他φ一本书是1970年出版的。
(4)　　前天那（一）个警察，默默地继续驾驶着车子。
　　　　［おとといのあの警官が，ものも言わずに車を運転している。］
(4)′　*前天φ一个警察，默默地继续驾驶着车子。

　さらに数量詞も落として"他"［彼］と"书"［本］や"前天"［おととい］と"警察"［警官］が直接に繋がるかたちの"*他书"や"*前天警察"も無論，非文法的である。ちなみに，"*前天一个警察"や"*前天警察"に至っては，たとえ"的"を介在させてもなお容認性が低いとされる（"?前天的一个警察""?前天的警察"）。

　"他那本书"や"前天那个警察"において，（数）量詞の"（一）本""（一）个"の生起が指示詞の存在によって動機づけられているものであること——言い換えれば，文法上の随伴的な存在として処理し得るものであること——を考慮すれば，つまるところ，当面の問題に真に関与的であると判断されるのは指示詞（D）の部分ということになる。すなわち，"这/那"こそが2つの名詞表現の連結を支える"关键"［かなめ］であると考えられるのである。言い換えれば，"这/那"には"的"にも匹敵する（"前天那个警察"に至っては"的"にも優る）「つなぎ」の作用が内在し，それによってN_1とN_2の連結が可能になっていると，まずは推測されるのである。

　そこで本論では，なによりもまず，指示詞"这/那"がもたらす，その「つなぎ」の作用の本質を明らかにすることが，N_1DN_2の構造の成り立ちを明らかにすることにつながると考える。「つなぎ」の作用は果たして"这/那"のいかなる機能的特徴に起因するのか。そこに的を絞って以下の議論を進めたい。

3　指示と方位

　指示詞の本来的な意味機能はなにかと言えば，中国語に限らず，汎言

語的な観点からしても，やはり deictic のそれに帰されるだろう。例えば Lyons 1975 が，英語の指示詞 "this, here; that, there" に関して，"instructing, or inviting, the addressee to direct his attention to a particular region of the deictic space in order to find the referent"（聞き手が指示対象を見つけ出せるよう deictic な「場」のなかの特定の領域に注意を向けるべく，聞き手を導くこと，あるいは誘うこと）と特徴づけた意味機能の本質は，中国語の指示詞についてもそのまま当てはまる。一言で言えば，「客体の deictic なありかを知らせる」こと，それこそが"这/那"の最も primitive な機能と言える。そして，そのことはまた，言い換えれば，客体を，話し手との関係において場面のなかに相対的に位置づける，すなわち定位することにほかならない。すなわち指示詞の本質は空間的な位置づけ，あるいは定位に集約されるのである。その意味で，指示詞の本質を「『指示』あるいはオリエンテイション」に求めた佐久間 1957 の認識は極めて重要である。指示詞の意味は本来的に空間的なのである。

そして，空間的であることの反映として，あるいは翻ってそのことの証左として，中国語の指示詞 "这/那" は，実は，その構文的特徴において "上、下、前、后、里、外" など一連の相対的空間を表す語類すなわち「方位詞」と似通った様相を呈する。

"这/那" と方位詞が意味上および文法上同一系列に並ぶという指摘は，つとに大河内 1977，同 1981 においてなされているが，ここではその指摘を承けつつ，部分的にはやや異なった見解をもって，いま少し広い範囲で両者の並行現象を観察してゆきたい。まずは方位詞の機能を見直すことから始める。

3.1 方位詞の機能的特徴

3.1.1 「トコロ性」について

いわゆる方位詞とは "前，后，上，下，里，头儿，内，外，旁，左，右，东，南，西，北" や，それらのいくつかに "-面/-头/-边" のいずれか

が接したかたちの複合形式（例えば"前面，后头，上边"など）および"中间，底下"など，空間における相対的位置関係を表す一連の語類を指す。これらの語は，空間を表すというそれ自身の語彙的意味に起因して，動作行為が遂行される〈場所〉を示す前置詞の"在"や移動の〈方向〉を示す前置詞"往"の目的語に立つことができ，また，動詞"有"を主要述語とする「存在文」の主語に立つことができるという文法機能上の特徴を共有する。

(5) 往前扔
　　［前の方に投げる］
(6) 前有大河，后有高山。
　　［前には大きな川があり，後ろには高い山がある。］

この種の機能特徴は，方位詞が自らを他の語類から区別するカテゴリカルな個性であり，他の点ではいくつかの特徴を方位詞と共有する名詞も，"公园、学校、北京"など語彙的に空間として捉え得る一部の名詞は別として，一般にそのままのかたちでは(5)や(6)と同じ統語位置に立つことはできない。例えば，"桌子"［机］や"书架"［書棚］は，"往"の目的語や，存在文の主語の位置には立つことができない。

(7) ＊往桌子扔
　　［机の方に投げる］
(8) ＊桌子有笔，书架有书。
　　［机には筆記具があり，書棚には本がある。］

荒川1992が言うところのいわゆる「トコロ性」の問題である。荒川1992に従って言い換えれば，(5)や(6)の傍点部の位置に現れ得る方位詞は「トコロ性」という意味特性に関してプラスであり，その位置に現れることのできない他の語類は「トコロ性」に関してマイナスであると特徴づけることができる。

3.1.2 「トコロ化」の機能

トコロ性との関連でさらに注目すべきものにいわゆる「トコロ化」の

機能がある。方位詞には，自らが［＋トコロ性］であるにとどまらず，元来［－トコロ性］である名詞に直接に接することによって，その句全体にトコロ性を付与し得る機能も具わっており，荒川1992はこれを方位詞における「トコロ化」の機能と呼ぶ。例えば，先の(8)の"桌子"と"书架"に方位詞の"上"が接することによってたちまち(9)が成立するのは，まさにこの方位詞"上"のトコロ化機能によるものである。

(9) 桌子上有笔，书架上有书。
　　［机には筆記具があり，書棚には本がある。］

次の(10)と(11)もやはり［トコロ性］をもたない名詞（"胸"［胸］，"书包"［鞄］）が方位詞の接合によりトコロ性を得ることによって文法的に成立し得ている例である。

(10) 胸前戴着大红花。
　　［胸に大きな赤い花が付けてある。］
(11) 我忘了把辞典装在书包里。
　　［私は辞典を鞄に入れておくのを忘れた。］

このトコロ化機能に関して特に留意しておきたいことは，この種の機能が，前の名詞に対する方位詞の直接的接合すなわち「前に接する」作用によって実現しているという事実である。助詞の"的"や"地"をはじめとする機能語の類いにおいてこそ一般的とされる「前に接する」作用すなわち前接作用であってみれば，助詞の類いよりはより実質語的な方位詞がこのような作用をもつことは興味深い問題である。その理由を，相原1976のように，事物（例えば"桌子"）とそれを参照点とする相対的空間（例えば"上"）との間の inalienable な関係に求めることも十分に可能ではあろう。しかし，同時にまた，その前接的特徴を——音声上の enclitic な性格をも考慮に含めて——方位詞の，機能語的な一面の反映と理解する可能性も否定し難く残されているように思われる。詳細は後段に譲ることとして，ここでは事実だけを要約すれば，方位詞は前接作用をもって名詞に接し，自らに具わるトコロ性を句全体に及ぼすことによって一つの方位詞相当句を構成する機能をもつということである。

3.1.3 連体機能について

　方位詞にはいま一つ注目すべき特徴的な機能がある。連体機能である。ここで言う連体機能とは，（数）量詞を介して後の名詞に連体的に係るかたちのものを指す。一般には指示詞に特有のものと見なされ（例えば，"这辆车"［この（1台の）自転車］，"那个人"［あの（1人の）人］），名詞や代名詞や形容詞など他の語類がもち合わせない機能である。例えば，代名詞の"他"や形容詞の"大"が（数）量詞を介して後の名詞に連体的に係ることはできない。「彼の（1台の）自転車」や「背の低い（1人の）人）」の意味で"*他一辆车"や"*矮一个人"は成立しない。ただし，方位詞には，大河内1981の指摘にあるとおり，これと同種の機能がかなりの一般性をもって存在する。単音節の方位詞では"前、后、头、上、下"など数種に限られるが（例えば，"前一辆车"［前の自転車］，"后一个人"［後ろの人］，"头一排"［先頭の列］，"上一层"［上の段］など），2音節の方位詞になるとほとんどすべてこの種の連体機能を具えている。例えば(12)－(16)の下線部がその例である。そこでは方位詞が数量詞を介して後の名詞（句）に連体的に係ることによって一つの装定が構成されている。

(12) 他从里面一个首饰盒里，摸摸索索的拿出一对红绿的宝石戒指，……
　　　　　　　　　　　　　　　　　　　　　（袁静《新儿女英雄传》）

　　［彼はなかの宝石箱から，1対の赤と緑の指輪をごそごそと手探りしながら取り出し，…］

(13) 正坐在那儿，和旁边一个"翻译官"谈话，……
　　　　　　　　　　　　　　　　　　　　　（袁静《新儿女英雄传》）

　　［ちょうどそこに座って，隣の「通訳」と話しているところへ，…］

(14) 王三自己弄了点酒，在对过儿一个台阶上一坐，……
　　　　　　　　　　　　　　　　　　　　　（《传统相声集》）

　　［王三は自分で酒を少し注ぎ，向かいの階段に腰を下ろすと，…］

(15) 鲁贵坐在左边一张破靠椅上，　　　　　　（曹禺〈雷雨〉）
　　［鲁貴は左の背もたれ付きのボロ椅子に座り，…］

(16) 只能够用量词和指示词分别放在后面两个词的前后，……

（《民族语文》1982. No. 3）

［量詞と指示詞を後ろの２つの語の前と後にそれぞれ置き，…］

このほかにも"前边三个人"［前の３人の人］，"上面几个字"［上の数個の文字］，"中间一条小径"［間の１本の小道］，"下面一些例子"［下のいくつかの例］などすべて同じタイプの装定として成立する。

このように，前述のごとく前に接する機能があった方位詞は，一方でまた，後ろに係る機能を有している。前接の作用に対して，「後係」の作用とでも呼び得るものである。方位詞が具えるこの前接，後係２つの機能が，ともにその相手となる要素──すなわち，接する要素，あるいは係る要素──との間に"的"を要しないという事実は，後段の議論との関連からも特に留意したい。

以上，方位詞に関して，３つの特徴，すなわち［＋トコロ性］，「トコロ化」機能（＝前接作用），連体機能（＝後係作用）を観察した。次に視点を指示詞に移し，その機能的特徴を，これら３つの特徴との関連において考えてゆくことにする。

3.2　指示詞"这/那"の定位性または方位詞の指示性

3.2.1　指示方位詞"这儿/那儿""这里/那里"

中国語の指示詞の体系は，前章に示したとおり，日本語のコソアド詞と同様，品詞論的には各々異なる範疇に分属する複数の系列から成り立っている。そのうちで場所を表す"这里/那里"およびそれと同義でより口語的な"这儿/那儿"の系列が，その統語上の特性において方位詞の範疇下に属するものであることは既によく知られている。その特性とは，まさに上で言うところのトコロ性とトコロ化機能にほかならない。

例えば(17)と(18)は"这儿/那儿"が方位詞同様［＋トコロ性］であることを示し，（19ｂ）はやはり方位詞同様，それらが前接作用をもってトコロ化を果たし得ることを示している。なお，本論では，"这儿/那儿"と"这里/那里"の関係は，ひとまず文体上のヴァリエイションとして

扱い，特に断わる必要のない限り，一方をもって双方を代表させることにする。

(17) 往那儿扔
　　［あそこに投げる］

(18) 这儿有笔，那儿有书。
　　［ここには筆記具があり，あそこには本がある。］

(19) a. *往书架扔
　　b.　往书架那儿扔
　　　［書棚のところに投げる］

(19b)の"那儿"はやや漠然としながらもなお実質的な空間の意味を担っているが，次の(20)の"那儿"になると，ほとんど空間の意味は失われており，専ら起点格の前置詞"从"が文法上［＋トコロ性］の形式を要求することに応えるためだけの機能語としての役割を担っている。

(20) 她却有着从寿久那里继承来的矜持。　　　　（文洁若译《地歌》）
　　［彼女には寿久から承け継いだ矜持がある］

これも，方位詞が，例えば(21)の"上"のように，時に語彙的意味としての実質的な空間の意を極めて消極的にしかもたず，文法的な意味をより積極的に担う場合があることと並行している。

(21) 他在工作上很马虎。
　　［彼は仕事においてはとてもいい加減だ。］

このように"这儿/那儿"はトコロ性とトコロ化機能を具えることにおいて方位詞と並ぶ。その点で，それは方位詞の一種と見なすに足るものであり，deicticな方位詞あるいは指示方位詞とも呼び得るものである。

しかし，ここで一つの興味深い問題がもち上がる。それは，このような"这儿/那儿"も，前節の最後に挙げた連体機能に関しては方位詞と同列に並び得ないという事実である。(22a)と(22b)の不成立が示すように，方位詞が——とりわけ2音節方位詞一般が——具えていた後係の連体機能は，この指示方位詞"这儿/那儿"には具わっていないのである。

⑵ a. ＊这儿一个人（例えば，"旁边一个人"［そばの人］）
　 b. ＊那里一辆车（例えば，"前面一辆车"［前の自転車］）

　さらに興味深いことには，"这儿/那儿"が方位詞との間にトコロ性と前接性のトコロ化機能を共有していながら，後係の連体機能のみを共有しないというこの一種の不整合が，同時にまた，指示詞全体の体系にとっても一つの不整合となっている。すなわち指示詞のパラダイムにおいて，"这/那""这样/那样""这么/那么"の3系列がすべてこの種の連体機能を具えているのに対して（例えば，"这一个人"［この人］，"这样一个例子"［このような例］，"那么一张名片"［あのような名刺］），"这儿/那儿"はそれを具えていない，という不整合である。

　従来見過ごされてきたこの二重の不整合は，中国語の指示詞の体系を考える上で極めて示唆的であると思われる。敢えて結論を先取りして言えば，この"这儿/那儿"における後係の連体機能の欠如は，ほかでもなく"这/那"によって補われているということである。そのこととも関連して，次節では"这/那"と方位詞との連関，あるいはそれと"这儿/那儿"との連関を考えてみることにする。

3.2.2　"这/那"の意味機能

　"这是马车。"と「コレハ馬車デス。」の対応からも知れるように，"这/那"は表現上，日本語の「コレ/ソレ/アレ」の系列に見かけ上対応する。しかし，「コレ/ソレ/アレ」が〈モノ〉あるいは〈コト〉の範疇概念を表し，かつそのことと相俟って構文上の特徴も名詞的であるのに対して，中国語の"这/那"は，その範疇概念が明確に規定しにくく，また構文的特徴も名詞的とは言い難い性質をもっている。そのことは，前章でも述べたように，"这/那"が動詞文の主語や目的語の位置に立つことができないという構文的事実に端的に示されている。加えて，"这/那"が，〔ⅰ〕や〔ⅱ〕の構文的環境に立ち得るという事実を考え合わせたうえで，それに最も近い語類を挙げるとすれば，さしあたっては副詞ということになる。

〔ⅰ〕____是 NP（例えば，"那是书""还是书""就是书"）
〔ⅱ〕____形容詞（例えば，"这很好""不很好""也很好"）

しかし，また，その一方で，"这/那"が前述の後係の連体機能を具えているという事実を考えれば，即座にそれを副詞の一種に数えることもまた躊躇される。

このようにあるいは副詞的であり，あるいは連体詞的であるという"这/那"の多様な構文的性格——今はそれを包括的にただ「副用語的」と呼ぶにとどまらざるを得ないその性格——は，いずれにしても，"这/那"の表す意味内容が極めて実体的でないことを物語るものと言える。つまり，その副用語的特徴は，"这/那"というこの指示形式が，〈モノ〉も〈コト〉も含めた一切の範疇概念を担わないという意味的性格の反映と見なされるのである。日本語のコソアド詞は系列ごとに，話し手と素材との deictic な関係概念とともに，その素材の範疇概念をも併せて表現するものとされる[3]。それに対して，中国語の指示詞は，"这儿/那儿""这样/那样""这么/那么"は各々 deictic な関係概念とともに〈場所〉〈性状・様態〉〈程度〉などの範疇概念を表すが，"这/那"に限っては一切の範疇概念を担わず，ただただ deictic な関係概念のみを担い，素材を指し示すだけの機能を担っていると考えられる。

前章でも述べたとおり，指示詞のパラダイムのなかにあって，"这/那"は，素材すなわち対象を deictic に「指示する」だけであって，それ以上でもそれ以下でもない。そして deictic に「指示する」こととは，既に Lyons や佐久間の指摘を引きつつ述べたように，客体を話し手との関係において空間的に位置づけること，すなわち定位することにほかならなかった。

このように客体を空間的に位置づけることのみを専らの職務とする"这/那"であってみれば，そこにおける空間的性質は，deictic な意味に加えて〈性状・様態〉あるいは〈程度〉などの範疇概念をも併せ担う

---

[3] 岡村 1972 参照。

"这样/那样"や"这么/那么"よりも一層顕著であり濃厚であると考えられる。そして，ここにこそ"这/那"と方位詞との接点が認められるのである。

3.2.3 「後係」連体機能の意味

「後係」の連体機能が"这/那"と方位詞に共有されることは既に3.1.3で述べた。そのほかに同種の機能をもつもの，すなわち（数）量詞を介して名詞に連体的に係るものとしては，"第"［第～番目の］，"其次"［次の］，"同"［同じ］，"另"［もう一つの］，"別"［別の］，"其余"［その他の］，"毎"［それぞれの］，"各"［いずれの］，"任何"［いかなる］，"某"［ある］など10余種の語がある。これらの語は，具体的な対象をある体系のなかで相対的にまたは関係的に特定するという共通の意味機能のもとに一括され得る。そして，それは恰も日本語において「ある種の事物を前提にして，そのなかのなにかを特定するという指示機能をもっているといえそう」な連体詞類との類似を連想させる（寺村1976）。現に"第、另、別、任何、某"などいくつかの語が日本語の連体詞同様，装定専用であるという構文上の対応とも併せて興味深い類似ではあるが，そのことは今は措き，ここでは次の一点のみに注目したい。

それは，上記語類の「体系における相対的特定」という機能が，まさに方位詞類の「空間における相対的位置づけ（＝定位）」の機能に類比的であり，したがって，「空間」の意味をやや広義に理解すれば，前者もまた後者の一種と見なし得る性質をもっている，すなわち，「体系（という空間）における相対的定位」という機能をもっていると考えられることである。

以上のことから，「＿＿＿＋（数）量詞＋名詞」という名詞句構造は，総じて，「相対的定位による限定の装定」と特徴づけることが可能になるが，これと同じかたちをとる"这一个人"や"那一辆车"もまた例外でないとすれば，中国語における指示の装定もまた「相対的定位による限定の装定」の一員にほかならないと考えることができる。それは，と

りもなおさず，"这/那"が，方位詞同様の空間的意味を具える形式であることを意味する。

　指示詞"这/那"と方位詞が「＿＿＿＋（数）量詞＋名詞」という限定的裝定の構造におけるその位置に現れる資格を共有するという事実，すなわち「後係」の機能を共有するという事実は，つまるところ，両者が意味上「空間性」を共有することの反映にほかならない。指示詞がそれだけ方位詞的であるとも，また，方位詞がそれだけ指示詞的であるとも言い得る。要するに，両者は「空間性」という接点をもって連続しているのである。

3.2.4 　"这/那"と"这儿/那儿"

　さて，"这/那"がそのように方位詞に連続しつつ，空間的な定位の意味をもって後係連体の位置に立ち現れることは，実は，3.2.1で述べたところの，〈場所〉を表すいわゆる指示方位詞"这儿/那儿"に後係連体の機能が具わっていない事実（例えば(22)）と深く関わっている。

　そもそも話し手がdeicticに"这儿"と指すべき場所に位置する「人」は，要するに"这一个人"であるし，同様に"那儿"と指すべき場所に位置する「车」は"那一辆车"にほかならない。仮に"*这儿一个人"や"*那儿一辆车"という裝定の存在を想定してみたところで，果たして，それと"这一个人"や"那一辆车"との間にいかほどの意味の差があり得るだろうか。先に"这儿/那儿"における後係の連体機能の欠如は"这/那"によって補われていると述べたのは，まさにこの意味においてである。つまり，意味の上で"这儿/那儿"に十分に近い"这/那"が，自らによる裝定の"这一个人"や"那一辆车"をもって"*这儿一个人"や"*那儿一辆车"に期待される意味を十分に補い得る；その結果として，後者の存在が不要になるという理解である。

　〈性状〉や〈様態〉の意味を担う"这样"や"那么"から構成される"这样一个人"や"那么一辆车"が，仮に，"这一个人"や"那一辆车"からの類推によって派生的に生じた裝定であるとすれば，"*这儿一个人"

に関しては，"这"が既に十分に空間的であるがゆえに，その派生がブロックされていると解釈することも可能であろう。

　先に触れた不整合の問題に答えて言えば，"这儿/那儿"が多くの点で方位詞と統語特性を共有しながら後係の連体機能だけを欠くという不整合，および，同じく指示詞でありながら"这样/那样"や"这么/那么"が具える後係の連体機能を"这儿/那儿"が欠くという不整合は，実は"这/那"によって補われているということである。

　ところで，この「補う」という現象をやや広く見渡せば，"这/那"と"这儿/那儿"はそれぞれの統語的分布がそもそも相補的であることに気付く。

(23) {这 / *这儿} 几个人
　　［この何人かの人］

(24) {这 / *这儿} 就回家。
　　［もうここでお暇します。］

(25) 你 {这 / *这儿} 是什么态度？
　　［あなた，それ，どういう態度？］

(26) {*这 / 这儿} 有一本书。
　　［ここに本が1冊あります。］

(27) 书在 {*这 / 这儿} 。
　　［本はここにあります。］

(28) 你到我 {*这 / 这儿} 来吧！
　　［私のところにいらっしゃい。］

(29) {*这 / 这儿} 的书
　　［ここの本］

これまでの議論が示すように，「空間性」という特徴において近似的な"这/那"と"这儿/那儿"であってみれば，上のような分布の対立情況を一種の相補分布として捉えることも，あながち不合理な解釈とは言えないだろう。つまり，そこには異形態間の交替にも似たものを認めることが可能だということである。すなわち，一つの形態素が副用語的——すなわち副詞的と連体詞的——には /这/，体言的には /这儿/ あるいは /这里/ としてそれぞれ具現するという解釈である。

なお，"这儿/那儿"については，通時論的には，その来源を"这里/那里"に求め，"里［li］"が弱化した結果の音韻論的な産物と見る解釈が既に定着している観もあるが[4]，上の議論は，それとは別に，共時論的な構文論の領域では，/这/ と /这儿/ の関係を直接的な形態音韻的変化のそれとして理解する可能性のあることを示唆している。つまり，/这/ と /这里/ が形態論的手段による機能交替であるのに対して，/这/ と /这儿/ は形態音韻論的手段による機能交替であるという理解である。

北方方言において，いくつかの量詞（例えば"个，块，条"）に，意味上それらに対応する名詞性の対応形式として「儿化」形式（例えば"个儿［個体］，块儿［塊］，条儿［細長いもの］"）が存在するという事実は周知のとおりであるが，これらは「儿化」という形態音韻的手段を介しての品詞交替（すなわち，{个} ／个／（量詞）／个儿／（名詞））と見ることができる。/这/ と /这儿/ の関係を機能差による形態音韻論的な交替と見る上述の解釈も，これに近い性格をもつものと言える。

また，同じく北方方言において，"头"は"头几个人"［先頭の人］や"头一次"［最初の回］のように〈先頭〉あるいは〈先端〉の事物を指す，すなわち相対的定位の連体詞として用いられるが，これに意味上対応して〈先端〉という〈場所〉そのものを表す体言専用の形式は，やはり「儿化」形式をとって"头儿"となり，方位詞として用いられる（"从头儿讲起"

---

4) 董少文 1955：71 および Chao 1968：400 参照。

[初めから話す］，"村头儿有一间草屋。"［村の外れにわらぶきの家が1軒ある。］)。副用語としての /这/ と体言（＝方位詞）としての /这儿/ の交替に極めて近いものとして見逃し難い対応である。

陈锡梧 1966 によれば，台山方言では名詞のトコロ化が有形形式の組み立てにはよらず，規則的な音韻変調によって果されるという。

墙^{22} 很高 ＿＿＿ ↘ 挂到墙^{225}（＝挂在墙上）
［壁が高い］　　　　　［壁に掛ける］

拿着一个盆^{21} ＿＿＿ ↘ 浸在盆^{215}（＝浸在盆里）
［たらいを1つもつ］　　　［たらいにつける］

中国語の普通話において，〈場所〉の形式である /这儿//那儿/ が，/这//那/ からの形態音韻論的手段による交替として存在したとしても，あながち特異すぎる現象とは思われない。

また，王輔世・王徳光 1982 によれば，貴州の威寧で用いられる苗語においては，一つの指示詞が連体詞的な指示表現と，〈場所〉を表す［＋トコロ性］の指示表現の両方に充てられ，さらに，それに対応する変調形式がトコロ化機能に充てられる。中国語の"那儿"に相当する遠称の指示詞 "vɦai↗" を例に採り，その機能的特徴と具現形態の対応関係を整理すると，【表Ⅰ】のようになる。

【表Ⅰ】

機能的特徴 空間的定位の形式	［＋トコロ性］ の空間表現	トコロ化 （＝前接）	連体 （＝後接）
{vɦai}	/vɦai↗/	/vɦai↘/	/vɦai↗/

つまり苗語においては，中国語の"那"と"那儿"に相当する指示詞について，ただ一つの形態素 {vɦai} を設定することが理論的に可能であり，本論で仮定された，/那/ と /那儿/ を一つの形態素 {那} に帰する体系と同質の体系が，苗語においては現実に存在していると理解される。

以上，本節の議論を，当面の議論の対象である指示詞に焦点を合わせ

て要約すれば，"这/那"と"这儿/那儿"は，その空間性に関わる意味機能を方位詞と等しくしながら，構文上は方位詞に具わる3種の機能特徴を相補的に分担し合うかたちで存在しているということになる。より理論的には，より抽象的な存在として，「空間における相対的定位」を意味する形態素 ｛这｝｛那｝ を立て，/这//那/と /这(儿)//那(儿)/をそれぞれ機能差によって交替する異形態と見なす，ということになろう。すなわち【表Ⅱ】に示すごとくである。

次節では以上の議論を踏まえ，当初の問題に立ち返って，N_1DN_2 構造について考える。

【表Ⅱ】

空間的定位の形式 ＼ 機能的特徴	[+トコロ性]の空間表現	トコロ化（＝前接）	連体（＝後接）
方位詞 （｛前｝｛上｝｛头｝ etc.）	/前/ /上/ /头儿/	/前/ /上/ /头儿/	/前/ /上/ /头/
指示詞 （｛这｝｛那｝）	/这儿/※ or /这里/	/这儿/ or /这里/	/这/

（※指示詞については"这"系のみを例示したが，"那"系の場合も無論"这"系と同様である。）

4　N_1DN_2 の構造

　方位詞自身に内在する後係の連体機能が，名詞に対する方位詞の前接によって構成される方位詞相当句にもそのまま承け継がれるという事実は，従来取り立てて指摘されたことがない。"桌子上面有一本书。"［テーブルのうえに本が1冊ある。］という存在文から動詞の"有"が省略されたかたちとして，すなわち，構文上「文」の資格をもつ述定（nexus）として"桌子上面一本书。"［テーブルのうえに本が1冊。］という無動詞文が成立することは，既に范方蓮1963の指摘するところであるが，今こ

こで取り上げようとするのは，それとは別の，構造全体があくまで装定の資格で成立している名詞句構造としての"桌子上面一本书"［テーブルのうえの1冊の本］の類いである。

(30) 娘俩住在地主家后面半间破屋里，……　　　（茹志鹃《高高的白杨树》）
　　［母娘2人は地主の家の裏の狭いボロ家に住んでいて，…］

(31) 他拉我一起坐在树荫下一块方石上。　　　　　　　　　　　（同上）
　　［彼は私の手を引いて木陰にある四角い石のうえに一緒に座らせた。］

(32) 他要求下放到前门外一家铺子去啦。　　　　　　　（老舎《女店員》）
　　［彼は前門のそとの1軒の店に配属され労働体験させられることを求めた。］

(33) 于是就到车站前一片高地的广场上去散步。　　　　（侍桁译《雪国》）
　　［そこで駅前の高台の広場に散歩に行った。］

(34) 月亮很亮，把大门旁边一棵树映照得非常挺拔。
　　　　　　　　　　　　　　　　　　　　　（茹志鹃《高高的白杨树》）
　　［月はとても明るくて，表門のそばの樹が月明かりに映えて，高くすんなりとそそり立っていた。］

これらの例が示すように，トコロ性に関して方位詞相当であった「名詞＋方位詞」の構造は，それ全体が後係の連体機能を果たすことも可能であり，その点において方位詞相当であると見ることができる。指示詞との関連で言うなら，方位詞が指示詞"这/那"と一系列に並んだように，「名詞＋方位詞」もまた機能的にはそれ全体で"这/那"と同列であるということである。

ちなみに，(35)の"毛家湾"や(36)の"東京"が同じくこの位置に立ち得るという事実は，指示詞や方位詞だけに留まらず，広く空間表現一般に広義の指示性が内在するという一般化の可能性を示唆するものとして興味深い。

(35) 虎妞在毛家湾一个大杂院里租到两间小北房。　　（老舎《骆驼祥子》）
　　［虎嬢は，毛家湾のとある集合住宅に2間の小ぶりな南向きの部屋を借りた。］

㊱ 他曽经短期参加了东京一个新流派的剧団。　　（侍桁译《伊豆的歌女》）
　　［彼は以前，しばらくの間東京のある新派の劇団に加わっていた。］

　また，これまでも往々指摘されるところの，空間表現が主語に立つ存在文（例えば"里间有一张床。"［なかに１つのベッドがある。］）に対応して"是"構文（例えば"里间是一张床。"［なかは１つのベッド。］）が成立することなども，"那儿有一张床。"［あそこに１つのベッドがある。］に対応して"那是一张床。"［あそこは１つのベッドだ。］が成立することとの関連から見て，空間表現の指示性という問題と無関係ではないように思われるが，ここでは立ち入らないでおく。

　議論を元に戻して，"桌子上面一本书"は，要するに"桌子上面"［テーブルのうえ］が方位詞相当句であることによって装定としての成立を得ているということである。方位詞"上面"［うえ］の機能に絞って言えば，それはまず前の名詞"桌子"に接し，これを機能的に包み込んだかたちで後ろの"一本书"に係っていく，ということである。すなわち前接，後係両機能の共存もしくは同時発動である。

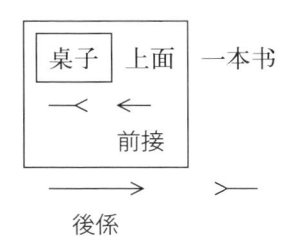

```
┌─────────────────────────┐
│  ┌──┐                    │
│  │桌子│ 上面   一本书    │
│  └──┘                    │
│    ─<  ←                 │
│         前接              │
└─────────────────────────┘
     ──────→    >─
           後係
```

　方位詞相当句の装定に対するこのような構造把握はまた，方位詞に意味上および機能上極めて近い指示詞"这"あるいは"那"を含んで成り立つ N_1DN_2 構造の理解にもそのまま有効となる。

　今"他那一本书"［彼のあの１冊の本］を例に採り，これを前節の議論に沿ってやや抽象的に書き換えれば，"他{那}一本书"となる。より'深い'構造と言い換えてもよい。{那}が方位詞同様，前接，後係いずれの機能も potential に具えていることは既に前節に述べたとおりである。そこで，まず，"他{那}"の部分が，{那}の前接機能に支えられて一

つの結合をなすという解釈が可能になる。この結合がもしそれだけで独立した文成分となるなら，"他/那儿/"として具現することになるのだが，ここではさらにそれ全体が後ろの"一本书"に連体的に係っていくため，結果的には"他/那/一本书"という形態で表層化することになる。

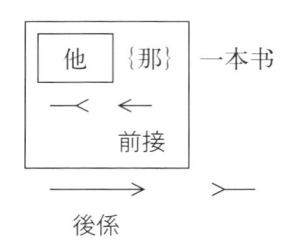

```
┌─────────┐
│ 他 {那} │ 一本书
│ ─< ←    │
│    前接 │
└─────────┘
  ─────→  >─
     後係
```

この機能的な仕組みは先の"桌子上面一本书"と平行する。"上面"が方位詞であり，"桌子上面"が方位詞相当句であったことに比して言えば，{那}の前接によって構成される"他{那}"は指示詞相当句であると言い得る。元来それ自身連体機能を具えない"他"は{那}に機能的に包み込まれることによって連体に参加し得ている。両者の結合は{那}の前向きの磁力線とも言うべき前接機能に支えられており，そこにはおのずと"的"の出番は不要となる。ここに，2つの名詞表現——N_1とN_2——の間にあって"这/那"が果すと見受けられた「つなぎ」の作用は，実は，"这/那"に内在する前向きと後ろ向きの機能の同時発動から成り立っていたのだと結論づけられる。

なお，前接，後係両機能の共存現象は，{这}と{那}に限らず，指示詞体系中の他の2系列——"这样/那样"と"这么/那么"——にも存在する。

(37) 不过，那时二喜说得没自己这样硬棒罢了。　　（茹志鹃《鱼圩边》）
　　　［ただ，その時の二喜の口ぶりが，自分のように毅然とはしていなかっただけのことだ。］

(38) 我女儿没你这么老！　　（秀丰译《恍惚的人》）
　　　［私の娘は，あなたほど老けてはおらん！］

(37)の"这样"も(38)の"这么"もいずれも連用機能をもって後ろの述詞

("硬棒""老")に係っており，その点では連体的である"他那一本書"の｛那｝とは異なるが，しかし，後ろに係るという点においては同様であり，したがって，ここでもやはり次のような仕組みが見てとれる。

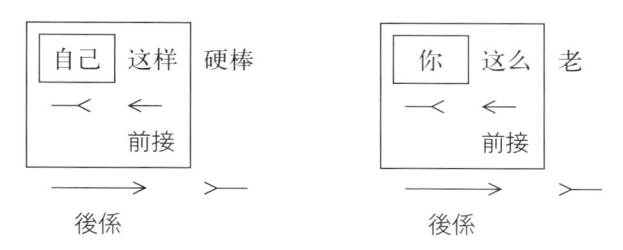

```
┌─────────────┐           ┌─────────────┐
│ 自己  这样  │ 硬棒       │ 你   这么   │ 老
│  ─<  ←     │           │  ─<  ←     │
│       前接  │           │       前接  │
└─────────────┘           └─────────────┘
    ───────→  >              ───────→  >
      後係                      後係
```

このように，前接，後係両機能の共存もしくは同時発動という現象は，指示詞のパラダイムにおいて，"这/那"のみに留まらず，他の指示詞にも認められる一般性の高い統語現象として捉えることができる。

5　N_1DN_2の意味

以上，指示詞と方位詞の意味上および統語上の特徴における近似性を観察し，さらにそれを踏まえて，問題のN_1DN_2構造を，方位詞相当句による装定と平行した構造把握を以て特徴づけるに至った。一言で言えば，N_1DN_2は指示詞相当句の装定であり，構造上「指示の装定」の範疇に属するものだということである。

ところで，指示の装定であることは，前節までの議論でも既に明らかなように，定位すなわち位置づけの装定であることと同義である。してみれば，N_1DN_2を構造的に指示の装定であると結論づけることは，同時に，N_1とN_2が意味上広義に空間的な関係において結び付いているという意味的な特徴づけを含意していることにもなる。だとすれば，前節に試みた構造把握の妥当性を裏付けるには，N_1とN_2の間に空間的な結び付きが存在することが保証されなければならない。本節ではいくつかの実例を通してそのことを確認し，前節までの議論のサポートとしたい。

N_1DN_2は，これをN_1とN_2の意味的関係の違いによって分類した場合，

およそ次の３類に大別し得る。
（ⅰ）N_1 が，N_2 の存在する「場所」にあたる類
　⑶⑼ 远处的山坡上，依然闪烁着工地上那片电灯光。
　　　　　　　　　　　　　　　　　　　　　　（茹志鹃《高高的白杨树》）
　　　［遠くの山道では，相変わらず工事現場のあの電灯の明かりがちらちらと光っていた。］
　⑷⑼ 眼前这两个人脸上表现出来的幸福感是否定不了的。
　　　　　　　　　　　　　　　　　　　　　　（祖秉和译《破戒裁判》）
　　　［目の前のその２人の顔に現れている幸福感は否定し難いものであった。］
　⑷⑴ 她怕院中那些男人们斜着眼看她，　　　　（老舍《骆驼祥子》）
　　　［彼女は，敷地のなかのあの男たちが自分のことを横目で見てくるのを恐れた。］
（ⅱ）N_1 が，N_2 の存在（出現）した「時間」にあたる類
　⑷⑵ 现在这些牙是不是爹自己做的？　　　　　（秀丰译《恍惚的人》）
　　　［今のこれらの歯はお父さんが自分で作ったのか？］
　⑷⑶ 刚才那个人未必一定是侦探。　　　　　　（老舍《骆驼祥子》）
　　　［さっきのあの人が必ずしも探偵だとは限らない。］
　⑷⑷ 别只顾一头栽到先前那个案件里去啦！　　（叶渭渠译《沙器》）
　　　［以前のあの事件にばかり足を突っ込むのはやめろ！］
（ⅲ）N_1 が，N_2 の「所有主」にあたる類
　⑷⑸ 夫人使劲重新掌开她那把破旧的蛇目伞。　（叶渭渠译《木偶净琉璃》）
　　　［夫人は，彼女のそのボロボロの蛇の目傘を精いっぱい開き直した。］
　⑷⑹ 你懂了大妈这个心没？　　　　　　　　　（茹志鹃《关大妈》）
　　　［あなたは，おばさんのこの気持ちが分かっているの？］
　⑷⑺ 连你这身衣裳都一进狱门就得剥下来。　　（老舍《骆驼祥子》）
　　　［お前のこの衣服までも監獄に入ったら全部はぎ取られてしまうんだぞ。］
　（ⅰ）の類については N_1 が場所の表現であるため，Dすなわち"这/那"を落としても，その結果（例えば"工地上一片电灯光"［工事現場の電灯の明かり］）は，第４節の冒頭に述べたところの方位詞相当句の装定とし

てなお文法的に成立し得る。この点で，(ⅰ)は，"这/那"が文法上不可欠である(ⅱ)や(ⅲ)とは異なる。このように文法的な制約の上からは剰余的とも言える"这/那"を含んだ(ⅰ)類の N_1DN_2 と，"这/那"を含まないタイプの方位詞相当句の装定との構造的および意味的関係は，恰も，deictic な方向補語"来/去"を含むタイプの方向補語構造（例えば"搬上来/去"［運び上げてくる/いく］）と，それを含まないタイプの方向補語構造（例えば"搬上"［運び上げる］）との関係に類比する。

工地　　　上　　一片电灯光　：工地　　　上　　这/那　　一片电灯光
（名詞）（方位詞）（名詞句）　　（名詞）（方位詞）（指示詞）（名詞句）
［工事現場の電灯の明かり］　　　［工事現場のこの/あの電灯の明かり］

搬　　　　上　　一把椅子　：搬　　　　上　　来/去　　一把椅子
（動詞）（方向補語）（名詞句）　　（動詞）（方向補語）（deictic　（名詞句）
　　　　　　　　　　　　　　　　　　　　　　　　　　方向補語）
［1脚の椅子を運び上げる］　　　　［1脚の椅子を運び上げてくる/いく］

　"搬上"が話し手の位置に関わらない客観的（non-deictic）な動作の方向のみを表しているのに対して，"搬上来/去"は，その客観的な相対的方向をさらに話し手の視点から deictic に捉え直している。つまり前者が客観的な方向づけにとどまっているのに対して，後者はさらにその上に主観的な方向づけを加えているのである。"工地上一片电灯光"と"工地上这/那一片电灯光"の関係は，これと類比的な関係において把握し得る。すなわち，客観的な相対的定位にとどまっている前者に対して，後者はさらにそれを deictic に捉え直し，主観的な位置づけを加えた名詞句構造として成立している。

　さて，(ⅰ)類の N_1 が狭義に空間的な意味をもつことはもはや言うまでもないが，他の2類の N_1 ——すなわち，N_2 に対して各々「時間」と「所有主」の関係にある N_1 ——についても，狭義に空間的である(ⅰ)類の N_1 を典型として，やや広義に解釈された「空間性」という共通の意味特性のもとに一括し得る可能性をもつものと考えられる。

　多くの時間表現が空間表現からの転用として存在することが高度に普

遍的な言語事実であることを思えば，(ⅱ)における N_2 と N_1 の関係が(ⅰ)におけるそれと類縁的であると理解することは決して不合理ではない。(ⅰ)に準じて，(ⅱ)の N_2 と N_1 の関係もまた広義に空間的なそれとして捉え得ると考える。

　同様に，(ⅲ)の「所有」の関係にしても——例えば存在文と所有文の近似が示唆するように——やはりそれは空間的な「存在」の関係に対して類縁的に位置づけられるものと言えよう。空間的な存在が具象的な存在であるのに対して，所有は抽象的な存在とも言い得る。その意味で，所有主である(ⅲ)の N_1 もまた広義に空間の一種と見なし得るのである。

　このように，狭義の空間性に準ずる，やや広義に空間的なものも含めて，すべて N_1DN_2 の N_1 は，N_2 に対して空間的な意味をもつもの，すなわちその「存在先」にあたるものとして特徴づけられる。

　この特徴づけの妥当性は，次の4例が示すように，空間的な関係において捉え得ない2つの名詞表現を N_1DN_2 構造のかたちで結び付けたかたちはいずれも許容度が極めて低いという事実によっても裏付けられる。"水泥"［セメント］と"那个房子"［あの家屋］からなる(48)，"红色"［赤色］と"这个大楼"［このビル］からなる(49)，"李同学"［李君］と"那个妹妹"［あの妹］からなる(50)，"北大"［北京大学］と"那个学生"［あの学生］からなる(51)は，いずれも不自然に感じられる。

(48)　＊水泥那个房子
(49)　＊红色这个大楼
(50)　＊李同学那个妹妹
(51)　＊北大那个学生

(48)と(49)では，N_1 が N_2 に対してそれぞれ材質と色彩を表すものにあたる。すなわちいずれも「属性」を表すものであり，空間的な関係とはおよそ異質であること，言を俟たない。

(50)の N_2 と N_1 は，関係概念とその基準という関係にある。仮に「李君の妹」という日本語の表現を例に採って考えてみると，それは対人関

係という相対的な関係概念の一種を表す意味において，例えば「机の右」というような名詞句構造の意味と同類に属する。「右」という空間が他の存在から独立して初めからあるわけではなく，常になにかがあっての「右」であるように，「妹」もまた常に誰かにとっての「妹」でしかない。「妹」（ほかに「お父さん，お兄さん，上司，同級生」など）という語のこうした意味的特性は，「この本は李君の本だ」や「この本は李君のだ」が成立するのに対して，「*この妹は李君の妹だ」や「*この妹は李君のだ」が成立しないという事実にも反映される。「本」という存在は「誰の」ものでもある以前に，初めから既に「本」であるが，「妹」という相対的関係概念は必ず「誰の」という基準の存在を俟たなければ成立しない性質のものである。基準がまずあり，それから相対的関係が規定されるのであって，その逆ではないのである。したがって，基準（「李君（の）」）が認定されていないうちから，「妹」という相対的関係が認識されるということはそもそも不可能なのであって——つまり，誰の妹であるかが認識されないうちから，その人物を「（この）妹」と認識することは不可能なのであって——，そのことが「*この妹は李君の妹だ」や「*この妹は李君のだ」というような表現を不自然なものにしていると考えられる。恰も「*この右は机の右だ」や「*この右は机のだ」が不自然なように。

　中国語においても事情は同様で，仮に，"李同学"と"妹妹"の間に——例えば"李同学的妹妹"のように——限定修飾が成立したとしても，それはあくまで基準と関係概念という意味においてであって，空間的な関係の意味とは性格が異なる。

　最後の(51)のN_2とN_1の関係は，一見，事物とその「所属先」の関係とも見受けられ，事物とその存在先の関係に類縁的であり，したがって空間的関係の一種に数え得ると判断されるかもしれない。しかし，ここで注意しなければならない重要な一点は，"北大"と"学生"の間に仮に限定修飾が成立するとすれば，それは学生の「種類」を類別的に限定しているのであって，特定の具体的な存在としての，すなわち「個」と

しての学生を空間的な意味において限定するものではないということである。Bolinger 1967 の用語を借りれば reference-modification であって，referent-modification ではないということになる。つまり，「"清華"の学生，"南大"の学生，"復旦"の学生…」というように，複数の下位類があり，これらの下位類の体系的な集合として存在する類体系（reference system）としての"学生"のうちから，「"北大"の学生」という一類を指定（＝類別）しているのである。具体的事物として既にある特定の学生について，それが存在する，あるいは所属する空間的位置を述べるという性質のものではないのである。事物が空間的に定位されられるためには，言い換えれば，空間的に指示されるためには，それが，⑸2における"未名湖"（北京大学のキャンパス内にある人工池の名称）のように，既にある特定の具体的な存在すなわち referent でなければならない。

⑸2　北大那个未名湖
　　　［北京大学のあの未名湖］

ちなみに，"李同学的妹妹"や"北大的学生"は，従来"領属関係"を表す連体修飾構造の類に数えられており，『現代漢語八百詞』では，"領属性"の修飾語が N_1 に立つ場合，N_1DN_2 構造は成立すると記述されているが，⑸0や⑸1における N_1DN_2 の不成立は，『現代漢語八百詞』の記述が十分に適切ではないことを示している。

以上の議論から，空間的な結び付きにおいて捉えることのできない N_1 と N_2 では N_1DN_2 構造の構成が不可能であることが確認された。ここに，N_1DN_2 構造を指示の装定，すなわち空間的定位の装定と結論づけた本論の主張は，より一層の妥当性を得ることになる。

第3章

指示詞のダイクシス
——「近」と「遠」——

1 はじめに

　第1章の冒頭でも述べたとおり，日本語の「コソア」3系列に対して，中国語の指示詞は，近称の{这（zhè）}と遠称の{那（nà）}の2系列からなる。その〈近〉対〈遠〉の対立の仕組みを十分明確に特徴づけた例をわれわれは知らない。「話し手にとって近いものは{这}で指し，遠いものは{那}で指す」といった説明はどの辞書や文法書にも見られるものであり，事実は確かにそのとおりである。が，それはあくまでも結果を述べているにすぎず，問題は，なにがどうある場合に，中国語の話し手は「近い」と認識し，あるいは「遠い」と認識するのかということである。つまり，〈近〉か〈遠〉かという認識の決定に与る意味論的条件あるいは語用論的条件が具体的に明らかにされることこそが，指示詞の議論にとっては重要なことであり，また実用面でも必要なことなのである。

　しかしながら，中国国内ではもとよりこの種の問題に対する関心が低く，日本での「コソア」をめぐる研究動向とは極めて対照的な状況にある。呂叔湘1985をはじめとして[1]，通時論的な関心から，いわゆる「語

---

1) いわゆる「歴史文法」の立場から，唐代以降現代までの指示詞および代名詞を包括的かつ実証的に扱った呂叔湘1985では，現代語の指示詞についてもかなりの紙幅が費やされ，有益な指摘も数多く見いだせるが，「語史」的研究の性格上，必ずしも，{这}と{那}の意味的な対立を特徴づけることに記述の重点は置かれていない。また，語用論的な関心も乏しく，現場指示の問題がほとんど取り上げられていない。

史」的研究の一環として，指示詞ならびに代名詞を取り上げた論考はこれまでにも数多くあり，その方面では多くの成果が積み上げられてきてはいるが，現代語の指示詞に焦点を当てた意味論的研究となると，80年代後半に発表された徐丹1988を除いて見るべきものがほとんどない。その徐丹1988にしても，断片的な観察結果の記述に留まっており，理論的な考察には至っていない。

　一方，日本国内では，日本語の「コソア」の研究に触発されるかたちで，比較的早い段階からこの方面に関心が寄せられ，梁慧1986，讃井1988，高木1989などいくつかの論考が，{这}と{那}の運用状況についての観察や使い分けの意味的条件に対する一般化を試みている。ただ，それらも，観察対象が限られた範囲に留まっていたり，意味論的観点または語用論的観点からの分析が不十分であったりするために，問題の〈遠・近〉二項対立の機構を十分に納得のいくかたちで特徴づけるまでには至っていない。現代中国語の指示詞に関する意味論的研究は，記述と理論いずれの面においても，未だ本格的な段階を迎えるに至っていないというのが現状である。

　本章の目的は，中国語の指示表現のダイクシスに関わる意味論的および語用論的仕組みを，より体系的，より明示的に特徴づけるための基礎作業として，{这}と{那}の使い分けの状況を実際の用例にあたって広く観察し，随時日本語の「コソア」の状況と照らしつつ，その特徴を分析することにある。なお，現時点では文脈指示的な用法を取り上げる余裕がなく，ここでは現場指示を中心とする非文脈指示的な用法のみを扱う。

　本論に入る前に，中国語の指示詞の一覧を【表Ⅰ】として示し，対照の便を考慮して，それぞれの形式に典型的に対応する日本語の指示表現を右の欄に挙げておく。また，本章では，以下，引用例を除いてすべて，{这}と{那}の表記を以て各種の指示形式を代表させることとする。

【表Ⅰ】

範疇概念＼Deixis	近	遠	
無範疇	这	那	$\begin{pmatrix}こ\\そ\\あ\end{pmatrix}$れ・$\begin{pmatrix}こ\\そ\\あ\end{pmatrix}$の
事物	这个	那个	$\begin{pmatrix}こ\\そ\\あ\end{pmatrix}$れ
場所	这里/这儿	那里/那儿	$\begin{pmatrix}こ\\そ\\あそ\end{pmatrix}$こ
側面	这边	那边	$\begin{pmatrix}こ\\そ\\あ\end{pmatrix}$っち
時間	这会儿	那会儿	$\begin{pmatrix}こ\\そ\\あ\end{pmatrix}$のとき
性状・様態	这样　这么	那样　那么	$\begin{pmatrix}こ\\そ\\あ\end{pmatrix}$んな・$\begin{pmatrix}こ\\そ\\あ\end{pmatrix}$—
程度	这么	那么	$\begin{pmatrix}こ\\そ\\あ\end{pmatrix}$—・$\begin{pmatrix}こ\\そ\\あ\end{pmatrix}$れほど

2　現場指示

　指示詞が発話の現場で知覚される対象を指し示して用いられる，いわゆる現場指示の用法については，大きく2つの状況に分けて考えることができる。1つは，話し手が聞き手めあてに発話行為を行う「対話」の状況であり，いま1つは，聞き手が存在しない，あるいは聞き手をめあてとしない，話し手一人の「独言」または「内言」の状況である。以下

それぞれの状況における現場指示の用法について見てゆくことにする。

2.1　対話の場合

2.1.1　「ワレの領域」の内と外

　対話の場においては，話し手にとって「近い」と認識された現場の事物は{这}で指され，逆に「遠い」と認識された事物は{那}で指される。(1)と(2)は，話し手の手にしているものが{这}で指されている例であり，(3)は，話し手にも聞き手にも等しく近いものが{这}で指されている例である。

(1) 小天狗："借给我看！借给我看！"
　　彦市："嗯，好吧！可是，<u>这</u>千里眼是我顶顶珍贵的宝贝呀！"
　　　　　　　　　　　　　　　　　　　　　　　　　　(〈彦市的故事〉)

　　　天狗の子：貸してはいよ，なあ，貸してェ。
　　　彦市：うん。ばってん，<u>この</u>遠眼鏡は俺が大事大切な宝もんだけんなあ。　　　　　　　　　　　　　　　(「彦市ばなし」)

(2) 把<u>这个</u>给程家送去好不好？　　　　　　　　　(《四世同堂》)
　　[<u>これ</u>を程さんのうちに届けてくれますか？]

(3) 京子和火葬场的办事员，一边谈话一边一个又一个很利索地捡起来。
　　"<u>这</u>是哪部分呢？"
　　"头盖骨。"　　　　　　　　　　　　　　　　　　(《恍惚的人》)

　　　京子は焼き場の係の人と二人で，こまめに幾つも幾つも拾いあげながら喋っている。
　　「<u>これ</u>は何処でしょうね」
　　「頭蓋骨です」　　　　　　　　　　　　　　　　(『恍惚の人』)

　また，次の3例では，話し手・聞き手双方にとって遠いものが{那}で指し示されている。

(4) "<u>那</u>就是亀嵩站。"
　　今西点头，凝望着孤零零地坐落在田野上的车站建筑物。　(《砂器》)
　　　「<u>あれ</u>が亀嵩の駅です」

　　　　今西，頷き，田圃の中にポツンとしたその建物の駅舎を見る。
　　　　　　　　　　　　　　　　　　　　　　　　　　　　（『砂の器』）
(5) 是枝行了个礼，道谢说：
　　"真是惶恐。"
　　说着就匆忙向在门外等候的汽车跑去。是枝在对司机讲什么话。
　　木下从远处望去，向站在旁边的山形随便问了一句：
　　"那辆车是谁的？"　　　　　　　　　　　　　　　（《深层海流》）
　　　　是枝は礼を云うと，急いで門外に待たせた車に走った。是
　　　枝は何やら運転手と話していた。
　　　　木下はそれを遠くから見ると，
　　　──あの車は，誰のかね？
　　　と傍の山形に何気なしに訊いた。　　　　　　　（『深層海流』）
(6) 从隔壁正房传来昭子又尖又响的喊话声，大概是在到处打电话。"妈
　　妈一直是那样？"
　　"嗯，那样。"　　　　　　　　　　　　　　　　　（《恍惚的人》）
　　　　隣の母屋で昭子がキンキンと大声で怒鳴っているのが聞こ
　　　える。電話をあちこちにかけているのだろう。
　　　「ママはずっとああかい？」
　　　「うん，ずっとああだ」　　　　　　　　　　　　（『恍惚の人』）
　{コレ}と{ソレ}の使い分けは，基本的には，話し手と指示対象の間の
物理的あるいは心理的距離によって決まるものと考えてよい。自分に近
いか遠いか，言い換えれば，ワレの領域に属するものと見るか否かであ
る[2]。日本語では，自分に近い対象であっても，それ以上に相手に近い

---

2) 中国語の空間移動動詞に"过来/过去"という対概念を表す動詞がある。心理的
　な境界線によって〈コチラ〉と〈ムコウ〉という対立的な空間の存在を意識したう
　えで，〈ムコウ〉から〈コチラ〉への移動を表すのに用いられるのが"过来"，〈コ
　チラ〉から〈ムコウ〉への移動を表すのに用いられるのが"过去"である。ここに
　反映される〈コチラ〉対〈ムコウ〉という領域区分（なわばり）の意識は，{コレ}
　と{ソレ}の対立にそのまま平行するものと考えられる。"过来"と"过去"につい
　ての詳細は杉村1992を参照されたい。

と認識された対象であれば,「コ」は用いずに「ソ」を用い,また,自分から遠い対象であっても,相手に近いと認識されれば「ア」を用いずにやはり「ソ」を用いるといった具合に,相手の領域(すなわちナレの領域)を独自に示す「ソ」が存在するが,中国語には「ソ」に対応するような「第3の指示詞」[3] は存在しない。次の(7)と(8)では,相手の手にあるものが指示対象とされているが,いずれの場合も,その対象が話し手の手にも届く範囲の至近距離にあるところから,{这}が用いられている。

(7) 赛金刚:"喂,拿酒来!"(把乙抱着的食盒轻轻夺过来)
　　乙:"这,这是敬神的食盒。" 　　　　　　　　　(〈赛金刚盛衰记〉)
　　おんにょろ:やい,酒ェよこせ。(二の重箱を軽くひったくる)
　　二:そ,そらア,ま,祭りの重ね鉢だが。(「おんにょろ盛衰記」)

(8) (呱先生默不作声,取出一封信来看。)
　　戈洛(注意到这封信):"啊哟,这是什么?(把信抢过来)真不讲理!真不讲理!"
　　呱先生:"从这封信来看,你和休勒的关系也许是那个肉体——不,精神恋爱,可是在相当程度上……" 　　　　　　(〈蛙升天〉)
　　ガー氏:(黙って手紙をとり出して読んでいる)
　　ケロ:(気がついて)あらっ!やっぱり!(手紙を引ったくって)ひどいわ,ひどいわ!
　　ガー氏:それで見るとだな,お前とシュレとは,その何だ,肉体——プラトニック・ラブであったかも知れんけれどもだな,しかし相当程度に…。 　　　　　　(「蛙昇天」)

(9)や(10)のように,日本語なら,自分が手にもっているものや身につけているものは「コ」で指し,相手はこれを「ソ」で指すといった使い分けが自然だと感じられる状況でも,中国語では双方ともに{这}を用いることが珍しくない。

---

3) 金水 1989 参照。

第3章　指示詞のダイクシス　63

(9)　おんにょろ：何だ。そげなもんなら，おらがこれで，ひと叩きに
　　　　　　　おっ伏せてやるだわ。
　　（立札をふり廻す）
　　老人：（初めて立札に気がついて）うわァ，おめえ，その板ふだ引
　　　　　きぬいて持ってきただかい。　　　　　　（「おんにょろ盛衰記」）
　　　　赛金刚："什么！就那么个老虎呀，俺用这个一下子就给你们把
　　　　　　　它砸死。"
　　（挥舞着大木牌）
　　　　老爷爷（刚刚注意到大木牌）："啊呀，你把这大木牌拔了来啦！"
　　　　　　　　　　　　　　　　　　　　　　　　　（〈赛金刚盛衰记〉）

(10)　彦市：ところで殿さん，かっぱば釣って持って行ったら，御褒美
　　　　　　にそのお面ば下はるまっせんか。
　　　殿様：これか。ふん，遣ってもよかたい。　　　（「彦市ばなし」）
　　　　彦市："可是，侯爷，我给您钓上河童到府上去，您可以把这面
　　　　　　具赏给我吗？"
　　　　侯爷："这个吗？嗯，可以。"　　　　　　　　（〈彦市的故事〉）

　次の(11)では，同じ部屋のなかでやや離れた位置に立つ相手によって拾
い上げられた服が指示対象となっており，日本語では「コ」を用いる
ことがかなり不自然に感じられる場面だが，原文の中国語では｛这｝が用
いられている。

(11)　杨彩玉（从床上拎起一件衣服）："衣服脱了也不好好的挂起来，往床
　　　　　　上一扔，十二岁啦，自己的身体管不周全，还教别人，做什
　　　　　　么'小先生'！"
　　　葆珍（将书本收拾）："这件要洗啦！"　　　　　　（〈上海屋檐下〉）
　　　［楊彩玉：（ベッドから服を拾い上げて）服を脱いでもきちんと掛け
　　　　　　　ておかないで，ベッドにポイ。12にもなって，自分の身の
　　　　　　　回りのこともきちんとできないで，そのくせ，ひとに勉強
　　　　　　　を教えたりして，「ちびっこ先生」だの何だのって！
　　　　葆珍：（本を片づけながら）それ洗うのよ！］

ここでの対象は，先の(7)や(8)ほど至近距離にあるわけではなく，物理的な距離としては明らかに，話し手よりも聞き手のほうが近い位置にあるが，それが話し手自身の衣服であることから，自分の領域に属するもの，すなわち自分に近いものと認識され，{这}が用いられていると理解される。日本語では，話し手と聞き手の，対象に対する物理的な距離の差が指示詞の使い分けに大きく関与し，上のような状況では，対象が聞き手の領域に属するものであることを「ソ」系列の指示詞によって明示する必要が感じられるが，ワレの領域に対立してナレの領域というものをマークする指示形式を特にもち合わせていない中国語では，対象が自分にとって遠い存在だと積極的に認識されない限り，(11)のように，近称の{这}で指されてよいということである。逆に，自分にとって遠いと感じられる対象は，次のように，聞き手に近いものであっても遠称の{那}が用いられる。(14)と(15)はともに電話の相手に対する発話であり，後者は電話の向こうから聞こえる音について相手に尋ねている例である。

(12) (道路を隔てた向こう側で自転車にまたがっている相手に対して)
　　小王！你那辆车哪儿买的？
　　　　［王くん！君のその自転車，どこで買ったの？］

(13) (打开竹墙的折叠门，走上舞台，边走边仰头望着房顶)"……阿又！还不快下来？你呆在那里干什么？快下来吧，阿又！"
　　　　　　　　　　　　　　　　　　　　　　　　(〈屋顶上的疯子〉)
　　(竹垣の折戸から舞台へて来ながら屋根を見上げて)…義やあ。早う降りて来んかい，何しとんやそない所で。早う降りんかい，義やあ。　　　　　　　　　　(「屋上の狂人」)

(14) 喂！是我。十二点到你那儿去。　　　　　　(《金环蚀》)
　　ああ，おれだ。十二時にそっちへ行くからな。　　(『金環蝕』)

(15) 你那是什么声音？
　　　　［君のそれ，何の音？］

このように，中国語では，聞き手に近い対象であっても，結局は話し

手を基準に「遠」か「近」かの二項対立のいずれか一方に振り分けられることになる。つまり，中国語においては，聞き手の領域も，ワレの領域内か，その外側の領域か，いずれか一方に吸収されるということである。

2.1.2 包合的視点と対立的視点

　上に見たように，中国語は，特定の指示詞によって聞き手の領域を独自に示すといった方策はもち合わせない。しかし，それでは，中国語においては，指示詞運用の際に聞き手の存在は全く考慮されないかというと，必ずしもまたそうではない。次の例に注目されたい。

⒃　语声："彦市，你那是什么呀？"
　　彦市（装做惊讶）："咦？是……是谁呀？怎么只听人说话，不见人形儿……。"
　　语声："是我，龙峰山天狗的儿子。看一下吧！"
　　彦市："哦，是小天狗吗？好哇，好哇……这是从天竺传来的千里眼。你究竟在哪儿呀？"
　　语声："在这里。"
　　彦市："啊，原来在这里呀！"　　　　　　　　（〈彦市的故事〉）
　　　声：彦市どん，そら何な？
　　　彦市：（びっくりしてみせて）へ？だ，誰だろか？声ばっかりして姿は見えんが…
　　　声：わたいたい。竜峰山の天狗の息子たい。ちっと見せてはいよ。
　　　彦市：ははあ，天狗どんの息子どんな？そらァ，そらァ…。こらァ天竺渡りの千里見通しの遠眼鏡たい。ばってん貴方は全体何処ェおんなはっとかな？
　　　声：ここたい。
　　　彦市：ありゃ，其処エおったかな？　　　　（「彦市ばなし」）
ここでは，先の⑼や⑽の場面とほぼ同様の至近距離にいる聞き手のも

ち物を指して｛那｝が用いられている。指示対象と話し手との間の物理的な距離だけを考慮するならば，むしろ｛这｝が用いられて然るべき状況である。現に，最後の行で「彦市」は「小天狗」の立つ位置を"这里"と指している。もし仮に，指示対象だけがその位置にあって，聞き手は存在せず，話し手一人がその対象を見つめている，あるいは聞き手も話し手と肩を並べて一緒にその対象を見つめている，といったような状況であれば，やはりこの距離では｛那｝は不適切であり，(16)'のように｛这｝が自然だと感じられる。

　(16)' 这是什么呀？

　してみると，(16)における｛那｝の使用には，やはり，聞き手の存在（より正確には，聞き手と指示対象との関係）が深く関わっていると考えざるを得ない。すなわち，ここでは，もとより話し手にとって対象の正体が明らかでないうえに，それが相手の領域に属するものであるという認識が重なり，そこに心理的な疎遠感が生じて，遠称による指示が促されるということだろう。このように，聞き手の存在は，時に，対象に対する話し手の心理的な距離感に影響を与えることがあり，その限りにおいて，聞き手の存在も，指示詞選択の決定に与る重要な要因の一つに数えることができる。

　上に見たことは，「視点」という概念から捉え直すことも可能である。すなわち，"你"［あなた］の領域を"我"［私］の領域——すなわち「ワレの領域」——に取り込み，包み込んだ"咱们"［われわれ］の視点，言わば「包合的視点」がとられた場合は，先の(7)-(11)のように，聞き手に近い対象が，つまるところ話し手自身に近い対象として捉えられ，｛这｝で指し示される：一方，"我"と"你"が自他的に意識された「対立的視点」がとられた場合は，(16)のように，近距離の聞き手に属する対象であっても｛那｝で指し示される，ということである。包合的視点とは，聞き手が話し手自身と共有の場にあると意識された視点であり，対立的視点とは，聞き手が話し手とは非共有の場にあると意識された視点である[4]。

次の(17)の"你那边用劲往里拉！"は，とてつもなく巨体の老人を小さな乗用車の座席に無理やり押し込めようと悪戦苦闘する娘が，反対側の入り口から身を乗り入れてこの老人を引っ張っている相手に向かって発したものである。

(17) 慢点！慌什么！好，用劲！怕什么？甭怕他叫唤，用劲往里推！你那边用劲往里拉！　　　　　　　　　　　　　　　　　　　　《钟鼓楼》

　　　　　［ゆっくりよ！なにを慌ててるの！さあ，しっかり！大丈夫よ。わめいても気にしないで，思いっきり押して！あんたそっちから思いっきり引っ張って！］

ここでは，老人の巨体を間に挟んで，押し込む自分と引き入れる相手という対称的な立場のあり方が，「こちら」対「向こう」という対立的な視座を生み出し，その結果，{那}が選ばれているものと考えられる。至近距離にある相手側の対象が対立的視点から{那}で指し示される典型例の一つと言える。

---

4) 讃井1988では，本論で言うところの包合的視点によって意識される"咱们"［われわれ］の領域に相当するものが，「共通談話領域」の名で呼ばれている。讃井論文によれば，この共通談話領域なるものは，「話し手の個人領域」（本論で言うところのワレの領域）とは異質の領域であって，共通談話領域においては，話し手の個人領域というものは全く存在せず，それは「共通談話領域の中に融合してなくなってしまうもの」とある。この考えに沿うならば，例えば，自分の目の前にあるバッグを指して"这个皮包是谁的？"［このバッグ，誰の？］と，遠く離れた相手に問い掛ける場合と，テーブルを挟んで向い合っている相手のバッグを指して"这个皮包哪儿买的？"［{この/その}バッグ，どこで買ったの？］と問い掛ける場合とでは，話し手の視点がそれぞれに異なる——つまり，前者は，「話し手の個人領域」のなかにあるものとして{这}を用い，後者は，話し手の個人領域も聞き手の個人領域も存在しない「共通談話領域」のなかのものとして{这}を用いている——と理解されることになるが，そのように考えなければならない積極的な根拠は，経験的にも，理論的にも見当たらない。

　本論は，"咱们"［われわれ］の領域も本来的にはワレの領域であり，相手領域をワレの領域のなかに取り込んでいる，あるいは抱え込んでいるにすぎないと考える。「融合的」というなじみのある用語を敢えて採らずに，「包合的」としたのも，そうした認識があってのことと理解されたい。

対立的視点は，また，指示対象に対する話し手の評価や感情に動機づけられて成立する場合も少なくない。次の2例では，至近距離に位置する聞き手の顔つき，あるいは表情が，非難めいた感情や否定的な評価を伴って指し示されている。

(18) （老奶奶只顾捉摸寻死的事了，没听清，也并未觉得害怕，只是毫无表情地死盯着赛金刚的脸。）

赛金刚："瞧你那副神情……喂，你看着俺的脸，你不害怕吗？"

(《赛金刚盛衰记》)

老婆：(思いつめているのでよく聞こえず，こわがりもせずに，おんにょろの顔を無表情にしげしげとみつめる)

おんにょろ：何だ，その面は。…やい，おめえ，おらの面ァ見て，おっかなくねえだか？　　(「おんにょろ盛衰記」)

(19) "你别那么看着我，我不会向你借钱的！告诉你吧，没有你，我照样能发表作品，能出名，咱们走着瞧吧！"　　　　　　　　(《钟鼓楼》)

［そんなふうにおれを見ないでくれよ。あんたに金を借りるわけないだろ！言っとくけどね，あんたがいなくたって，ちゃんと作品は発表できるし，名だって出るんだ。今に見てろよ。］

話し手がこのように突き放した感情を伴って聞き手側の対象を捉える場合も，一般に，対立的視点が成立しやすく，上の例のように，至近距離であっても{那}が用いられることが少なくない。

以上見たように，相手（聞き手）側に属する対象は，自分（話し手）との物理的な距離が隔たっている場合や，たとえ近距離であってもモーダルな要因によって「遠く」感じられる場合には，{那}によって指されることになる。いずれにしても，指示詞の選択を決定するのは，自分（すなわち話し手）と指示対象との間に感じられる物理的・心理的な遠近感であって，相手（すなわち聞き手）の存在は，この遠近の認識に影響を与える一要因であるにすぎない。その意味で，中国語の指示詞の運用はあくまでも自己中心的であると言える。少なくとも，日本語のように，指示詞の使い分けとして独自に相手の領域というものを認め，自分

と対象との遠近関係とは別に，常にこの相手領域と対象との関わりに意を用いるような言語とは性格が異なる。

なお，徐丹1988の指摘にもあるように，対話の相手自身が指示対象になる場合には，常に{这}が用いられ，{那}は用いられない。第2章でも触れたとおり，中国語では，「NP$_1$」と「指示詞＋NP$_2$」が同格の関係で結ばれた「NP$_1$＋指示詞＋NP$_2$」のかたちが，「NP$_1$というNP$_2$（は）」（例えば，「あなたという人（は）」「入れ歯というもの（は）」）といった意味で用いられることがあるが，このかたちで，相手自身を指すときは，指示詞は必ず{这}が選ばれる[5]。

⑳ 你这个人真会开玩笑！
　　　［あなたって人は，ほんとうに冗談がうまいんだから！］

つまり，中国語では，二人称それ自身ではなく，二人称に属する何らかの事物（つまりは三人称）を指示対象とする場合は，(7)や(8)のように包含的視点がとられる（つまり{这}で指される）こともあれば，⑿のように対立的視点がとられる（つまり{那}で指される）場合もあるが，二人称自身（〈あなた〉自身）は常に包含的視点によって捉えられるということである。

2.1.3　対立的視点の有標性

ところで，対話の相手に属する事物（モノ）が遠称指示を受ける場合，その指示表現の形式は，一般に，二人称代名詞の"你"に限定されて，"你＋那（＋名詞表現）"のかたちを構成するが，従来そのことに注目した

---

[5] この種の同格構造の指示表現は，"你那辆车"［君のその自転車］のように，前の要素が"指示詞＋名詞句"に対して属格の関係にあるかたちとは構造が異なる。この同格型の「NP$_1$＋指示詞＋NP$_2$」も，対象が聞き手（〈あなた〉自身）以外であれば——すなわち三人称であれば——選ばれる指示詞も{这}だけには限らない。
　(1) 泽井这个人，总是大惊小怪的。　　　　　　　　（《猫知道》）
　　　沢井さんてば，いつだって大げさなんだもの。　（『猫は知っていた』）
　(2) 李纯那个人真了不得！
　　　［李純という人は本当にたいしたもんだ！］

論考は見当たらない。先の(12)-(18)の例に示されるように，相手に属するモノを｛那｝で指し示す遠称指示の名詞表現は，(13)の例を除いてすべて"你"の限定を受けているが[6]，それぞれの例から仮に"你"を落としたかたち，言わば無標の遠称指示のかたちは，相手に属する事物を指し示す表現としては極めて不自然であり，成立が難しい。そのような無標の遠称指示，すなわち限定なしの遠称指示の表現は，(4)や(5)と同様に，相手に属するものでもなく，無論自分に属するものでもない，要するに「われわれ（咱们）」の領域のそとにあるものを指しているものと理解されてしまう。(12)の"你那辆车"が"那辆车"になれば，自分の自転車でも，相手の自転車でもない「あの自転車」を指すことになり，(14)の"你那儿"がただの"那儿"であれば，「こっち」でもなく「そっち」でもない，まさに「あっち」を指すことになる[7]。つまり，遠称指示のなかでも，対話の相手に属するモノを対象とする場合は，二人称代名詞の"你"による限定付き，すなわち有標のかたちで扱われるということである。

　一方，近称指示の場合は，これとは対照的である。先の(7)-(11)の例が示すように，相手により近い対象を近称の｛这｝で指示する場合は，必ずしも人称代名詞による限定を必要とせず，無標のかたちのままで成立する。｛那｝が限定付きでしか相手のモノを指し示せないのに対して，｛这｝は限定なしで相手のモノを指し示すことができる。つまり，対立的視点をとって相手側の対象を遠称指示する場合は，一般に，"你"によるマーキングが必要とされるのに対して，包合的視点に立って相手側の対象を近称指示する場合は無標のかたちでも成立するというわけである。少なくともモノの指示については，そうした対立を指摘することができる。

---

6) (13)の"那里"については，所在文固有の性格から，例外的に"你"の限定が免除されているものと理解できる。つまり，「あなたがそこにじっとしている」という文の意味そのものが既に，"那里"を「あなたに属する場所」として十分に限定しているということであり，その上に"你"を加えることは，"*你呆在你那里"［あなたはあなたのそこにじっとしている］というような，明らかに冗長で不自然な表現を生む結果となる。

このように，対象が「われわれ」の領域に属するものとして指示される場合は，自分に近いモノであれ，相手に近いモノであれ，無標の近称指示が用いられ，また，対象が「われわれ」の領域のそとにあるものとして指示される場合は，(4)や(5)のように無標の遠称指示が用いられるということは，一般化すれば，包合的視点は，基本的に無標のかたちで実現されるということである。片や対立的視点は，上に見たように原則として有標化を伴う。中国語の対話においては，包合的視点が，より常態的な状況としてあり，対立的視点は有標的状況として成立するものと見てよさそうである。言い換えれば，中国語の対話では，包合的視点がデ

---

7) 日本語の「コソア」の研究のなかで，その解釈をめぐって議論が繰り返されてきたものの一つに，次のような「ソ」の用法がある。
　客：「そこのレンガ色の建物の前で止めてくれ」
　運転手：「そこの大きな建物ですね」　　　　　　　（正保1981参照）
対象が，対話者にとって近くもなく，遠くもなく，双方ともに「ソ」を用いることのできる状況だが，中国語では，このような場合も，話し手が聞き手を取り込んで成立する「ワレワレ」の領域（すなわち「ココ」）の外にある領域を指し示すものとして，やはり{那}が用いられる。例えば次のような例である。
(ア) "野野宫小姐的房间嘛，拐过那个拐角，走到底再向左拐，右侧第二个门就是了。"
　　"从那个拐角……"女子边说边向前伸出细细的手指。　　（《三四郎》）
　　「野々宮さんの部屋はね，その角を曲って突き当って，又左へ曲って，二番目の右側です。」
　　「その角を…」と云いながら女は細い指を前へ出した。　　（『三四郎』）
(イ) (丁飞跑前来。)
　　丁："哎呀，乡亲们，猛虎来啦！猛虎直起身子跑来啦！"
　　丙："什么？是猛虎吗？"
　　丁："……是猛虎来啦。猛虎直起身子，眼看要从那个拐角跳出来啦！"
　　　　　　　　　　　　　　　　　　　　　　　　　　（〈赛金刚盛衰记〉）
　　（四がすっ飛んでくる。）
　　四：やいやい，みんな，と，虎狼だぞ。虎狼がおっ立って突っ走ってくるだぞ。
　　三：なにイ，と，虎狼だと？
　　四：…虎狼だ。虎狼がおっ立って，もうすぐその辻イ曲って飛んで出るだぞ。　　　　　　　　　　　　　　　　　　（「おんにょろ盛衰記」）

フォルトだということである[8]。

ところで，入門期のテキストには次のような問答練習がしばしば登場するが，このような対話が現実には成立し難いものであることは，上の議論からもおのずと明らかである。

(21) 甲："这是什么？"
　　 乙："那是磁带。"

(21)は，教壇に立つ教師と，それに向い合う学生との間で交わされる問答のような場面を想定したものだと思われるが，先にも述べたとおり，人称代名詞による限定を受けない無標の{那}は，自分にも相手にも近くない，「われわれ」の領域のそとのモノを指し示すものであって，上のように，"这是什么？"［これは何ですか。］と問う相手（＝甲）の手元にあるモノを指して用いられるのは相当に不自然に感じられる。

もっとも，このように出題者対回答者という，双方の立場の相違が明確に意識されやすい状況（しかも双方が一定の距離を置いて向い合っているような状況）では，回答者である学生が，出題者の手元の対象を，共有の場に立って（すなわち，包合的視点をもって）"这是磁带。"［これはテープです。］のように，{这}で答えることにも抵抗が感じられる。

---

[8] 包合的視点が「常態」であるということは，すなわち，中国語においては，聞き手領域を話し手領域が取り込むかたちで「われわれ」領域なるものがプライマリに形成され，これが，その外側の領域（すなわち他者領域）と対立するといったかたちが，対話の構造の常態と認識されるということでもある。このことは，話し手（第一人称）にとって，聞き手（第二人称）と聞き手以外の他者（第三人称）のそれぞれが必ずしも等距離の立場で捉えられるものではないことを意味する。その意味で，本論は，楊凱栄1991が，以下のように，「立場」の観点から第一人称・第二人称・第三人称の三者を等距離に位置づけようとする見解とは立場を異にする。

「人称代名詞という枠組みのなかで，第三人称の《他》と第一人称の《我》そして第二人称の《你》はそれぞれ役割分担があり，三者が言わば等距離に位置している。したがって，発話者が《他》を用いたとき，指示対象と聞き手とを等距離に据え，対等に扱いそのどちらにも偏らない「立場」をとることが要求されるわけである。」（楊凱栄1991：40）

このように，相手が｛这｝を用いて対話の場に指示導入した対象について，対立的視点からそれに言及する場合は，一般に，(22)のようなゼロ照応のかたちか[9]，あるいは(23)のような代名詞の"它"が用いられ[10]，指示詞による指し返しは行われない。

(22) 甲："这是什么？"
　　 乙："磁带。"
　　　　［甲：これは何ですか？
　　　　　乙：テープです。］

(23) 甲："这大衣太热了！"
　　 乙："你把它脱下来！"
　　　　［甲：このコート，すごく暑いんだ。
　　　　　乙：それ，脱いでしまいなさいよ。］

一方，対話者の双方が共有の場にあると意識している場合，すなわち包合的視点が成立している場合には，相手が指示詞を用いて導入した対象を，こちらも指示詞で指し返すことが可能である。例えば，自分と一

---

9)「甲："这是什么？" 乙："那是磁带。"」といったかたちの対話が不自然であり，「甲："这是什么？" 乙："磁带。"」のかたちが自然であるという事実の指摘は，既に讃井1988においてもなされているが，現象についての理解の仕方は，本論とは基本的に異なっている。讃井論文では，こうした状況では，対話者は共有の領域（いわゆる「共有談話領域」）にあり，元来は「甲："这是什么？" 乙："这是磁带。"」のように，双方ともに｛这｝を用いるべきであって，「乙："磁带。"」という発話は"这是磁带。"の省略形式として成立しているものと理解されている。しかし，讃井氏自らが認めているように，この状況では，ただ"磁带。"とだけ「単純に答えるのが自然な対話」であって，"这是磁带。"のように｛这｝を用いるかたちもそれほど自然には感じられない，というのがネイティヴ・スピーカー一般の反応である。不自然なかたちを敢えて原型として仮定し，自然なかたちをその「省略形式」と見る讃井氏の分析には無理があり，同意し難い。

10) 無生物を対象に用いられる場合の三人称代名詞"它"は，話し言葉では，主格や属格に用いにくいことなど，意味と機能の上でいくつかの制約を受けるが，その詳細については未だ明らかにされていない。指示詞の問題とも併せて今後の課題の一つである。

緒にベンチに腰掛けている相手が，足許から胡桃の実を拾い上げて"这是什么呢？"と首を傾げているような場合，こちらも{这}を用いて"这是核桃."と指し返すことは一向に不自然ではない。また，同じ相手が遠くに見える木を指して"那是什么树？"［あれは何の木？］と尋ねた場合，やはり{那}を用いて"那是槐树."［あれはエンジュの木だよ。］と答えることも全く不自然には感じられない。先の(3)の場面のように，"这是哪部分呢？"の問いに対して，ゼロ照応のかたちで"头盖骨."とだけ答えることも無論可能だが，このように包合的視点が成立している状況，すなわち双方が問題の対象を同一の指示詞で指し示すことのできる状況では，指示詞を用いての指し返しも可能になる[11]。

2.2 独言・内言の場合

対話における現場指示の状況についてはおおよそ上に見たとおりだが，聞き手をめあてとしない，話し手限りの「独言」や「内言」（すなわち心理内言語）では事情がいささか異なる。

次の2例はそれぞれ独言と内言の例を示したものだが，ともに，原文の日本語が遠称の「ア」を用いているのに対して，中国語訳のほうが近称の{这}を用いている点に注目されたい。

(24) 天狗の子：どうも<u>あの</u>竹の皮包みが怪しかぞ。さっきから何やら手許に引きつけて大切にしとる。うん，いよいよ<u>あれ</u>に違いなか。（近づいて殿様の腰の面を見てびっくりする）や，おとっちゃんがおる。こらどうだろか？…　　　（「彦市ばなし」）

小天狗："<u>这</u>个竹皮包儿可有点奇怪，他怎么老是小心翼翼地放在手边。嗯，一定是藏在<u>这</u>里边啦。（走到近旁，看到侯爷挂在腰间的面具，大吃一惊）啊，爸爸在这里，怎么回事？……"　　　　　　　　　　　　　　（〈彦市的故事〉）

---

11) 木村 1988 参照。

⑳「お互い，親を見送る齢になったってことですよ」
　　まあ，あんなこと言って，と昭子は思った。　　（『恍惚の人』）
　　"咱们都是到了给父母送终的年龄啦！"
　　听见昭子的哥哥对信利这么说，昭子心想，哎呀！怎么说出这种话呢。　　　　　　　　　　　　　　　　　（《恍惚的人》）
　いずれの場合も，対象との間に一定の距離があり，物理的には遠称の{那}がふさわしく感じられそうな状況である。事実，これらが聞き手めあての対話の場であれば，{这}よりも{那}のほうが自然に感じられる。例えば㉔の場面で，話し手の隣に聞き手がいて，その聞き手に対して次のように語り掛けるとするなら，やはり{这}は不自然であり，{那}が適切だというのが複数のインフォマントの直感である。

㉔' 彦市，你看，{那个/♯这个}竹皮包儿有点奇怪吧？
　　　［彦市，見ろ，{あの/♯この}竹の皮包み，ちょっと怪しいだろう？］[12]

　ところが，聞き手をめあてとしない独言や内言では，先のように，{这}を用いることが不自然ではなくなる。
　仮に，山の中腹から眼下に広がる海沿いの町並みを見下ろしていると想定してみよう。海辺の道路に沿って建つ白い瀟洒な建物が目に留まる。見慣れない建物である。そこで，隣に居合わせる友人に尋ねる。当然，指示詞は遠称の{那}が用いられる。{这}はこの場合やはり不適切である。

㉖ 你知道那是什么楼吗？那个白色的。
　　［あれ何の建物か知ってる？あの白いの。］

　ところが，人に問い掛けるのではなく，「はて，何の建物だろう？」と一人つぶやく場合には，

㉗ 这是什么楼呢？
　　［これは何の建物だろう。］

---

12) 語用論上不適切であると判断される表現には♯の記号を付す。

のように，{这}が用いられても一向に不自然ではない[13]。

　小説やシナリオを対象に，日本語とその中国語訳の対応例を観察してみると，およそ現場指示の「ア」には{那}が充てられ，現場指示の「コ」には{这}が充てられているが，独言や内言の例については，先の(24)や(25)のように遠称の「ア」に近称の{这}が充てられるといった対応のズレが少なからず観察される。インフォマントによれば，その場合の{这}を{那}に置き換えてみても必ずしも不自然には感じられないが，直観的には{那}よりもむしろ{这}のほうを選ぶ傾向が強いという。次の(28)などもその一例に数えられる。

　(28) 私たちは皆，それを見ては，互に軽蔑の眼を交してゐました。ふだん精神修養の何のと云う癖に，あの狼狽のしかたはどうだと云ふ，腹があったのです。　　　　　　　　　　　　　　（「猿」）

　　　　我们看看他，互相交换轻蔑的眼色，心想：平时还净讲什么精神修养呢，怎么竟惊慌失措成这个样子。　　　　（〈猴子〉）

　聞き手めあての対話とは異なり，独言や内言は，相手に対象の相対的な位置を教えるという伝達行為を必要としない。つまり，対象の位置や領域の遠近を相対的に言い分けることは，少なくとも伝達という機能論的側面においては不要である。話し手は自分が知覚し，注目した対象について，一人叙述を展開するのみである。こうした場合，中国語では，その注目の対象と話し手との間の実空間上の相対的な隔たりは捨象され，対象は――恰も被写体のズーム・インにも似て――総じて「近い」ものと認識される，言い換えれば，ワレの領域内のものと認識される傾向が強くなると考えられる。独言や内言において{这}が{那}に優先

---

13) ただし，次のように，空間移動の表現の場合には，たとえ独言や内言であっても，遠くの対象にはやはり{那}が用いられる。
　　到那个楼怎么走呢？
　　　［あの建物へはどうやって行くんだろう？］
　　移動の表現では，対象が〈地点〉として捉えられ，話し手の立脚点を基準とした距離区分の意識が明確になるため，実空間の相対的な距離感がそのまま指示詞の使い分けに反映されるものと考えられる。

する理由は，恐らくそうしたものだろうと考えられる。

いずれにしても，中国語は，対象を自分（ワレ）の側に引き寄せる傾向が強い。先の対話に関する議論の際にも，中国語では，常態的状況としては，聞き手の領域は，包含的な視点によってワレの領域に取り込まれるという特徴を指摘したが[14]，独言や内言の場合にも，対象がワレの領域に取り込まれる傾向は強く示されている。概して相対的な距離（間隔）区分の表現を好む日本語とは対照的な性格がここからもうかがえる。

以上が現場指示に関するおおよその状況である。次に，現場指示の延長とも言える「記憶指示」の場合について見てみたい。

3　記憶指示

話し手が過去に知覚・体験した事物を，言語的なコンテクストにおいてあらかじめ言及することなく，いきなり指示詞によって指し示すことを，ここでは仮に「記憶指示」と呼ぶことにする。記憶指示は，発話の現場に存在する事物を指示対象とするものではないが，発話時点の〈今〉と発話地点の〈ここ〉を基準点とした deictic な指示表現であるという点では現場指示に等しく，その延長上にあるものと見て差し支えない。

---

[14] 相手の発言に対して相づちを打ったり，同意を示したりするとき，日本語では「そうです」「そうですか」のように相手領域を示す「ソ」が用いられるが，中国語では，包含的視点から相手の発言内容を自分の側に取り込み，近称の｛这｝で指し示すことが一般的である。
 (1) "我们经过反复琢磨，断定可能是个地名，所以就跟你们联系，随即就……"
   "哦，原来是<u>这样</u>。"　　　　　　　　　　　　　　　　　　（《沙器》）
   「あれこれ考えた末，若しかしたら土地の名前かも知れないと思って御連絡したところ，早速に。」
   「そうですか。」　　　　　　　　　　　　　　　　　　　　（「砂の器」）
 (2) "哦，哦。这么说来，川上先生不幸遭到内部阴谋的陷害喽？"
   "是<u>这样</u>。所以川上先生大概完蛋啦。"　　　　　　　　　（《深层海流》）
   「ははあ。すると、川上さんは気の毒に、内部からの謀略に遭われたわけですか」
   「<u>そう</u>です。だから、川上さんはもう駄目でしょうな」　　（『深層海流』）

広義の現場指示とも見なし得る。具体的には次のような例である。

(29) 今西嘴里叼着一小截新生牌香烟，吐出一缕缕烟雾，眺望着窗外昏暗的景色。吉村在翻阅着周刊杂志。
今西："吉村，那件衣服的下落怎么样啦？"
吉村：(抬起头来)"你是问那件运动衫吗？" （〈沙器〉）

　　今西、短くなった新生の煙りを吐き、暗い窓の外を瞶めている。
　　吉村は週刊誌の頁を繰っている。
　　今西「吉村くん、あのシャツはどうなったンだろうな」
　　吉村「（顔を上げる）スポーツシャツですか」 （「砂の器」）

日本語における記憶指示では，「その節」のような慣用句的なものを除けば，すべて遠称の「ア」が用いられるが，中国語でもやはり|那|が用いられる。

(30) 可是师傅只要略微一听到你的名字，脾气可就坏透啦，马上就上楼，到那间黑屋子里去。 （《地歌》）

　　でも先生は貴女のお名が一寸でも出たあとは、そりゃ御機嫌が悪いの。二階へお上りになるのよ、すぐ。あの暗い部屋へ。
　　　　　　　　　　　　　　　　　　　　　　　　　　　　（『地唄』）

(31) 腊梅提议上山，又回头问我：
"你行吗？老李？"
"怎么？那时我背着人爬山都行，现在空手走路都不行了？"15)
　　　　　　　　　　　　　　　　　　　　　　　　（〈永远是春天〉）

　　［蠟梅は山に登ろうと提案し、また私の方を振り返って、
　　「大丈夫ですか、李さん？」
　　と尋ねた。
　　「どうして？あの時は人を背負って山に登っても平気だったのに、今は素手で歩くのさえだめになったって言うのかい？」］

---

15) ここでの"人"［人］は，聞き手である"腊梅"(蠟梅)その人を指しており，"那时我背着人爬山"［あの時は人を背負って山に登って］とは，以前話し手が，負傷した"腊梅"を背負って山越えをしたときの共通体験を回想したものである。

⑶²"喂，你好啊！"
"是！"门卫受宠若惊地答道。
"你儿子怎么样啦？干得不错吧？"
这时，门卫鞠了个大躬。风越曾给他儿子在某纤维公司找了个工作。
"托您的福啦。<u>那</u>阵子真给您添了不少麻烦。"　　　　　（《官僚们的夏天》）

　　「おうッ，元気か」
　　守衛はとび上がるようにして，「はいッ」
　　「息子はどうだ。うまく，つとめとるか」
　　守衛はそこで最敬礼した。風越が，ある繊維会社へ就職口を
　　さがしてやったことがある。
　　「おかげさまで。<u>その</u>節はたいへんお世話になりました。」
　　　　　　　　　　　　　　　　　　　　　　　　（『官僚たちの夏』）

　この種の{那}が対話の場で用いられる場合，その指示対象は，一般に，聞き手にとっても同定可能なものでなければならない。相手が同定不可能な対象をいきなり{那}によって記憶指示し，対話に導入すること（しかも後続文脈において対象を同定させるためのいかなる情報も補足しないこと）は，語用論上明らかに不自然である。専ら話し手の記憶のなかにだけ存在して，聞き手が同定し得ない人物や場所を，⑶³や⑶⁴のように，いきなり{那}で指し示して語り出すことは語用論上明らかに不適切である。

⑶³ 对啦，<u>那</u>个人说小王要回国了。
　　　［あ，そうだ，<u>あの</u>人が，王君がもう帰国すると言ってました。］
⑶⁴ <u>那</u>里冬天特别冷。
　　　［あそこは冬はとりわけ寒い。］

　自分の指示する対象が，その指示表現だけで相手にも同定可能だという見込みが話し手の側にある場合に限って，この種の{那}の運用は可能になる。その点も，基本的には日本語の場合と同様と言える。

⑶⁵ "次官，会开得怎么样了？"
　　"没有任何进展。"

"那么还是<u>那个</u>在作怪啰！"
"咦？……那个指的什么？"
"就是<u>上次</u>说的，贸易代表团中有两个人被拒绝入境，是不是？"
(《金环蚀》)

「次官，どうですか会議は」
「なんにも進展しないね」
「すると，やっぱり<u>あれ</u>が祟っているんですか」
「え？…あれって何だね」
「例の，ほら，貿易代表団の中の二人ばかりを入国拒否したでしょう」　　　　　　　　　　　　　　　　　　　　　　(『金環蝕』)

ただし，時点の表現については，必ずしもそうした語用論的制約に縛られず，次の例のように，相手が同定し得ない時間的対象についても記憶指示の{那}が用いられ，しかも不自然だとは感じられないという例が珍しくない。

(36) (甲1)"咦，那个吴琼花八成儿跟洪常青搞上关系了哩！……"
　　 (乙1)"南方人都喜欢搞那玩意儿，那地方热……"
　　 (丙1)"我听说，南方人上厕所男女不分哩！"
　　 (甲2)"在日本国，男男女女还在一个澡堂子里洗澡哩！"
　　 (乙2)"日本国啥！<u>那年</u>我盲流到上海，也是个大热天，我亲眼瞧见一伙男的女的，全在一个大池子里扑腾！"
　　 (丙2)"没穿衣服？"　　　　　　　　　　　　　　　(《男人的一半是女人》)

　　［(甲1)「ほれ，あの呉瓊花は恐らく洪常青とできてるぜ！」
　　　(乙1)「南の人間はあれが好きだからな。あっちは暑いし…」
　　　(丙1)「南の方じゃ便所も男と女で分かれてないっていうぜ」
　　　(甲2)「日本なんか，それどころか男も女も一つの風呂に入るんだぞ」
　　　(乙2)「日本が何だって言うんだ！（♯<u>あの年</u>）俺なんか上海に流れていって，やっぱりすげえ暑い日だったけど，男ども女どもが一緒になってでっかい浴場でバチャバチャやってるの，

　　　　　この眼で見たんだから。」
　　　（丙2)「服も着ないでか？」]

(36)では，(乙2)の言う"那年"が具体的にどの年を指すものなのか，聞き手（たち）がそれを知るすべは，過去の体験からも，前後の文脈からも一切ない。話し手はそれを承知の上で，専ら自分の記憶のなかにのみ存在する「ある一年」を"那年"[あの年]と指し示している。(31)の"那时"[あの時]が，聞き手との共通体験の「ある時」を対象とし，聞き手もその時点を同定し得る（と，少なくとも話し手はそう見込んでいる）のとは対照的である。日本語では，いつの日の出来事かを知る由もない相手に対して，その日を前後の文脈において明示しないままに，「あの日，王くんに会ったら，近々上海に行くって言ってましたよ」などと発話することは明らかに不自然であり，例えば「先日，王くんに会ったら，近々上海に行くって言ってましたよ」といったような表現が選ばれるべきだが，中国語では，そうした状況でも，次のように"那天"[あの日]を用いることが可能なのである。

(37) 那天我见着小王，他说他要到上海去做事了。
　　　［あの日，王くんに会ったら，もうすぐ上海に仕事に行くって言ってました。］

(38)や(39)も，まさにそうした話し手の'独占的'な記憶指示による"那天"の例である。

(38) ……可我不写小说，干什么呢？玩？到处去玩？去没去过的地方？那是你们年轻人！你们到哪儿，吃，住随便；我这年龄，待遇，条件差点儿，行吗？觉着委屈，还不如在家里。再说，病了呢？别说心脏出毛病，感冒，在外边也受不了呀！

　　那天，有个同事说办个民间的建筑设计中心，叫我去帮忙，那中心在外地。我可不能去，我要是走了，你伯伯煮面条都不会！真的，他说会，谁敢信呀！　　　　　　（《北京人　一百个普通人的自述》）

　　　［…小説を書かないで，なにをするっていうの？遊ぶって？あちこち行って遊ぶ？行ったことのないところへ行って？それはあなたたち

若い人のすることよ。あなたたちならどこへ行っても，食べるにせよ，泊まるにせよ，気軽でしょ。この歳になって，待遇や条件が悪くなるの我慢できる？悔しい思いするくらいなら，まだ家にいたほうがましよ。それに病気になったら？心臓になにかあったりしたら無論のことだけど，風邪一つにしても，よその土地にいたらつらいわよ。(#あの日)同僚の一人が，民間の建築設計センターやるから，手伝いに来いって言ってくれたんだけど，そのセンター，よそにあるのよね。行けっこないわ。行ってしまったら，うちの人，うどん一つ作れないもの。ほんとに。作れるって言ってるけど，信じられるもんですか！]

(39) 甲："……请问，你在你们单位干什么呀？"

乙："专门抓招待工作。"

甲："这也要设个专人？一年能招待几次呀？"

乙："不多。赶到忙喽，一天就办两次。"

甲："啊！一天就两次。"

乙："您可不知道，每天一早，我就得上市场奔菜去。有时候一去就是四十里。"

甲："这差事可不轻省。"

乙："那天办酒席才着急呢。"

甲："怎么？" （相声《会吃会喝》）

[甲：…失礼ですが，職場ではどういうお仕事を？

乙：専ら接待業務に励んでおります。

甲：そんなものにも専門の係を置かなきゃならないんですか？一年に何回ぐらい接待できますか？

乙：多くありません。忙しいときで一日に２度ほど。

甲：えっ！一日で２度も。

乙：ご存じないでしょうけど，毎日朝一番に，市場へ買い出しにすっ飛ばなきゃならないんですよ。時には20キロも先まで。

甲：そいつはなかなか楽ではないですなあ。

乙：#あの日の宴会だけは焦りましたよ。
　　甲：どうしました？］

　"那年"や"那天"のほかに，"那时"［あの時］，"那会儿"［あの時］，"那次"［あのたび］など，各種の時点表現において成立するこの'独占的'な記憶指示の表現は，問題の年月や日時が特定できない聞き手にとってみれば，単に，述べられている出来事が〈過去〉に属するものであることを示すテンス相当の一標識にすぎないということになる。つまり，結果的には，日本語の「この前，先日，以前」などが伝えるところとほとんど変わらないということである。事実，この種の表現は，〈いつ〉という時点をつまびらかにすることが情報としてあまり価値をもたない脈絡で——言い換えれば，時間を「背景化」(backgrounding)[16]して出来事を伝えようと意図された発話で——用いられるのが常である。

　ところで，{那}による一連の時点表現が，日本語の「ア」の場合とは異なって，一般に，過去のみならず未来の時点の指示にも用いられるという事実は既によく知られるところだが，未来を指して用いられる場合のそれが，常に文脈指示的な用法でしか成立せず，上で述べた過去指示のそれのように非文脈指示的なかたちでは用い得ないという現象については，従来，指摘したものがない。つまり，未来の時点を対象とする場合の"那年，那天，那时，那会儿，那次"などは，話し手だけが知っていて，聞き手は知るすべのない未来のある時点を'独占的'に指示して用いるということが語用論上不可能だということである。例えば，来週の水曜日に父親が戻ってくることを自分だけが知っている話し手が，先行文脈で「その日」を特定することなしに，ただ，

(40)　#那天我爸爸出差回来，等我爸爸回来，我替你跟他说。
　　　［{*あの日/#その日} お父さんが出張から帰ってくるから，帰ってきたらお父さんに話してあげるよ。］

とだけ語り掛けることは，語用論上明らかに不適切である。未来時を指

---

16) Givón 1984 参照。

す指示表現は必ず，次のように，文脈指示的な環境でしか——すなわち，聞き手にもそれがいずれの時点を指し示しているのかが文脈によって同定できるかたちでしか——用いることができない。

(41)　"我倒是可以按照您所希望的去做，可是如果您有事找坂根先生，他可不那么做。"

　　　"那时候就没办法了。"　　　　　　　　　　　　（《深層海流》）

　　「ぼくは御希望どおりにしてもいいんですが，あなたが坂根さんに用事があって来たときは，坂根さんはそんなことはしませんよ」

　　「そのときは，仕方がありません」　　　　　　　（『深層海流』）

　このように，記憶指示のうちで，'独占的'な用法が，人・物・事・場所などを対象にしては成立せず，時点表現に限って成立するという事実，加えて，未来時指示にはそれに対応する非文脈指示的な用法が成立せず，過去時指示にのみ成立するという事実は，時点表現というものの機能論的な特性や，未然対既然という時間的実存性に関わる問題を考えるうえで甚だ興味深く，認知言語学の観点からも注目すべき現象と言えるが，ここでは事実の指摘のみに留め，詳細については稿を改めて考えたい。

4　むすび

　以上，現場指示を中心とする非文脈指示的な用法について，{这}と{那}の使い分けの状況を観察し，検討してきたが，2系列にも2系列なりの複雑さが存在することは，これらの観察からだけでも十分に見て取ることができる。今回取り上げることのできなかった文脈指示用法では，視点，共感度，主題性（topicality），事実性（factivity），定・不定，既知・未知など，もろもろの意味論的要因や機能論的要因が絡んできて，状況は一層込み入ったものになるものと予想される。適切な言語データを幅広く検討し，いかなる要因が〈遠・近〉2系列の使い分けにとって関与

的なものとなり得るかを見極めることは決して容易な作業ではないが，{这}と{那}の対立の仕組みを体系的にかつ本質的に把握するためには，この過程を怠るわけにはいかない。近年の語用論や認知言語学における成果を取り入れつつ，そうした基礎的研究を積み上げていくことが，われわれに与えられた当面の課題であると思われる。

※本章に用いた指示詞の用例は以下の作品に拠っている。なお，『恍惚の人』から《日本电影剧本选》までの作品を出典とする諸例は，木村1982bからの引用であり，「猿」以下の作品を出典とする用例は本章の執筆のために新たに採取したものである。

有吉佐和子『恍惚の人』新潮社　1972
秀丰・渭慧译《恍惚的人》北京：人民文学出版社　1979
有吉佐和子『地唄』新潮社　1956
文洁若译《有吉佐和子小说选》北京：人民文学出版社　1977
石川達三『金環蝕』新潮社　1966
金中译《金环蚀》长沙：湖南人民出版社　1980
城山三郎『官僚たちの夏』新潮社　1975
施人举译《城山三郎小说选》北京：外国文学出版社　1980
仁木悦子『猫は知っていた』講談社　1957
金冈译《猫知道》北京：群众出版社　1980
橋本忍・山田洋次「砂の器」『月刊シナリオ』シナリオ作家協会　1975
叶渭渠译《日本电影剧本选》北京：外国文学出版社　1979
芥川龍之介「猿」『芥川龍之介全集』第一巻　岩波書店　1927
文洁若等译《芥川龙之介小说选》北京：人民文学出版社　1981
菊地寛「屋上の狂人」『現代日本戯曲選集5』白水社　1955
文洁若等译《他的妹妹――日本现代戏剧选》北京：人民文学出版社　1979
木下順二「彦市ばなし」『木下順二作品集Ⅰ』未来社　1961
木下順二「おんにょろ盛衰記」『木下順二作品集Ⅱ』未来社　1961
木下順二「蛙昇天」『木下順二作品集Ⅴ』未来社　1961
高慧勤等译《木下顺二戏剧集》北京：外国文学出版社　1980
夏目漱石『三四郎』新潮社　1948
吴树文《三四郎》上海译文出版社　1983

松本清張『深層海流』文藝春秋　1973
文洁若等译《深层海流》北京：国际文化出版公司　1987
老舍《四世同堂》北京：人民文学出版社　1980
刘心武《钟鼓楼》北京：人民文学出版社　1985
谌容〈永远是春天〉《赞歌》四川人民出版社　1983
夏衍〈上海屋檐下〉《中国话剧选（一）》上海文艺出版社　1981
张辛欣等《北京人　一百个普通人的自述》上海文艺出版社　1986
张贤亮《男人的一半是女人》北京：中国文联出版公司　1985

第4章

三人称代名詞の敬語制約

1　はじめに

　中国語がいわゆる文法範疇としての「敬語」というものをもたない言語であることは，既によく知られている。この言語において，敬語的な現象が最も明示的なかたちで観察されるのは，何といっても語彙のレベルにおいてである。いきおい，議論の関心がそこに集中することは想像に難くない。従来の敬語研究の主たる関心が，常に，親族名称や人称表現に代表される語彙的な敬語の記述に傾けられてきたことも，そのことの言わば当然の結果と見なし得る。従来の中国語における敬語研究とは，すなわち，敬語表現に活用される個々の語彙形式について，それぞれの意味と用法を明らかにし，それらの語彙的意味と敬語性の関連を考察することを主たる目的とするものであった。その意味において，従来の敬語論は，「語彙的敬語論」と呼ぶにふさわしい性格をもつ。

　しかしながら，中国語における敬語的現象は必ずしも語彙的な表れにのみ留まるものではない。語彙論の枠を越えて，語用論，機能論あるいは構文論のレベルにまたがる新たな敬語論が展開される可能性は少なからず残されている。本論では，そうした試みの一つとして，三人称代名詞"tā（他／她）"［彼／彼女］の問題を取り上げたい。

　"tā"が敬語との関連において詳しく論じられた例は，これまでのところ見あたらない。非敬語形"nǐ（你）"と敬語形"nín（您）"の語彙的対立をもち合わせる二人称代名詞が，従来，敬語に関わる議論のなかで常に主要な話題の一つに取り上げられてきたのとは対照的に，三人称

代名詞"tā"の問題はややもすれば見落とされがちである。

　一般に，"tā"は，目上の人物を指して用いることを憚る形式，すなわち目上の人物に対しては不躾な形式と理解されており，中国語話者のごく素朴な言語直感からも確かにそうした意識はうかがえるのだが，実際の運用例にあたってみると，目上の人物に"tā"を用いて一向憚らない例（後述）も少なからず観察される。以下の議論で明らかにされるように，"tā"の目上に対する不躾さは，あらゆる場合において一様に意識されるというものではなく，むしろ，それは，"tā"が用いられる種々の環境の違いに応じて度合いを異にするものと理解すべきものである。本論は，"tā"を用いる際の不躾さ・無礼さ——すなわち"tā"の「マイナス敬語」性——に関わる状況を，語用論的，談話論的および構文論的環境（位置）のそれぞれにおいて観察し，それらの環境と"tā"の敬語的制約の相関性を考察することによって，指示および照応の現象と敬語の関わり合いの一端を明らかにしようとするものである。

　なお，"tā"の漢字表記には，"他"と"她"の2種類があり[1]，後者は特に指示対象が女性であることを示すための有標形式として用いられるが，音声上の対立は存在しない。本章では"ta"を以て"他"と"她"の双方を代表させることとし，特に引用例に言及するうえで必要となる場合のみ"他"もしくは"她"と表記することとする。

2　"ta"のコンテクスト

　"ta"が特定の人物を対象に用いられる際の語用論的状況（コンテクスト）を，ここでは大きく3つのタイプに分けて考えてみたい。

　まず1つは，現場に居合わせる人物を直接"ta"で指し示す状況，すなわち現場指示的な状況である。"ta"が deictic な形式に近いかたちで用いられる状況と言い換えてもよい。具体例としては(1)のような状況が

---

[1]　さらに，人間以外のものを指示対象とする場合，"ta"は"它"と表記される。

該当する。(1)では，店員（"售货员"）が，ショーケースをはさんで向かい合っている眼前の客（"陶春"）を"她"で指して，"她是你爱人呀？"［彼女はあなたの奥さんでしたか］と，客の隣に立つもう一人の人物（"木生"）に問い掛けている。

(1) 木生：(对售货员)"忙啊？"
　　售货员："啊，木生哥啊！"
　　木生：(对陶春)"我到处找你呢。"
　　售货员：(对木生)"<u>她</u>是你爱人呀？你看，<u>她</u>穿上这件衣服，起码年轻五六岁。"　　　　　　　　　　　　(电影《乡音》)
　［木生：(店員に向かって)「忙しいかい？」
　　店員：「あら，木生さん！」
　　木生：(陶春に向かって)「あちこち君を探し回ったんだよ。」
　　店員：(木生に向かって)「<u>彼女</u>はあなたの奥さんだったんですか？ほら，<u>彼女</u>がこの服を着ると，少なくとも 5，6 歳は若くなるわ。」］

一方，"ta"は，現場に居合わせずに，言語的な文脈のなかにのみ登場する人物を対象として用いられることもある。すなわち，"ta"が，談話（discourse）や文の内部の何らかの形式を先行詞として，anaphoric（照応的）に用いられる状況である。ここでは，それを，第 2 のタイプとして，文脈指示的な状況と呼んでおく。例えば(2)の例がこれに該当する。

(2) "那位夏一雪同志，现在在哪里？"我又问。
　　"老夏啊，<u>他</u>已经平了反。"　　　　　　　(谌容《永远是春天》)
　［「あの夏一雪さんは，今どちらに？」と私はまた尋ねた。
　　「夏さん？<u>彼</u>はもう「名誉回復」をしました。」］

最後に，第 3 のタイプとして考えられるものに，上記 2 つのタイプの特徴を併せもつ，中間的な性格の状況がある。すなわち，(3)に示されるように，"ta"に先行して，言語的な文脈のなかに問題の人物を表す人称表現が存在し，同時に，発話の現場にもその人物が居合わせるといった状況である。

(3) 另外一个正推着小车的年轻工人，说道："班长，阿嫂累了。让她坐车吧！"
"不，不，我不。"她真地害羞了。　　　　　　（彭荆风《今夜月色好》）
［手押し車を押しているもう一人の若い作業員が言った。「班長さん、姉(あね)さんは疲れちゃってますよ。彼女を車に乗らせてあげましょうよ。」
「いえ，いえ，私は大丈夫だから。」彼女はほんとうに恥ずかしそうだった。］

(3)では，"阿嫂"［姉(あね)さん］なる人物が発話の現場に居合わせはするものの，それがいきなり"ta（她）"では指されていない。発話者は，先行文脈において，"阿嫂"という表現でこの人物にあらかじめ言及した後，それに照応するかたちで"ta（她）"を用いている。現場の人物を「前触れ」なしに直接指し示すかたちで"ta"が用いられた(1)の例とはいささか状況が異なり，また，専ら言語的な文脈のなかにのみ存在して，現場には存在しない人物を指して"ta"が用いられた(2)の状況とも異なる。このように，"ta"が文脈指示的な性格をもち，かつ，対象となる人物が現場にも居合わせるといった類の状況を，ここでは仮に「現場内文脈指示の状況」と呼ぶこととし，先の現場指示的な状況や文脈指示的な状況とはひとまず区別しておく。

　以下，現場指示的な状況，現場内文脈指示の状況，文脈指示的な状況の順に，"ta"の敬語制約の問題を検討してゆく。

3　現場指示の"ta"

　まず，現場指示的（deictic）な状況での"ta"から見てみる[2]。

　先の(1)の例は，顔なじみの客（"木生"）と言葉を交わす若い店員（"售貨員"）が，その客の妻で，自分よりいくぶん年上の人物（"陶春"）を目の前にして"ta"で指し示す場面を描いたものだが，この場合の"ta"

---

[2] この場合，"ta"の指示機能それ自身が，指示詞と同様に真にdeicticな性格のものか否かは，なお検討の余地がありそうに思われる。詳しくは田窪・木村1992を参照されたい。

は，語用論上不適格ではなく，別段不躾だとは感じられない。久野1977によれば，英語の"he, she"は，指示対象が年上の場合のみならず，年下の場合でさえ，現場指示的にそれを用いることは極めて失礼な印象を与えるものらしく，(1)のような状況では明らかに不適切と感じられるようだが，(1)の"ta"には特にそのような不躾さは感じられない。しかし，このことを根拠に，"ta"は，「目上」に対しても現場指示的に用い得るものと即断するのは妥当ではない。

既にいくつかの論考[3]に示されているように，中国語は，相対的な年齢の差よりも，世代の差あるいは年代の差といったような比較的升目の粗い尺度が，敬語を用いるべき対象を決定するうえで重要な意味をもつ言語である。同世代ないしは同年代の範囲内での相対的な年齢差は，中国語の敬語にとってはさほど関与的な要素とは見なされない。したがって，同世代ないし同年代の人物については，たとえいくつか年上であっても，それを敬語表現の対象（すなわち「目上」）として扱わずにおくことが必ずしも語用論上の不適切さをもたらす結果には至らない。言い換えれば，敬語運用の上で「同等」に扱い得る対象の範囲にそれだけの幅があるということである。1，2歳の相対的な年齢差さえ敏感に敬語の使い分けに作用する日本語のような言語とは事情が異なると考えなければならない。(1)の例の場合も，指示対象が，発話者と同世代の人物であってみれば，いくぶん年長であるとはいえ，語用論上特にそれを「目上」として扱うには及ばず，したがって，本人を目の前にして"ta"を用いることも別段不躾な行為とは受け取られない，ということである。

要するに，"ta"は，同年代・同世代の人物を（たとえいくぶん年長であっても）対象とする場合には，現場指示的に用いても失礼にはならないということである。無論，下位の世代に対しては言うまでもない。次の例でも，2人の学生は，目の前で将棋を指す学生を，「彼が王一生なの？」「君は彼を知らないの？」といった具合に，一向憚ることなく"ta"

---

[3] 太田1972，輿水1977，木村1987，胡明揚1987，卫志强1987など参照。

で指している。

(4) 棋呆子红了脸，没好气儿地说：＂你管天管地，还管我下棋？走，该你走了。＂就又催促我身边的对手。我这时听出点音儿来，就问同学：＂他就是王一生？＂同学睁了眼，说：＂你不认识他？哎呀，你白活了。你不知道棋呆子？＂我说：＂我知道棋呆子就是王一生，可不知道王一生就是他。＂说着，就仔细看着这个精瘦的学生。王一生勉强笑一笑，只看着棋盘。　　　　　　　　　　　　　　　　　（阿城《棋王》）

［将棋バカは顔を赤らめ，不機嫌そうに，「君は何でもかんでも構いたがるけど，僕の将棋の指し方にまで口出しをするんだね？さあ行って。君の番だ。」と言い，私のそばにいる将棋の相手をせきたてた。この時，その話しぶりから，はたと思い当たった私は，友達に尋ねた。「彼が王一生かい？」友達は目を丸くして言った。「君，彼が誰かを知らなかったのかい？おや，おや，生きてる価値がないぞ。将棋バカのことを知らないのか？」「いや，将棋バカが王一生だというのは知ってるさ。だけど，王一生が彼だとは知らなかった。」私はそう言いながら，その痩せこけた学生をじっと観察した。王一生は仕方なく笑みを浮かべ，ただただ将棋盤を見つめていた。］

　無論，世代差・年代差だけが敬語の対象の決定に与る唯一の要因でない。そこには，職場での地位差や政治的な力関係などもろもろの社会的要因が複雑に絡んでくることは言うまでもないが，ここでは，そうした社会言語学的な議論に深く立ち入る用意はない。当面の議論にとって必要なことは，上に見たような世代差・年代差をはじめとして，ともかく何らかの基準によって語用論上「同等」ないし「目下」に位置づけられる人物については，現場指示的な"ta"の運用が不適切とは感じられないという事実を知ることである。

　では，「目上」の人物（以下「目上」の人物という表現は，「何らかの基準によって，敬語を用いることを怠ってはならないと判断される対象」という意味で用いる）に対してはどうだろうか。同等および目下に対しては不適切と感じられず，その点で英語の三人称代名詞よりも語用論的制約が緩いと見られた"ta"も，指示対象が目上の人物である場合には，やはり，

現場指示的にそれを用いることが難しくなる。目上の第三者を目の前にしてその人物に言及する場合は，元来が anaphoric な「代用」の形式である "ta" で済ますことは憚られ，何らかの敬語的表現を用いて，その個人に直接言及することが必要になる。例えば，子どもが親を，あるいは部下が上司を，本人を目の前にして "ta" で指すことは無礼であり，憚るべきこととされる。次の3例はいずれも，発話者が，目上の人物と目される対象に現場指示的に言及する場面を描いたものだが，3例とも "ta" の使用を避け，より具体的な［＋敬語性］の人称表現（下線部）を用いている。

(5) "你们家谁命好呢？"

"我爹。"他指了指佝偻着腰躺在床上的老刘。（金河《杏花上的孩子》）

[「あなたの家では誰が星回りがいいの？」

「父さん。」彼は腰を曲げたままベッドに横たわっている劉さんを指さした。]

(6) 县长将头朝沙发靠背一仰，哈哈笑道："都包括了嘛！牛，饲养得好不好？你这个养牛的人，日子过得如何？随便聊聊嘛！"

姚秘书认为正是该自己插话的时候，也开口说道："县长派我把你请来，绝没有别的什么意思。……"（梁晓声《张六指的革命》）

[県長はソファの背にもたれてふんぞり返ると，笑い声を上げて言った。「一切合財全部ひっくるめて聴こうじゃないか！牛は，飼育のほうはうまくいってるか？お前のような牛飼いは，日々の暮らしはどんなもんだね？遠慮せずに話してみないか！」

姚秘書は，今こそ自分が口を挟むべき時だと思い，口を開いた。「県長が，お前さんにここに来てもらうよう私を差し向けられたのは，全く何の他意もないことなんだ。…]

(7) 那位港商并未告辞，也未显出有什么不高兴的样子，坐于一旁安安静静地吸烟，似留心非留心地听我们说话。听了半天，彬彬有礼地俯身向老崔问道："崔经理，这位是……？"老崔这才将我介绍了一番。

（梁晓声《溃疡》）

［その香港の営業マンは暇乞いをするでもなく，かといって別段不機嫌な様子を見せるでもなく，傍らに座って穏やかにたばこを吹かし，気に留めているような，いないような，どちらとも見分けのつかない様子で私たちの話を聴いていた。そして，しばらくすると，彼は折り目正しく身をかがめ，崔氏に向かって尋ねた。「崔支配人，<u>こちらの方</u>は…？」崔氏はそこでようやく私を彼に紹介した。］

　(5)では，息子が"我爹"［ぼくのお父さん］という親族名称で父親を指し，(6)では，秘書が"县长"［県長］という職称で上司を指し，(7)では，営業マンが"这位"という敬称で初対面の作家を指している。それぞれの人称表現を"ta"で置き換えると，先の(1)や(4)とは対照的に，明らかに不躾な表現と受け取られ，語用論的な適正を欠く結果となる。

　目上の人物を"ta"で指すことは不躾だとする一般的な理解は，少なくとも現場指示的な状況に関するかぎり妥当なものと見てよい。

4　現場内文脈指示の"ta"

　(3)の例を典型とする現場内文脈指示の状況も，対象がその場に居合わせるという点では現場指示の状況に等しく，したがって，"ta"の敬語的制約も概ね現場指示的状況のそれに一致するものと見受けられる。(3)の例の"她"に，中国語話者が別段不躾さを感じないのは，やはり，言及する対象が年齢の近い同年代の"阿嫂"[4]であるためだと考えられる。対象が明らかに目上の人物と目される場合には，やはり現場指示的状況と同様に，"ta"の使用は憚られる傾向にある。

　先の(6)の例で，まず"县长"という職称を用いて対象に言及した秘書は，その直後も再度"县长"を用いており，"ta"を用いてはいない。

　(8)"……<u>县长</u>派我把你请来,绝没有别的什么意思。无非就是想听你谈

---

4)　"嫂"は「兄嫁」の意。"阿"は親族名称に用いる接頭辞。"阿嫂"は引用例のように，兄ほどの年齢に相当する他人の男性の妻を指しても用いられる。

谈养牛的情况。比如,你怎么想起了养奶牛哇?今后有什么打算啊?包括有什么困难没有呀?你就对县长汇报汇报嘛!"

(梁晓声《张六指的革命》)

[「…県長がお前さんにここに来てもらうよう私を差し向けられたのは,全く何の他意もないことなんだ。ただ,牛の飼育の状況を聴かせてほしいという,それだけのこと。例えば,お前さんがどうして乳牛の飼育を思いついたのかとか,今後はどういう計画があるのかとか。どんな問題を抱えているのかということも含めてね。だから,さぁ,県長に報告してみないか!]

　ここで照応機能だけを考慮するなら,"ta"が2つ目の"县长"(波線部)に取って代わることに何ら問題はないはずである。つまり,"ta"本来の照応機能からすれば,それが冒頭の"县长"(二重下線部)を先行詞とするanaphoricな代名詞としてその位置(波線部)に現れることに何ら問題はないわけである[5]。にもかかわらず,"ta"が用いられていないのは,対象が目上の人物であり,しかも現場に居合わせる人物であるからにほかならない。

　同様の事情に基づく"ta"の回避は,さらに次の(9)からも観察される。
(9) "这位老先生针法可高哩。咱这周围几十里地庄户人家有了病,都请他老人家给扎针。"医生听罢村干部的话,冲我微微一笑,立刻从怀里掏出了针包包。

(杨沫《我的医生》)

---

5) 複数の文を隔てて先行する形式に"ta"が照応する現象は,中国語としては極めて一般的なものである。例えば次の例では,同一の発話者が,多数の文を隔てて先行する"孙建国"(冒頭の二重下線部)に照応させて"他"(最下行の下線部)を用いている。

"孙建国你还记得吗?他老头子不是一个大工厂的厂长么?你知道每年拿多少奖金?几千元!班组分奖金,小红包得塞给厂长一份。车间分奖金,小红包得塞给厂长一份。全厂分奖金,厂长当然还得有份!而且每付得得是特等!还有各分厂,下属服务公司、经营部,哪方面不得向厂长上贡?活都是工人们干的,年终总结时,还要说:'在厂长的英明领导之下,乘改革的东风。'……"
他又是那么微微一笑。我只有默然而已。
"你知道他父亲去年光厂服得了多少套?十七套!"　　　(梁晓声《溃疡》)

［「こちらの老先生は鍼の腕が実にすごいんだよ。わしらのこの辺り数十里
　　　の村の百姓は病気になったら，皆御仁にお願いして鍼を打ってもらうさ。」
　　　医者は村の幹部の話を聞き終わると，私ににっこりとほほ笑み，早速懐か
　　　ら鍼の包みを取り出した。］

　三十代半ばの村の青年にとって，高齢の名鍼灸医はまさに敬仰すべき
対象である。青年は今，傍らに立っているこの鍼灸医を，まず"这位老
先生"［こちらの老先生］という極めて敬意度の高い deictic な人称表現で
指し示し，次に，それに照応するかたちで"他老人家"という代用表現
を用いている。"老人家"［御仁］は高齢者に用いる敬称であり，"他老
人家"は三人称に用いる言わば敬意性代用表現である。照応形式が単な
る"他"ではなしに，"他老人家"であるところに，"ta"の憚り具合が
見て取れる。

　少し身近な例に置き換えてみて，今仮に，2人の若い研究者とその恩
師にあたる教授（仮に"李先生"としておく）が3人で話し合っている
としよう；そして，研究者Aが研究者Bに向かって，次のような発話を
したとする。

　⑽　李先生也想看这本书。你看完了，#给他吧。
　　　［李先生もこの本を読みたいとおっしゃってるから，君，読み終わったら
　　　#彼に回して差し上げてね］

　複数のインフォマントの反応が一致して示すように，⑽は，やはり，
教授を目の前にしては失礼な表現である。"ta"の使用が，"李先生"を
繰り返し用いることの冗長さを回避する上で極めて有効な手段であるこ
とは言うまでもないが，しかし，この優れて経済的な言語手段の選択は，
同時にまた，丁重さの放棄の裏返しでもあり，ひいては目上の人物に対
して不躾な印象を与える結果にもつながることになるわけである。ここ
は，たとえ経済性を犠牲にしてでも，やはり"李先生"あるいは"先生"
といった敬語表現を繰り返し導入しなければならない。要するに，たと
え anaphoric な"ta"の使用が談話構造上可能な位置であっても，対象
が目上の人物であって，しかも傍らに居合わせる場合には，そのつど敬

称表現を導入して，眼前の人物に具体的に言及し直すという配慮が必要とされるということである。

ただし，ここで見落とせないのは，対象が親族のような身近な存在である場合には，"ta"に対する制約がかなり緩和される傾向にあるという事実である。例えば，先の(5)の例で，まず親族名称を用いて目の前の父親を指し示した少年は，直後の発話で再度父親に言及する際には，もはや親族名称を繰り返さずに，"ta"を用いている。

(11) "你们家谁命好呢？"
　　"我爹。"他指了指佝偻着腰躺在床上的老刘，"他也是'金'命，是'海中金'。"
　　"行了，行了，都一色货！"半天没有搭言的老刘转过身来，……
　　[「あなたの家では誰が星回りがいいの？」
　　「父さん。」彼は腰を曲げたままベッドに横たわっている劉さんを指さした。「♯彼も『金』の星周りで，それも『海の金』なんだ。」
　　「よせ，よせ。どれも皆同じ色のシロモノさ！」と，しばらく口を挟まなかった劉さんが寝返りを打って言った。]

複数のインフォマントが認めるように，(11)の"ta"には，(5)に示された現場指示的な状況で，"我爹"に代わっていきなり"ta"が用いられた場合に感じられるほどの不躾さは感じられない。加えて，このように，子が親に対して，現場内文脈指示のかたちで"ta"を用いる例が日常少なからず観察されるという事実は，なによりも，この種の"ta"の許容性を裏付けるものと考えてよい。次の(12)では幼い息子が父親に対して，また(13)では若い娘が母親に対して，それぞれ現場内文脈指示の"ta"を用いている。

(12) "我陪孩子。"程一说着，偷偷地看了他儿子一眼。
　　"叔叔。我爸最赖了。足球踢得一点儿不好，人都快走光了。我说，回家吧。他说，要看就看到底，……"　　（许谋清《千里驴》）
　　[「父さんが一緒に行ってやろう。」程一はそう言うと，ちらりと息子の顔を盗み見た。

「おじさん。お父さんってすごく嫌なんだよ。サッカーの試合がちっとも面白くなくて、お客はみんなもういなくなりかけてるから、僕が、帰ろうよ、って言ったんだよ。そしたら、#彼は、見る以上は最後まで見る、なんて言うんだよ、…」]

(13)"我妈真是的，老忘插这个门。爹跟她说多少回了，就是记不住。"

(阿城《傻子》)

[お母さんったら、もう全く、いつもこのドアの鍵をかけ忘れるんだから。お父さんが#彼女に何度言っても、絶対に覚えないの。]

いずれも、(8)や(9)の例が"ta"を避け、敬語表現を繰り返していたこととは対照的である。目上に対しては一様に"ta"が憚られる現場指示の状況とは事情が異なり、現場内文脈指示の状況では、身内の目上に限って"ta"の憚りの度合いが弱くなる、言い換えれば、"ta"の語用論上の許容度が高くなる、ということである。次の(14)はこの間の事情を端的に物語る恰好の一例と言える。

(14)"……因为阿凡提主持正义，从来不缺乏正义，但是没有黄金。"说完，她先大笑起来，大家也都笑了。

"那么我父亲呢？他需要什么？"龙龙仍然不甘心就此罢休。"我不知道，"小李摇了摇头，"宋老师是我们的前辈，是特级教师……今天的水煎包真好吃！"宋朝义却听出了话里的潜台词——在小李眼里，他已经是属于过去的时代了。"

(王蒙《高原的风》)

[「…アファンティは正義を主張し続けていたから、正義には事欠かなかったけれど、お金がなかった。」言い終わると、彼女が先に大笑いをし、みんなも笑った。

「じゃ、お父さんは？#彼にはなにが必要なの？」龍龍は依然として、このままでは引き下がらないという様子だった。「私には分からないわ」と、李嬢は首を横に振った。「宋先生は私たちの大先輩で、特級教師だし…、今日の焼き小籠包は、ほんとうにおいしいわ！」宋朝義には李嬢の言葉の奥に秘められた意味が読み取れた——李嬢の眼には、彼は既に過去の時代の人間としか映っていないのだった。]

息子の"龙龙"［龍龍］は，まずは親族名称を以て眼前の父親（"宋朝义"）に言及するが，次には，"ta"を用いており，親族名称を繰り返さない。一方，"龙龙"と同年配で，"宋朝义"と同じ職場に勤める年若い"小李"［李嬢］のほうは，"ta"を受け継がずに，敬語表現（"宋老师"［宋先生］）を導入している。同一人物を対象としながらも，身内である者と身内でない者とでは，"ta"の憚りように，明らかに差が見て取れる。

　このように，現場内文脈指示の"ta"は，敬語的制約を部分的に免れる可能性をもち合わせており，その点で，現場指示のそれとは区別し得る。両者のこうした差は，それぞれの"ta"の機能論的な性格の違いに基づくものと考えられる。先行する言語的文脈のなかに既に敬語表現をもち，それに照応するかたちで用いられる文脈指示的な"ta"は，現場指示的な"ta"に比べて——すなわち，言語的文脈のなかに先行詞をもたずに（恰も deictic な形式に似て）現場の人物を直接指向するかたちの"ta"に比べて——，不躾な印象を相対的に免れやすい環境にあると考え得る。恐らくは，そのことと，対象が身内であることの親和感とが相俟って，こうした敬語的制約の緩和という現象が実現されるものと理解される。そして，この種の緩和の現象は，対象となる人物が現場に居合わせない状況では，一層その度合いを強めることになるのだが，それについては次節で見ることにしたい。

　なお，以上述べてきた"ta"の敬語的制約は，すべて，"ta"が照応先の人称表現（すなわち先行詞）とは文の切れ目を隔てた位置で用いられる——いわゆる文間照応（inter-sentential anaphora）のかたちで用いられる——場合のみを対象とするものであって，文内照応（intra-sentential anaphora）のケースを対象とするものではない[6]。すなわち，文内照応の"ta"は，この種の制約の及ぶところではないということである。例えば，次の(15)は，"ta"が（先の(10)の文間照応の例とは異なって）

6）　ここで言うところの「文」とは，いわゆる"复句"［複文］における"分句"［従文］をも含むものである。

同一文内に生起する"李先生"に照応して用いられており，文内照応の例に該当するものだが，この表現が仮に(10)の例で想定された状況と同じ状況で発話されたとしても，語用論上何ら不適切さは感じられない。

(15) 李先生最喜欢吃他爱人做的八宝饭。[7)

　　　［李先生は#彼の奥さんが作る八宝飯がなによりお好きなんですよ。］

　こうした文内照応のケースでは，いわゆる経済性の原則が最優先され——言い換えれば，冗長さの回避が最優先され——敬語的制約は影を潜めることになる。その点は，次に見る文脈指示的状況についても同様である。

5　文脈指示の"ta"

　現場指示や現場内文脈指示の状況とは対照的に，当の人物が発話の現場に居合わせない文脈指示的状況においては，身内に限らず，目上を憚らない anaphoric な"ta"の例が頻繁に観察される。新聞記事から採った(16)もその一例である。ここでは，話者（書き手）の恩師にあたる大学教授を対象に"ta"が用いられている。

(16) 北京大学中文系林庚教授是我就学时的先生。对他的治学精神我一向敬佩。

　　　［北京大学中文系の林庚教授は私の学生時代の恩師である。#彼の学究心を私はかねてより敬拝している。］

　ここでは，現場指示や現場内文脈指示の状況であれば当然"ta"が避けられるはずの人物に対して"ta"が用いられていることになるが，読者もことさらにそれを不躾だとは感じない。

---

7) 逆に，"??李先生最喜欢吃李先生爱人做的八宝饭。"のように，"ta"による代名詞化を行わずに，同一名詞句を同一文内で繰り返した表現は，冗長になりすぎて，不自然に感じられる。上例のように，照応先との距離が構造上近い場合は，とりわけその傾向が強い。ただし，上の例は，2つの"李先生"がそれぞれ別の人物を指して用いられている場合には，必ずしも不自然な表現とは受け取られない。

次の(17)は，著名な中国語学者の王力教授（享年86歳）をしのぶ追悼文の一部だが，ここでも(16)と同様の"ta"が多用されている。書き手は，かつて王力教授に学び，教授を師と仰ぐ六十代半ばの言語学者である。

(17) 王先生是多产作者。他写的书和文章，加在一起大约有一千万字。有人说王先生能写那么多，是因为他笔下快。王先生的确写得快。他作文往往不易稿。随想随写，就能成文。写完了稍稍改一下，就是定稿，而且意思明白，文笔流畅。我是非常羡慕老师这种本领的，可惜一直没有学会。（略）

　　王先生在遗嘱里说他对这一生是满意的。我想要是先生还有什么憾事的话，恐怕是"文化大革命"白白浪费了他十年时间。（略）

　　我在四十年代是王先生的学生，一九五五年以后的三十年间同在北大中文系工作，"文化大革命"期间又一起在牛棚里过患难生活。先生的逝世，我自然悲痛，可是想到先生一生写了那么多著作，又培养了那么多学生，他的子女也各有专长，能够自立，又不禁为他高兴。先生说他对他一生是满意的。我能够理解先生的话。

《语文研究》1986.3）

〔王先生は多作家であった。#彼が書いた書と文章は合わせて約一千万字を数える。王先生がこれほど多くを書いたのは，#彼が筆が速かったからだという人がいる。王先生は確かに筆が速かった。#彼は執筆においてはほとんどの場合，改稿しなかった。思うそばから筆が進み，もうそれで文章ができた。書き終わるとほんの少しの修正を加え，それで定稿となる。おまけに意味は明瞭で，文章も流れるように滑らかだった。先生のこのような能力を私はとても羨ましく思ったものだが，残念なことに自分は会得できないままである。（略）

　王先生は遺言のなかで，#彼は自らの生涯に満足しているのだと語っている。先生に仮になにか悔やむべきことがあったとしたら,恐らくそれは,「文化大革命」が十年の歳月をむざむざと彼に費やさせたことだろう。（略）

　私は40年代は王先生の学生であり，1955年以後の30年間はともに北京大学で働き，「文化大革命」の間は今度は牛小屋で苦難の生活をともにし

た。先生のご逝去は，無論私は悲しいが，先生が生涯これほど多くの著書を残し，またこれほど多くの学生を育てられ，#彼の子女がそれぞれに特技を具えて自立し得ていることを思えば，私は彼のために喜びを禁じえない。先生は，#彼は#彼の生涯に満足しているのだとおっしゃった。私には先生のおっしゃる意味がよく分かる。］

先に触れた文内照応の箇所——すなわち，"ta"を用いなければ冗長になりすぎる箇所——を差し引いても，なおいくつかの"ta"が残る（例えば，1行目の"他"，3行目の"他"，12行目の2つの"他"など）。先の(10)の例の状況で"ta"を憚った若い研究者も，このような文脈指示的状況であれば，"李先生"を対象に"ta"を用いることは十分に想定し得る。

敬語的制約に縛られないanaphoricな"ta"の例は，次のようなインフォーマルな日常会話の場でも珍しくない。

(18) 赵师母定定神，看见了袁师母，身穿一件黑色羊毛开衫，端端庄庄地立在楼梯口。

"赵师母，赵先生歇了吗？"

"刚歇。您大老远的跑来做啥？太客气了。快上去坐坐吧。"赵师母邀请着，心下却暗暗希望袁师母不要上去好。

"让他歇着，我明天再来吧。我知道是来晚了。实在走不脱。"

"明天别来了，赵先生要不过意的呢！"

"我是一定要来的，不为赵先生，也为我们绍秉。……那时候，只有赵先生一个人不鄙夷我们绍秉，来看我们。绍秉到死都在念叨，说他一辈子就只遇赵先生一个朋友。当时，人家远还远不及呢！赵先生才是真君子。"

"子谦常说，袁先生的学问好，可惜走得早了。"

"赵师母，我有句话，不知该不该说。"

"瞧您，说哩。"

"我说，赵先生有什么文章吗？该及早让他做一些交代。万一……。"

（王安忆《大哉赵子谦》）

［趙夫人がじっと目を凝らして見てみると，黒いウールのカーディガンを着た袁夫人が，折り目正しく落ち着いた様子で階段の上り口に立っていた。
「奥様，趙先生はお休みになりましたか？」
「たった今休みました。遠いところをおいでくださって，どんなご用件でしょうか？遠慮なさらず，さぁどうぞお上がりください。」と，趙夫人は階上の病室に招いてはみたものの，胸のうちでは，袁夫人が上がらないことを密かに願った。
「#彼をそのまま休ませておいてあげてください。明日また出直します。時間が遅すぎるのは分かっていたのです。どうしても抜け出せなくて。」
「明日またおいでになるなんて，とんでもない。趙先生がきっと恐縮いたします。」
「いえ，必ず参ります。趙先生のためでなければ，うちの紹秉のためにでも。…あの時は，趙先生ただお一人が，うちの紹秉をさげすむことなく，私たちに会いに来てくださいました。紹秉は死ぬ間際まで口にしていました。生涯で，友として交わることができたのは趙先生ただ一人だった，と。当時，ご自身（＝趙先生）はうちの人を遠ざけようにも，遠ざけようがなかったことでしょう。趙先生こそが真の君子でいらっしゃった。」
「夫は日頃から申しております。袁先生は学問がよくできた。惜しいことに，この世を去るのが早すぎた，と。」
「奥様，私，一言申し上げたいことがあるのですが，申し上げるべきかどうか…。」
「まぁ，奥様ったら。どうぞおっしゃってくださいな。」
「あのぉ，趙先生はなにか論文をおもちでしょうか？もしおもちなら，なるべく早めになにがしかの申し開きを#彼にさせられたほうがよいと思います。万一，…」］

「趙教授」（68歳の言語学者）を入院先に訪ねてきた「袁夫人」が，湯を汲みに階下に降りてきた「趙夫人」と，階段の上り口で出会う。「袁夫人」は，まず"赵先生"という敬称を用いて，"赵先生歇了吗？"［趙

先生はお休みになりましたか］と問い掛け，次には"让他歇着"［#彼をそのまま休ませておいてあげてください］と，"ta"を用いている。13行目の"赵师母，我有句话，不知该不该说。"［奥様，私，一言申し上げたいことがあるのですが，申し上げるべきかどうか］の発話に象徴されるように，一貫して丁重な物言いを心掛け，相手の「趙夫人」に対しては"赵师母"の敬称で呼び掛けることを忘らないこの老婦人が，その場に居合わせない「趙教授」に対しては"ta"を用いて憚らない。老婦人は，さらに15行目でも，「趙教授」を対象に再度"ta"を用いている。

ことほどさように，文脈指示的状況は，"ta"の運用に寛大である。すなわち，発話の現場に居合わせないで，話題のなかだけに登場する人物に対しては，敬語的配慮の要求される度合いが相対的に弱くなり，その分"ta"の許容度が高くなるということである。

とはいえ，ここにもなお一定の制約が働いていることは見逃せない。⒄や⒅の例からもうかがえるように，目上に対する"ta"は，一般に，主文の主語あるいは主題の位置では強く回避される傾向にある。⒄を例に採れば，ただの1例（3行目の"他"）を除いて，主文の主語の位置にはすべて，"王先生"または"先生"といった敬語表現が用いられており，"ta"は用いられていない。"ta"は，連体修飾構造の内部であったり，主文のなかに埋め込まれた補文の主語であったり，あるいは前置詞の目的語であったりといった具合に，すべて，文内の，より内側に入り込んだ位置で用いられている。⒅でも，2つの"ta"はいずれも前置詞"让"の目的語として用いられており，主文主語の位置には常に"赵先生"が用いられている。

もっとも，例外がないわけではない。先行詞との距離が近く，意味内容の面でも当該文と先行文が強い結束性（cohesion）（Halliday 1976）をもって緊密に連鎖しているような場合には，先の⒄の3行目や次の⒆の例のように，目上の人物を対象に，主文主語（または主題）の位置で"ta"が用いられることもまれではない。

第 4 章　三人称代名詞の敬語制約　105

⑲ "你妈妈叫什么？她在村里担任什么工作？"　　（杨沫《红红的山丹花》）
　　[「あなたのお母さんのお名前は？[#]彼女は村ではどういう仕事を受け持っていらしたの？」]

　しかし，こうした場合を除けば，主文主語や主題の位置は，一般に，目上への "ta" を避ける傾向が強い。⑲の話者も，少し間を置いてから，新たに質問を切り出す際には，⑳のように，文頭に改めて "你妈妈"（二重下線部）を導入し直しており，"ta" を用いてはいない。

⑳ "你妈妈叫什么？她在村里担任什么工作？"
　　小战士低下头来用镰刀在坚硬的石头上划来划去，半响不言声。我有些奇怪，轻轻地催他说：
　　"同志，你妈妈怎么样啦？她最近有信么？"
　　[「あなたのお母さんのお名前は？[#]彼女は村ではどういう仕事を受け持っていらしたの？」
　　若い兵士はうつむきながら鎌の刃で固い石のうえをあちこちひっかき，なかなか口を開かない。私は少し奇妙に思い，そっと彼を促して言った。
　　「ねぇ，あなたのお母さんどうなさったの？[#]彼女から最近便りはあるの？」]

　次の㉑は，《我的父亲》[僕のお父さん] と題する小学生の作文だが，ここでも，それぞれの談話単位（すなわち，意味的な結束性をもって一つのまとまりを成していると認められる文集合）のなかで主要な位置を占める主文の主語（二重下線部）には，すべて "我的父亲" あるいは "父亲" といった親族名称が用いられており，"ta" はことごとく避けられている。

㉑《我的父亲》
　　我的父亲是世界中力气最大的人。他在队里扛麻袋，别人都比不过他。／我的父亲又是世界中吃饭最多的人。家里的饭，都是母亲让他吃饱。这很对，因为父亲要做工，每月拿钱来养活一家人。／但是父亲说："我没有王福力气大，因为王福在认字。"／父亲是一个

不能讲话的人，但我懂他的意思。／队上有人欺负他，我明白。所以，我要好好学文化，替他说话。／父亲很辛苦，今天他病了，后来慢慢爬起来，还要去干活，不愿失去一天的钱。我要上学，现在还替不了他。／早上出的白太阳，父亲在山上走，走进白太阳里去。／我想，父亲有力气啦。

(阿城《孩子王》)

(斜線は談話単位の区切りを示す)

[『僕のお父さん』]
僕のお父さんは世界で一番の力もちです。彼は生産隊で麻袋の荷担ぎをしていて，ほかの人は皆彼にはかないません。／僕のお父さんはまた世界一の大飯食らいでもあります。家のご飯は，お母さんは全部彼におなかいっぱい食べさせます。それでいいのです。なぜなら，お父さんは働いて，毎月お金を稼いで一家を養わなければならないからです。／だけど，お父さんは言います。「わしは王福の力にはかなわん。王福は字が読めるからな」と。／お父さんは言葉が不自由な人だけれど，僕は彼の言いたいことが分かります。／生産隊では彼をいじめる人がいることを僕は知っています。だから，僕はしっかり読み書きを勉強して，彼の代わりに話せるようにならなければいけません。／お父さんは苦労が多くて，今日彼は病気になってしまいました。それでも，後からゆっくり起き上がって，仕事に行こうとします。一日の稼ぎを失いたくないからです。僕は学校に行かなければならないから，今はまだ彼に代わって働くことができません。／朝，昇ったのは白い太陽で，お父さんは山道を歩き，その白い太陽のなかに入っていきました。／お父さん，元気になった，と僕は思いました。]

　対象が親族である場合，"ta"の敬語的制約はともすれば緩みがちなものだが[8]，上のようなやや改まった文章表現や，よりフォーマルな場での発話になると，やはりこのように，主文主語・主題の位置では"ta"は憚られる。次の例でも，パラグラフの冒頭で"爸爸"［お父さん］が一度導入されたあとは，すべて"ta"が用いられているが，いずれも主文主語の位置にはない。そして，途中でただ一度現れる主文主語の位置で

は，周到にも"ta"は避けられ，"爸爸"が再導入されている。

(22) 爸爸嘱咐我戴三天黑纱，并问我学费问题解决得如何，这是他一直最关心的。虽然没法在电话上说明情况，可我肯定地告诉他已经很有把握了。并不是在安慰他，两个星期前填了六张表格申请奖学金，昨天接到通知要我今早九点去见外国学生顾问，估计问题不大。爸爸听到这个似乎宽心了许多，我从电话那一端他的一声"噢"里感觉到了。问他身体怎么样，他说还好。我要他保重保重。已经讲了十几分钟，可这电话怎么放得下？祖国，母亲，家的分量从这电话上实实在在地输给了我。　　　　　　　　（史咏《歌不足泣，望不当归》）

［お父さんは私に3日間喪章を着けるようにと言い含め，さらに，学費の問題はどうなったのかと尋ねた。それは，彼がしきりに気にかけていた問題だった。電話では説明のしようがなかったけれど，それでも，私は，あれはもうめどがついたと，きっぱり彼に伝えた。彼の気休めのためというわけではない。2週間ほど前に私は奨学金を申請するための書類を6枚書き，今朝の9時に留学生顧問に会いにいくようにとの通知を，きのう受け取っていたので，恐らく大丈夫だと思っていたのだ。お父さんはそれを聞くと，気持ちがとても楽になったようで，それは電話の向こうの彼の「おぉ」という声からも感じ取れた。体の具合はどうかと彼に尋ねると，彼はまずまずだと言った。私は彼に大事にするようにと言った。もう十数分も話してはいるが，どうして受話器が下ろせようか？祖国と，母と，家の重みが，この電話を通してひしひしと私に伝わってくるのだ。］

---

8) ことにインフォーマルな会話では，その傾向が強く，主文主語の位置でも，自分の親を対象に"ta"が用いられる例も珍しくない。例えば，本文の(20)の例で母親の安否を尋ねられた若い兵士は，しばし沈黙のあと，次のように，主文主語の位置に"ta"を用いて，自分の母親に言及している：
　　　……我有些奇怪，轻轻地催她说：
　　　"同志，你妈妈怎么样啦？她最近有信么？"
　　　他还是不回答。半天才哆嗦着嘴唇低声说道：
　　　"她为了保护村里的公粮，叫、叫鬼子挑死啦！"

目上を対象とするanaphoricな"ta"は，典型的には，このようなかたちで運用されるものと理解されてよい[9]。

　目上に対する"ta"は，また，焦点の当たる位置でも回避される傾向が強い。次の例は，同僚の一人から「司令官殿が戦勝品を届けてくださったぞ」と教えられた下士官（"張德標"）が，司令官の所在を問う場面だが，4行目の"老総人呢？"[10]［ところで，司令官殿ご本人は？］が"他呢？"［ところで，彼は？］でないことに注目されたい。

(23) 張德標挑来一担水往鍋里倒。杜寧招呼他説："喂，你看，老総給咱們送来了勝利品！"

　　張德標湊过来一看，眉開眼笑，"好漂亮的围棋！不用説是繳獲日本太君的！老総人呢？"　　　　　　　　（邓友梅《我们的军长》）

　［張德標が水を1荷(か)担いできて，鍋のなかに水を移した。すると，杜寧が彼に声を掛けた。「司令官殿が戦勝品を届けてくださったぞ！」

　張德標は杜寧のそばに寄ってきて（戦勝品を）見ると，にっこり顔をほころばせた。「なんて見事な碁なんだ！無論，日本人のお偉いさんからぶんどったもんだよな。で，司令官殿ご本人は？」］

　問題の箇所に"ta"を用いることは，機能論的には何ら問題にならないが，語用論的には明らかに適性を欠く結果となる。上官を対象に，"他呢？"は，いかに文脈指示的状況とはいえ，不躾な印象を免れがたい。"ta"は，このように焦点化された位置でも敬語的制約を受けやすくなる。

---

9) ⑳－㉒の問題の位置で"ta"が避けられている現象は，いわゆる「明晰さの原理」（Clarity Principle）に属する事柄であって，敬語的制約によるものではないのではないか，といった反論も予想されるが，それは妥当ではない。問題の箇所はいずれも，仮に"ta"が用いられたところで，聞き手（または読み手）がそのために指示対象の同定に困難を来す（すなわち，テキスト理解のための「明晰さ」が損なわれる）といった事態には至らない位置である。事実，例えば⑳の例で，対象が敬語的配慮を必要とする"你妈妈"ではなく，"你妹妹"［君の妹］であったならば，問題の位置に"ta"が用いられることも一向に不適切だとは感じられない。当面の現象は，やはり敬語的制約に関わる事柄だと理解せざるを得ない。なお，「明晰さの原理」については，Leech 1983を参照。

10)"老総"は司令官に用いる尊称。

逆に，焦点の当たらない位置では，"ta" は必ずしもそうした制約を受けない。(23)の "張德標" も，(24)の6行目のように，焦点からそれた位置では，"老总" を対象に "ta" を用いて憚らない。

(24) 杜宁笑着对张德标说："陈总今天没来，对你有点小小的好处，逃掉一顿骂。"

　　张德标问："为什么？"

"组织部调你去当排长你不去，他已经知道了，信上说要找时间跟你谈谈。"

　　张德标忙问："连我讲怪话的事他也知道了？"

"信上没有说。"

[杜寧は笑いながら張德標に言った。「陳司令官が今日いらっしゃっていないのは，お前さんにとっては少しばかり好都合だよ。叱られずに済んだのだから。」

　張德標は尋ねた。「どうして？」

「編制部がお前さんを小隊長に配置換えさせようとしてるのに，お前さんが従わないってことを彼はもう知っていて，いずれ時間を見つけてお前さんと話しがしたいと，そう手紙でおっしゃってる。」

　張德標は慌てて尋ねた。「俺が妙なことを言ってるってことも，彼はもう知ってるのか？」

「手紙にはそのことは書いてなかった。」]

　問題の一文 "连我讲怪话的事他也知道了？"［俺が妙なことを言ってるってことも，彼はもう知っているのか？］は，一種の「取り立て」構文であり，"知道"［知る］の対格にあたる "我讲怪话的事"［俺が妙なことを言ってるってこと］が，前置詞 "连"［さえ／まで］によって文頭に引き出され，「取り立て」られている。すなわち，この文では，対格に対して明示的な焦点化が行われており，主格の "他" は言わばその「陰」の位置――「背景化」された位置――に後退している。こうした位置では，"ta" も敬語的制約を免れやすい。

　以上見てきたように，文脈指示的状況においては，機能論的な環境が，

"ta"の語用論的許容性を左右する重要な要因となっている。すなわち，焦点や主文主語（または主題）といった，談話における'saliency'（際立ち）のより高い位置では，目上に対する"ta"の運用が許容されにくく，逆に'saliency'のより低い位置では，それが許容されやすい，ということである。平たく言えば，目立ちやすい位置では敬語性の高い人称表現が必要とされるが，目立ちにくい位置では"ta"でも許される，ということである。

　ちなみに，同様の傾向は，二人称についても観察される。例えば(25)の例では，対話者の一方（"张书记"）が，他方（"赵先生"）に対して，"您"と"您老"という2種類の［+敬語性］の二人称代名詞を併用しているが，2つの形式の間には，やはり'saliency'に関わる使い分けの現象が見て取れる。すなわち，主文主語の位置では，より敬意度の高い"您老"が用いられ，連体修飾構造の内部や動詞の目的語といった，文内に深く入り込んだ位置では，相対的に敬意度の劣る"您"が用いられる，といった使い分けが観察される[11]。

　(25)　学习结束后，张书记请赵先生慢走一步，问他道：" 近来身体还好吗？"
　　　　"好，挺好。您可是瘦多了。"赵先生说。
　　　　"是吗？"张书记摸着胡子拉碴的下巴颏，"您那房子够挤的吧！"
　　　　"能克服的，能克服。"
　　　　"您老要做学问，需要个清静的环境啊！……赵先生，学校决定分给您一套房子，三套间的，二楼。"
　　　　"党对知识分子真是太关心了，可是……"
　　　　"您老别推啦，这三十年您住的也太委屈了。"
　　　　"可别这么说，比我困难的人有着呢。比如张书记您……"
　　　　"我没事儿。我又不写文章。回去有个铺睡觉就成，况且我还年轻。"

---

11) 二人称代名詞の敬語的現象については，従来，陈松岑1986も含めて，こうした構文論的な観点からの分析が欠けている。

"唉，您真是，您真是……"赵先生感动得说不出话来。
"您的入党报告，我们讨论了一次。"　　　　（王安忆《大哉赵子谦》）
[政治学習が終わったあと，張書記は趙氏を引き止めて尋ねた。「近頃お体の具合はまずまずですか？」

「元気です。とても元気ですよ。あなたこそずいぶんお痩せになった。」と，趙氏は言った。

「そうですか？」張書記はひげもじゃの下あごをなでながら言った。「あなたのあのお住まいはずいぶんと窮屈でしょう？」

「いや，何とかやっていけるもんですよ。何とかやれてます。」

「あなたさまは学問をなさらないといけないから，静かな環境が必要ですよ。…趙先生，大学はあなたに住まいを分配することを決定しました。間取りは3部屋で，2階です。」

「党は，知識分子のことをとても気に掛けてくださる。が，しかし…」

「あなたさまは辞退なさってはいけません。この三十年間，あなたは住まいのことでも，たいそうお気の毒な思いをされてきました。」

「いやそんなふうにおっしゃらないでください。私よりももっと大変な人がいますから。例えば，張書記あなただって…。」

「私は何てことありません。私は論文も書かないし。家に帰って，ベッド1つあればそれで十分。おまけにまだ若いですから。」

「いやぁ，あなたは，ほんとうに，ほんとうにもう…」趙氏は感動のあまり言葉が出なかった。

「あなたの入党報告については，われわれは一度議論しました。」]

'saliency'の低い位置では敬語性の低下が許容されやすいという一般化は，三人称のみならず，二人称についても有効と考えられる。

6　"ta"の敬語制約の一般化

　以上見てきたように，"ta"の目上に対する憚りは，それぞれの語用論的，機能論的あるいは構文論的状況に応じて度合いを異にするもので

ある。"ta"を，いかなる場合も一様に"称及尊长不大用"[12]（目上にはあまり用いない）の形式だと理解するのは正しくない。

　先行詞を介して間接的に現場の対象を指向する現場内文脈指示の"ta"は，現実の対象を眼前にして直接指示するかたちの現場指示的な"ta"よりも，部分的に許容度が高くなる；また，現実の対象が現場に居合わせない文脈指示的状況での"ta"は，その現場内文脈指示の"ta"よりもさらに一層許容度が高くなる；さらにまた，文脈指示的状況のなかでも，より際立ちにくい位置に現れる"ta"は，より際立ちやすい位置に現れる"ta"よりも容認されやすい。一般化すれば，目立ちやすい状況——言い換えれば，現実の対象（人物）との近接度がより高い状況——では，目上の人物に対しては，敬語性を明示することの必要性が高くなり，"ta"は憚られる傾向にある；逆に，目立ちにくい状況——言い換えれば，現実の対象（人物）との近接度がより低い状況——では，敬語性を明示することの必要性は小さくなり，代わって経済性が優先される傾向が強くなる，つまり，"ta"が用いられやすくなるということである。"ta"の敬語的適性とは，このように，それぞれの状況を背景に，敬語性と経済性のせめぎ合いのなかで，常に揺れ動くものなのである[13]。

　二人称表現は，指示する対象が聞き手自身であることから，現実の対

---

[12] 呂叔湘 1985：25 参照。
[13] 日本語の「彼/彼女」の敬語に関わる振る舞いは，"ta"のそれとは極めて対照的と言える。日本語では，現場指示的な状況で「彼/彼女」が憚られる対象（例えば，上司や恩師など）については，文脈指示的な状況においても「彼/彼女」が用いにくい，というのが一般的な現象である。つまり，「彼/彼女」に係る敬語的制約は，"ta"の場合ほど，状況ないし文脈に影響されない。これを，両言語における敬語の優位性の差と見ることもできるだろうが，それ以前の問題として，代名詞自身の指示機能の相違と見ることも可能である。すなわち，「彼/彼女」は，小説の地の文などに現れるものを別にすれば，常に，現実の対象を指向する deictic な性格が強く（したがって，常に敬語的制約を受けやすく），"ta"のように，言語的な文脈のなかだけに収まる anaphoric な代用形とはなり得ない，ということである。このような，"ta"と「彼/彼女」の指示性の相違については，田窪・木村 1992 を参照されたい。

象との接し方が最も直接的な状況（したがって常に目立ちやすい状況）にあるものと言える。したがって，そこに"您"のような敬語専用の形式が発達し，非敬語形（"你"）との使い分けが行われるという現象も，十分にうなずける。その二人称よりも現実の対象との接し方が間接的になる三人称代名詞は，"您"に相当するような敬語形をもち合わせてはいない[14]。しかし，以上の議論が示すように，そこにもやはり，現実の対象との隔たりの差に応じた段階的な敬語制約というものが存在するのである。

7　むすび

　冒頭でも述べたように，中国語の敬語に関する研究は，従来，語彙論的な記述に傾きがちであった。例えば，疑問詞の"谁"を例に採ると，従来の記述では，この語は，聞き手を対象に用いては失礼な形式とされてきた。つまり，"你是谁？"［あなたは誰ですか？］は失礼であり，"你是哪一位？"［どなたですか？］など何らかの敬語表現を用いなければならないということである。しかし，こうした記述は，"谁"に関わる敬語的現象をより一般的なかたちで特徴づける上で十分に適切なものとは言い難い。

　確かに，"你是谁？"と，面と向かって相手に尋ねることは，不躾であり，強く憚られる行為である。しかし，一方で，電話の相手やドア越しの相手（すなわち，直接対面しない相手）に"谁？"と問い掛けることは，極めて日常的な行為であり，別段憚られるものではないという事実を見落としてはならない[15]。(26)は電話を通しての会話の例である。

(26)"喂！你是弹钢琴的章波同志么？"

　　"是啊！你是谁？"
　　　　　　　　　　　　　　　　　　　　　　（李国文《空谷幽兰》）

---

14) 北京方言には"ta"に対立する敬語形として"怹（tān）"が存在するが，これも"你"に対する"您"ほどに常用度の高いものではない。朱徳熙 1982 参照。

15) 木村 1987 参照。

[「もしもし！ピアノ奏者の章波さんですか？」
「そうです。[#]あなたは誰ですか？」]

　問題はやはり語用論的なレベルに属する事柄であり，そうした観点からの分析が必要となる。要するに，"谁"は，聞き手（相手）との接触が何らかの媒介を隔てた間接的な状況であれば，必ずしも敬語的制約には縛られない，ということである[16]。ここにも，現実の対象との近接度が敬語制約の度合いを決定するという，"ta"の状況に平行した現象が見いだせる。語用論的な視点の導入によって，それぞれの敬語的現象を，より一般的なストラテジーの反映として捉えることが可能になるわけである。

　今後，中国語の敬語研究が，より一般性に富んだダイナミックな記述を目指して発展してゆくためには，このような語用論的な観点からの考察も重要であり，かつ不可欠であると考えられる[17]。

---

16) 声の届かない範囲にいる第三者を対象に，"他是谁？"［彼は誰ですか？］と尋ねることが一向に不躾だと感じられないのも，このことの延長線上にある現象と理解される。
17) 元代の雑劇のせりふに用いられる一人称の謙称について論じた伝田1981は，代名詞と敬語の関わりを語用論的および機能論的な角度から扱った数少ない論考の一つであり，有益な指摘を含んでいる。

第5章

疑問詞の意味機能
——属性記述と個体指定——

1 はじめに

　中国語の疑問詞疑問文は平叙文と同型の構造で構成される。疑問詞は，日本語と同様，いわゆる 'in situ' の位置で用いられ，英語のように「移動」（movement）しない。疑問詞の種類は比較的多く，【表Ⅰ】が示すように，それぞれの形式が分かち担う〈人〉〈事物〉〈場所〉等々の範疇概念の種類もほぼ日本語と一致する。また，形態と統語機能の特徴から指示詞の範列に属すると見られる形式が疑問詞の大半を占めており，その点でも，「コソアド」の「ド」系の形式が大半を占める日本語の疑問詞の状況に類似している[1]。無論，個別に見れば日本語と異なる点も少なくない。例えば，〈時〉を問う疑問詞に2つの形式——"什么时候"と，より口語性の強い"哪会儿"——が存在することや[2]，〈時〉を問う"什么时候"と，〈原因〉もしくは〈目的〉を問う"为什么"がともにフレーズに近い複合形式であり[3]，日本語の「いつ」や「なぜ」のように単純

---

1) 本論では従来の中国語学の用語にならって「疑問詞」という名称を用いるが，議論の対象となる一連の形式が本質的に「疑問詞」であるか「不定語」であるかは検討を要する問題である。それについての議論は別の機会に譲ることとし，ここでは，日本語の「ダレ」「ナニ」「ドレ」などの語類も含めて，便宜上「疑問詞」と呼ぶことにする。
2) "什么时候"は，「なに」を意味する"什么"と「とき」を意味する名詞の"时候"からなる。一方，"哪会儿"は指示詞の範列に属し，「このとき：いま」を指す近称の"这会儿"と，「あのとき：そのとき」を指す遠称の"那会儿"と並んで，「どのとき」すなわち「いつ」を意味する。
3) "为"は前置詞であり，〈原因/目的〉を表す。

語として語彙化されていないことなどは，一見して日本語の状況と異なっている。

本論では，〈数量〉を問う"几"と"多少"，および〈人〉や〈事物〉を問う，疑問詞のなかにあって最も基本的とも言える"谁"と"什么"と"哪(-量詞)"を取り上げ，一見しただけでは日本語との相違が明らかでない統語機能と意味の問題に踏み込み，従来中国語学の分野において見落とされてきた中国語疑問詞の意味機能の特性を明らかにしたい。

2　"几"と"多少"

2.1　従来の記述と問題提起

中国語には〈数量〉を問う疑問詞として，"几"と"多少"という2種類の形式がある。

"几"は数詞相当の統語機能を有し，日本語の「何～」と同様，通常「量詞」（類別詞）と結合して用いられ，単独では文の構成要素（主語，目的語，連体修飾語等々）になれない。

(1) 甲："你　　　吃了　　　几-个　（饺子）？"
　　　　あなた　食べる-PERF　何-個　　（餃子）
　　　［あなたは何個（餃子を）食べましたか？］

　　乙："六-个。"
　　　［6個。］

(2) 甲："你　　的　　生日　　几-月　　几-号？"
　　　　あなた　の　誕生日　何-月　　何-番
　　　［あなたの誕生日は何月何日ですか？］

　　乙："十二-月　二十八-号。"
　　　［12月28日。］

一方，"多少"は，(3)のように，単独で数量目的語や連体修飾語に用いることができる。

第5章　疑問詞の意味機能　117

【表Ⅰ　中国語の疑問詞】

	指示詞	数詞	名詞	名詞句	前置詞句
〈人〉			谁 [誰]		
〈事物〉			什么 [なに]		
〈事物・人〉	哪(-量詞) [どれ・どの]				
〈場所〉	哪里／哪儿 [どこ]				
〈方向〉	哪边 [どっち]				
〈時間〉	哪会儿 [いつ]				
〈様態〉		怎(么)样 [どんな]			
〈方法/経緯〉		怎么 [どう(して)]			
〈程度〉		多(么) [どれほど]			
〈数〉			几(-量詞) [何〜]		
〈量〉			多少 [いくら]		
〈時〉				什么-时候 [いつ]	
〈原因/目的〉					为-什么 [なぜ]

(3) 甲："你　　　吃了　　多少　（饺子）？"
　　　　あなた　食べる-PERF　いくら　（餃子）
　　　[あなたはいくら（餃子を）食べましたか？]

　　乙："三十-个。"
　　　　[30個。]

"几"と"多少"の意味的な使い分けについては，一般に次の2点が

指摘される。

  （ア）「"几"＋量詞」は 10 未満の〈数量〉の回答が想定される場合に用いられ，"多少"は〈数量〉の大小に関わりなく用いられる。
  （イ）〈序数〉の問いには，数の大小を問わず，一般に"几"が用いられる。

　具体例に即して言えば，〈週に何日来るか〉という疑問文として"一个星期来几天？"は問題なく成立するが，〈天安門広場は何人収容できるか〉という疑問文として"*天安门广场能容纳几个人？"は不自然であり，〈10人〉を上回る数量の回答が自明である天安門広場の収容人数を問う疑問文としては"天安门广场能容纳多少人？"でなければならない；一方，明らかに〈10元〉に満たないジュースを1本買った場合でも"多少钱？"［いくらか？］は，"几块钱？"［何元？］とともに問題なく成立する；つまり，"多少"は 10 未満の数量の回答が想定される場合にも用いられる。また，序数を問う場合には，先の(2)がそうであるように，10 を超える数の回答が想定される場合であっても"几"を用いることに不自然さは感じられない，ということである。初学者向けのテキストにも記されている(ア)と(イ)の指摘は，中国語の事実を忠実に反映しており，記述的に妥当なものと言える。

　その妥当な記述に対して，今ここで改めて問い起こしたいのは，一つには，（ア）で述べられている"几"と"多少"の〈数量〉に関する意味の相違が果たしてなにに由来するのかということ，一つには，（イ）で述べられている"几"の〈序数〉用法と，（ア）で述べられている"几"の〈数量〉に関する意味的制限——すなわち，10 未満の〈数量〉が回答として想定される場合に限って用いられるということ——の間にはいかなる関連があるのかということである。一言で言えば，なぜ（ア）であり，なぜ（イ）であるのかという問題である。

　（ア）と（イ）の指摘それ自体は中国語学の分野では周知の事柄であるが，なぜそうであるのかを説いた例は意外にも見当たらない。本節では，この2つの「なぜ」について一つの解答を提示したい。

2.2 疑問基数詞と疑問名詞

問題の解決にあたってなにより重要であると思われるのは，"几"が本来「基数」を問う疑問詞であるという理解である。中国語の数の表現は，日本語の漢数字と同様，基数と位数の結合によって構成される。例えば「365」を表す"三百六十五"は，"三"と"六"と"五"という3つの基数と，"百"と"十"という2つの位数からなる。この基数の部分が不明である場合，その問いに用いられるのが"几"である。例えば，〈一年は何百何十何日か〉という疑問文は(4)のように表現される。

(4) 一-年　有　几百几十几-天？
　　 1-年　　ある　何百何十何-日
　　　［一年は何百何十何日ありますか？］

基数とは0から9までの自然数である。"几"が基数を問う疑問詞であるなら，それは，0から9までの自然数のうちのいずれかを答えとして求める形式にほかならず，だとすれば，"几个饺子？"が10個未満の餃子の個数を想定する疑問表現であり，"几天？"が10日未満の日数を想定する疑問表現であることは至極当然のことと言える。先の(ア)で述べられている，10未満の〈数量〉の回答を想定して用いられるという"几"の意味的特性は，この形式が本来的に基数を問う疑問詞，すなわち「疑問基数詞」であることの当然の帰結と理解される[4]。

一方，"多少"には"几"のように基数を問う用法はない。"*一年有多少百多少十多少天？"は成立しない。したがって，"多少"は疑問基数詞とはみなせない。"多少"は，文字どおり多も寡も含めて，数量一般を問う疑問数量詞であると考えられる。

"几"を基数詞とする指摘はつとに朱德熙1982：45に見られるが，朱

---

[4] 日本語の「何（なん）」も「何百人ですか？」のように基数を問う疑問詞として用いられるが，「何（なん）＋助数詞」は，「甲子園は何人収容できますか？」のように，10を上回る数量の回答が想定される場合であっても用いることができる。この点において「何」は"几"と異なる。

氏は同時に"多少"も基数詞の類に加えている。しかし，上に述べたとおり，"多少"は"几"とは異なり，位数の前に置いて基数を問う用法をもたない。その"多少"を基数詞の範列に加える朱氏の分類には同意し難い。また，(ア)で述べられている"几"と"多少"の間の数量制限に関わる相違は，"几"のみを基数詞と捉えてこそ妥当な説明が得られる。"几"と"多少"の対立は，やはり疑問基数詞と疑問数量詞の対立と見るのが妥当であると考える。

2.3　疑問基数詞から疑問序数詞への拡張

"几"が本来，疑問基数詞であるという了解は，この形式が序数を問う用法を併せもつことの理由を考える上でも有効である。

"几"は(2)で挙げた月日(がっぴ)の例のほかに，時刻，曜日，ページ番号，部屋番号など，数の大小にかかわらず序数一般の問いに用いられる。

(5) 甲："现在　几-点　几-分？"
　　　　今　　　何-時　何-分
　　　［今何時何分ですか？］

　　乙："十一-点　五十三-分。"
　　　　［11時53分です。］

(6) 甲："你　住　几-楼？"
　　　　あなた　住む　何-棟
　　　［あなたは何号棟に住んでいますか？］

　　乙："我　住　二十五-楼。"
　　　　［25号棟に住んでいます。］

基数とは，構造化された集合体のなかで等間隔に配置された10個の整数である。それぞれの基数は，閉じた集合のなかに一定の序列に従って定位された均質な成員である。疑問基数詞としての"几"は，そのような限定的かつ序列的な成員のうちから然るべき1つを答えとして選択することを求める形式であり，その意味で，"几"は本来的に〈序列選択〉的な機能をもつ疑問詞であると言える。その，もとより〈序列選択〉的

な機能を有する"几"が，基数の範囲を超えて，さまざまな事物を対象に〈序数〉一般を問う疑問形式に充てられるということは，機能拡張という観点からも十分に考え得ることである。

1号棟から30号棟まで建ち並ぶ集合住宅のなかから，然るべき号数の選択を求めるという問い掛けのスキーマは，0から9まで整然と居並ぶ10個の基数のなかから，然るべき整数の選択を求めるという問い掛けのスキーマと軌を一にし，いずれも，集合を構成する複数の個体を対象に，選択的な指定を求めるという点で一致している。この一致を契機に，"几"の疑問基数詞としての機能が，序数一般を問う疑問詞の機能に拡張する。ここに"几"の「疑問序数詞」としての機能が成立する。すなわち，(イ)で述べられている"几"の疑問序数詞の機能とは，疑問基数詞である"几"本来の〈序列選択〉的な機能が基盤となってもたらされた拡張的な機能であると考えられる。

2.4 〈数〉と〈量〉

"几天"［何日間］は日数という〈量〉を問い，"几号"［何日：何番］は〈序列〉を問う。「"几"＋量詞」という構造それ自体は，このように〈量〉の問いにも〈序列〉の問いにも用いられる。しかし，いずれの場合も，量詞を除いた"几"そのものの機能は〈量〉ではなく，〈数〉を問うものである。"几天"における"几"は基数を問い，"几号"における"几"は序数を問うている。つまるところ，"几"とは〈数〉を問う疑問詞，すなわち〈数〉という個の選択指定を求める疑問詞である。

一方，"多少"は，先に述べたように基数を問えないことに加えて，〈今何時何分か？〉を意味する文として"*現在多少点多少分？"が非文であることや，〈あなたは第何頁を読みますか？〉を意味する文として"*你看第多少頁？"が非文であることなどからも明らかなように，元来〈数〉を問う疑問詞ではない。"多少"は本来〈量〉を問う疑問詞である。

〈量〉の認定は，〈数〉の選定のように，集合を構成する個のなかから

対象を選択的に指定するという性格のものではない。〈量〉は「はかる」対象であって、「選ぶ」対象ではない。〈量〉とは事物が総体として有する質量であり、その意味で、事物の属性の一つと言える。対象となる餃子が総体として6個であるとか30個であるという認定は、餃子の重さが2kgであるとか、味が上々であるとか、具がニラ抜きであるといった類いの認定に類し、その意味において、〈量〉の認定もまた「中味」の記述であり、属性記述の一種と見ることができる。

してみると、"几"と"多少"の対立は、より一般的には、個体指定を要求する形式と属性記述を要求する形式の対立と捉え直すことも可能になる。そこで想起されるのが、"哪个饺子"［どの餃子］と"什么饺子"［なに餃子］の対立である。複数の餃子を対象に〈どの餃子？〉と問う"哪(.个)"と、問題の餃子について〈なに餃子？いかなる餃子？〉と、その種類や内容を問う"什么"の間には、"几"と"多少"の対立に平行する意味機能が見て取れそうである。そのことに留意しつつ、次節では、"什么"と"哪(.个)"および"谁"について考えてみたい。

3　"谁"と"什么"と"哪(.个)"

"谁"は〈人〉の問いに用い、"什么"は〈事物〉の問いに用いられる。この2つの疑問詞を見るかぎり、中国語の疑問詞は、〈人〉対〈事物〉という意味の対立によって語彙上整然とカテゴリ化されているように見受けられる。しかし、ここに、〈人〉と〈事物〉のいずれにも用いられる"哪(.个)"が加わると、三者の意味的対立の構図はいささか複雑になってくる。本節では、この3種類の疑問詞について、従来明確にされていない意味機能の対立の状況を明らかにしたい。

3.1　"谁"について

〈人〉を対象に用いる"谁"は、統語上は、日本語の「誰」と同様、名詞相当の機能をもつ。意味的には大きく分けて2つの機能をもち、そ

のうちの1つは，(7)のように，いかような人物であるかを問い，属性の記述を求めて対象の同定を図ろうとするものである。すなわち属性記述を要求する機能である。

(7) 甲："爸！　　袁世海　　是　　　誰？"
　　　　お父さん　袁世海　〜である　誰
　　　　［お父さん！袁世海って誰？］

　　乙："他　是　一个　很　有名　的　京剧　演员。"
　　　　彼　〜である　1-個　とても　有名な　PART[5]　京劇　俳優
　　　　［有名な京劇俳優だよ。］

いま1つは，(8)のように，特定の集合を対象に，当該の人物の選択指定を求めてその同定を図ろうとする機能，すなわち個体指定を要求する機能である。

(8) 咱们　班　同学-中，你　最　喜欢　谁？
　　　われわれ　組　学友-なか　あなた　最も　好む　誰
　　　［私たちのクラスメートのなかでは，あなたは誰が一番好き？］

(8)は多者選択の例であるが，"谁"は(9)のように二者選択の場合にも用いることができる。二者であれ多者であれ，選択肢が複数でありさえすれば，個体指定要求の用法が成立するという点が日本語の「誰」とは異なる。

(9) 小龙　和　小明，谁　个子　高？
　　　小龍　と　小明　誰　背丈　高い
　　　［小龍と小明では，どっち（/*誰）が背が高いですか？］

個体指定を要求する疑問詞の用法の一つに，発話現場において対象をdeicticに指し示すことを求める用法というものが考えられる。眼前の集合を対象に，〈この人〉あるいは〈あの人〉というdeicticな指さしを求めて対象の同定を図ろうとするものである。上の(7)(8)(9)の例がnon-deicticな個体指定要求の用法であるのに対して，こちらはdeicticな個

---

5) PARTは「助詞」(particle)を示す。

体指定要求の用法と呼ぶことができる。この deictic な指示を求める用法が"谁"には成立しにくい。例えば⑽の〈李小龍さんってどの人？〉と問う甲の発話において，インフォマントの大半は"谁"を不適切と感じ，〈どれ〉を意味する"哪个"が適切であると判断する。一部のインフォマントは，"谁"を用いた場合を非文とはしないが，やはり"哪个"のほうが自然であると反応する。

⑽（パーティー会場で）
甲："这些　人　都　你们　棒球队　的　队员？"
　　これら　人　いずれも　あなた　野球部　PART　部員
　　[この人たちは，みんな，おたくの野球部の部員？]

乙："是　啊。"
　　～である　SFP[6)]
　　[そうだよ。]

甲："哪个／*?谁　是　李小龙？"
　　どれ　誰　～である　李小龍
　　[どれ（/*誰）が，李小龍さん？：李小龍さんって，どの人（/*誰）？]

乙："那个。站-在　柜台　前边　抽烟　的
　　あれ　立つ-～に　カウンター　前　喫煙する　PART
　　那个　人　就　是。"
　　あれ　人　まさしく　～である
　　[あれ。カウンターの前に立ってたばこを吸ってるあの人。]

次の⑾では二者択一による deictic な個体指定が求められているが，ここでも"谁"の許容度は低く，"哪个"が用いられる。二者選択であれ，多者選択であれ，"谁"は deictic な個体指定の要求には適応しにくい。

⑾（写真を見ながら）
这　两-个　人-里，你　猜　哪个／*?谁　是　小龙
これ　2-個　人-なか　あなた　推測する　どれ　誰　～である　小龍
的　哥哥？
PART　兄

---

6)　SFP は「文末助詞」（sentence-final particle）を示す。

［この２人のうち，どっち（/＊誰）が小龍のお兄さんだと思う？］
　以上の観察から，"谁"の機能は，属性記述を求めるか，またはnon-deicticな個体指定を求めることによって，問題の人物の同定を図ることにあると特徴づけることができる。

3.2　"哪(．个)"について

　"哪"は"这"（これ）と"那"（あれ）の範列に並ぶ指示詞であり，先の"几"と同様，単独では文の構成要素になれず，常に"哪个"［どれ］，"哪-三瓶"［どの３本］，"哪-三瓶啤酒"［どの３本のビール］のように，「"哪"＋量詞」「"哪"＋数詞＋量詞」または「"哪"＋数詞＋量詞＋名詞」の組み合わせで用いられる。ここでは，"哪(．个)"という表記をもってこれら３つのタイプの結合形式を代表させることにする。
　"哪(．个)"は，〈事物〉の問いにも〈人〉の問いにも用いられ，統語上は名詞相当の機能をもつ。"哪(．个)"は，"谁"に対応する敬語表現の"哪一位"［どなた］が属性記述要求に用いられる以外は，専ら個体指定の問いに用いられる[7]。deicticな個体指定——言い換えれば，個体のdeicticな選択指示——を求めて用いられることについては，既に⑽と⑾の例で言及したとおりであるが，加えて，non-deicticな個体指定を要求する場合にも"哪(．个)"は用いられる。例えば先の(8)と(9)の"谁"を"哪个"に置き換えた"咱们班同学中，你最喜欢哪个？"［私たちのクラスメートのなかでは，あなたは誰（/＊どれ）が一番好き？］や"小龙和小明，哪个个子高？"［小龍と小明では，どっちが背が高いですか？］はいずれも自然な疑問文として成立する。日本語の「どれ」は敬語制約に抵触し，

---

7) "谁"に対応する敬語表現の"哪一位"については，"谁"と同様，（ⅰ）のような個体指定要求の用法のほかに，（ⅱ）のような属性記述要求の用法も成立する。
　　（ⅰ）您找哪一位？李老师，张老师还是王老师？
　　　　［どなたにご用でしょうか？李先生？張先生？それとも王先生？］
　　（ⅱ）不好意思，您是哪一位？
　　　　［失礼ですが，どなた様でしょうか？］

「*私たちのクラスメートのなかでは，あなたはどれが一番好き？」は不自然に感じられるが，"哪个"は，ここではそのような制約を受けない。

以上のことから，"哪(.个)"の機能は，属性記述要求の問いとして用いられる場合の"哪一位"を除いて，専ら，〈人〉または〈事物〉の個体指定を——non-deictic に，あるいは deictic に——求めることによって対象の同定を図ることにあると特徴づけることができる。

3.3 "什么"について

〈事物〉の問いに用いられる"什么"は，基本的には日本語の「なに」に対応し，統語上，名詞に準ずる機能をもつ。意味的には，(12)のように典型的な属性記述要求の問いに用いられるほかに，(13)のように特定の集合を対象にした選択的な問いにも用いられる。

(12) 甲："这　　　是　　　什么？"
　　　　これ　〜である　なに
　　　　［これは何ですか？］

　　乙："这　　是　　梧桐树　　的　　果实，叫　　胖大海。"
　　　　これ　〜である　アオギリ　PART　実　呼ぶ　胖大海
　　　　　　　　　　　　　　　　　　　　　　　　　　パンターハイ
　　　　［これはアオギリの実で，胖大海といいます。］

(13) 水果-中，　你　　喜欢　　什么？
　　　果物-なか　あなた　好む　　なに
　　　［果物では，なに（/どれ）が好き？］

"什么"は，"谁"と同様，二者選択の問いにも用いられる点が日本語の「なに」とは異なる。

(14) 西瓜　和　香瓜，　你　　喜欢　　什么？[8]
　　　すいか　と　メロン　あなた　好む　　なに
　　　［すいかとメロン，どっち（/*なに）が好き？］

この3例に見られる"什么"の用法は，一見，(7)-(9)の"谁"の用法

---

8) 9名のインフォマントのうち，台湾国語を母語とする1名のインフォマントから，(14)の例の"什么"はやや不自然であり，二者選択の問いには"哪(.个)"が好ましいとの回答が得られた。

と一致するかに見受けられるが，"什么"は，個体の指定を要求できないという点において"谁"とは異なる。⒀と⒁では果物の類が問われているが，具体的な個体を選択肢とする文では"什么"は不自然になる。⒂の"什么"は"哪个"に比べて明らかに許容度が落ちる。

⒂ 我　的　表　和　爸爸　的　表，你　要
　　私　PART　時計　と　お父さん　PART　時計　あなた　求める
　　哪个　/　*什么？
　　どれ　　　　なに
　　［私の時計とお父さんの時計なら，どっち（/*なに）がほしい？］

"什么"は従来，〈事物〉を問う疑問詞とされているが，"什么"がこのように具象的な個体としての〈モノ〉の指定を要求する機能に乏しいという指摘はこれまで見当たらない。このことに関連して想起されるのは，"什么"の連体機能である。"谁"が名詞を修飾する場合は一般の名詞と同様，"谁的画儿"［誰の絵］や"谁的事儿"［誰のこと］のように，助詞の"的"を必要とするが，"什么"は，「区別詞」と呼ばれる一連の属性詞（例えば"慢性病"［慢性の病気］の"慢性"，"公鸡"［雄の鶏］の"公"など）と同様，"什么画儿"［何の絵；どういう絵］，"什么事儿"［何のこと；どういうこと］のように被修飾語の名詞に直結する。そして，このように連体修飾に用いられる場合の"什么"の機能は，やはり属性詞の"慢性"［慢性］や"公"［雄］と同様，〈事物〉そのものを示すのではなく，後続の名詞が表す〈事物〉の，その〈種類〉もしくは〈内容〉を問うことにある。言い換えれば，連体修飾に用いられる"什么"の機能は，事物の属性的もしくは概念的な内実を問うことにある。

"什么"がこのように他の語と結び付き，その語が示すリファレントの〈種類〉や〈内容〉を問うという用法は，連体修飾語の場合のみに留まらない。⒃の例の"做什么"が典型的にそうであるように，目的語に用いられる"什么"もまた，直前の動詞が示す〈動作・行為〉の〈種類〉や〈内容〉を問う働きをもつ。

(16)　你　　做　　什么　　呢？
　　　あなた　する　なに　　SFP
　　　［あなたはなにをしているの？］

　多くの言語は疑問動詞なるものをもたない。例えば日本語には，事物を問う疑問名詞（「なに」）があり，事物の属性を問う疑問連体詞（「どんな」）があり，程度や方法を問う疑問副詞（「どう」）があるが，動作そのものを問う疑問動詞はない。その欠如を補って「なにをする」という動詞句を用いる。相手の動作の何たるかが不明であるとき，「なにをしているの？」と尋ねる。本来は〈事物〉を問うはずの「なに」を目的語に用い，「なにをする」という動詞句構造のかたちを借りて動作・行為そのものの内容を問う。同様の方策が中国語の"做什么"においても成立している。"唱什么"［なにを歌う］は歌唱という行為の内容を問い，(13)や(14)の"喜欢什么"［なにを好む］は好みの内容もしくは好みのタイプを問うている。

　"什么事儿"の"什么"は連体修飾語であり，"做什么"の"什么"は目的語であり，統語上のステイタスは互いに異なるものの，意味機能上はともに，共起する相手の名詞または動詞が示す〈モノ〉〈コト〉〈動作〉の内容もしくは種類を問うているという点で一致している。内容や種類とは属性であり，概念であって，実体としての事物，すなわち個体としてのモノではない[9]。従来は，単独で主語や目的語に用いる"什么"は事物を問い，連体修飾語に用いる"什么"は事物の内容や種類を問うとされてきたが（朱德熙 1982：89），先の(15)の例も考え合わせれば，単独で（すなわち連体修飾語以外で）用いる"什么"にも，実体としての事物を問う機能が乏しいことは明らかである。つまるところ，"什么"が問う内容は，統語的なステイタスの違いを問わず，おしなべて非実体的であり，

---

[9]　中国語の口語には"干吗"（あるいは"干么"）という疑問動詞が存在する。"干吗"は，"干什么"［なにをする］という「動詞＋目的語」フレーズが縮約し，語彙化したものと考えられる。このように疑問動詞の成立に"什么"が関与しているという事実は，"什么"の非実体性（＝非モノ性）を考える上で極めて示唆的である。

モノそのものであるよりは属性であり，あるいは概念であると理解するほうが，この疑問詞の本質を捉えるには，より妥当であると考えられる。

これに関連してさらに興味深いのは，"什么"の主語適性に関わる問題である。これも従来指摘を見ないが，"什么"は，概念規定文を除いて，そもそも単独では主語になりにくい。ここで言う概念規定文とは，(17)や(18)のような，"是"または"叫"を述語動詞とする「○○とは何ぞや？」といった類のメタ言語的な文表現を指す。

(17) 什么　　是　　美？　　　　　　　　　　　　　（老舎《四世同堂》）
　　 なに　 〜である　美
　　 [（なにが美であるか→）美とはなにか？]

(18) 什么　　叫　　兴奋？　　　　　　　　　　　　（王朔《给我顶住》）
　　 なに　 称する　興奮
　　 [（なにが興奮と称されるか→）興奮とはなにか？]

ここでの"什么"も，"美"や"兴奋"という言葉の意味，すなわち概念を問うており，個体としての事物を問う疑問詞として用いられてはいない。そして，なにより注目すべきは，この種の概念規定文を別にして，"什么"は単独では一般の動詞述語文や形容詞述語文の主語になりにくいという事実である。日本語では，「なにが彼をあんなに悲しませるのだろうか？」も「このレストランは，なにが一番おいしいの？」も問題なく成立するが，それぞれの意味に対応する(19a)と(20a)はどちらも文として座りが悪く，それよりは，"什么事儿"[何事]や"什么菜"[何の料理]のように，"什么"を連体修飾に用いる「"什么"＋名詞」のかたちを主語に据えた(19b)や(20b)のほうがより自然な表現として選ばれる。

(19) a. ??什么　　叫　　　　他　　那么　　难过？
　　　　 なに　 〜を（させる）　彼　 あんなに　つらい
　　　　 [なにが彼をあんなに悲しませるのだろう？]

　　 b. 什么　事儿　　叫　　　　他　　那么　　难过？
　　　　 なに　こと　 〜を（させる）　彼　 あんなに　つらい

　　　　［なに（ごと）が彼をあんなに悲しませるのだろうか？］
(20) a. ??这个　　餐厅，　什么　　最　　好吃？
　　　 これ　　レストラン　なに　　最も　おいしい
　　　　［このレストランは，なにが一番おいしいの？］

　　b.　这个　　餐厅，　什么　菜　　最　　好吃？
　　　 これ　　レストラン　なに　料理　最も　おいしい
　　　　［この食堂は，何の料理が一番おいしいの？］

　日本語の「なに」や英語の *what* は，それだけを動詞文や形容詞文の主語に用いて，作用・変化または状態の主体である個体としての事物や，属性のもち主である個体としての事物を問うことができるが，"什么"にはそのような主語用法は成立しにくい。

　主語に対する"什么"の適応力の低さは文学作品のコーパスからも検証が可能である。【表Ⅱ】は，老舎と王朔の小説――それぞれ約35万字と約45万字――を対象に[10]，疑問詞としての"什么"の統語分布を観察した結果であるが，索出された"什么"の大半は，動詞の目的語（"做什么"の類）か連体修飾語（"什么事儿"の類）のいずれかであり，主語に用いた例は著しく少ない[11]。紙幅の制限により挙例は割愛するが，"什么"が単独で主語に立つ例は，老舎作品では"什么"の総用例数259例のうちの22例（8.5％），王朔作品では総用例数632例のうちの16例（2.5％）にすぎない。しかも，その計38例はすべて(17)と(18)に例示した概念規定文の例であって，一般の動詞述語文や形容詞述語文の主語

---

10) テクストには，老舎『四世同堂』（天津：百花文芸出版社，1979年）の一部（1章から43章まで）と，『王朔文集(13)』（北京：华艺出版社，1992年）に収録される『给我顶住』など短編小説9編を用いた。

11) 検索の対象は，文字どおり疑問を表す形式として用いられている"什么"のみに限っている。平叙文に用いられている不定語としての"什么"（例えば"什么都…"［何でも…］）や，他者の発言に対して非難の意を込めて発する慣用表現の"什么"（例えば"什么'知道了'！"［なにが「了解です」だ！］），さらには「え？なに？」と問い返すときに一語文のかたちで発する"什么？"などはすべて検索対象から除外している。

に"什么"を用いた例は1例もない。つまり，個体としての事物の作用・変化・状態を述べる動詞文や，個体としての事物の属性を述べる形容詞文において"什么"を主語に用い，その個体を問うというかたちの疑問文は，80万字を超えるテクストのなかに1例も見いだせないということである[12]。

【表Ⅱ　コーパスにみる"什么"の統語分布】

	老舎作品（35万字）	王朔作品（48万字）
主語（＿V）	22（8.5％）	16（2.5％）
前置詞の目的語（prep.＿）	3（1％）	16（2.5％）
動詞の目的語（V＿）	102（39.4％）	311（49.2％）
連体修飾語（＿N）	132（51％）	289（45.7％）
計	259例	632例

　先の(19b)や(20b)の許容度が低いという事実に加えて，コーパスから得られるこれらの結果も，"什么"の非実体性，非個体性を十分に物語っている。

　以上の議論から，"什么"の本来的な意味機能は，その統語上の位置のいずれを問わず——目的語であれ，連体修飾語であれ，概念規定文の主語であれ——，また，(13)や(14)のような選択的文脈においてであれ，(12)や(16)のような非選択的文脈においてであれ，典型的には，個体指定を求めるものではなく，対象の属性的もしくは概念的な内実の記述を求めるものであり，それによって対象の同定を図ろうとするものであると考えられる。その意味において，加えて，主語適性に劣るという統語特性にも鑑みて，"什么"は，「疑問代名詞」と呼ぶよりも，「疑問属性詞」と呼ぶにふさわしい性格の疑問詞であると言える。

---

[12] "什么"が前置詞の目的語に単独で用いられている例が，老舎，王朔併せて19例数えられるが，うち18例はすべて〈依拠〉や〈憑依〉を問う"凭什么"［なにを根拠に；なにに忖んで］である。"凭什么"は"为什么"［なぜ］と類義の慣用句的な疑問表現であり，ここでの"什么"が問う対象も個体としての事物にはほど遠い。なお，19例中，個体らしきものを問っていると解釈し得る可能性のある例は，唯一，王朔の『过把瘾就死』から拾った"对什么留恋？"［なにに未練があるの？］の一例のみである。

なお，当然のことながら，個体指定を求める機能をもたない非実体的な"什么"には，(10)や(11)の"哪(.个)"に相当するdeicticな用法は成立しない。眼前の2つの時計を指さしながらの発話として，(21)の"什么"は明らかに不自然である。

(21) 这　　两-块　　表-里，　你　　要　　哪个　／　*什么？
　　　これ　2-個　　時計-なか　あなた　求める　どれ　　　なに
　　　［この2つの時計のうち，どっち（/*なに）がほしい？］

以上，本節で明らかになった"谁"と"什么"と"哪(.个)"の意味機能を要約すると，【表Ⅲ】のようになる。"什么"は専ら〈事物〉について属性記述を求め，対象の同定を図る。"谁"は〈人〉について属性記述を求める機能のほかに，non-deicticな個体指定を求める機能も具える。"哪(.个)"は，〈事物〉と〈人〉の相違を問わず，専ら個体指定を求める。結果として，〈人〉を対象にnon-deicticな個体指定を求める用法は，"谁"と"哪(.个)"の相互乗り入れとなっている。一方，deicticな個体指定を求める機能は，"哪(.个)"の一手独占である。このような意味機能の分担と重なりの状況をどう読み解くかは，共時論のみならず，歴史文法の観点からも興味深い問題であるが，今は立ち入らないでおく。

【表Ⅲ　"谁""什么""哪（.个）"の意味機能】

	属性記述要求	個体指定要求	
		non-deictic	deictic
事物	什么	哪(.个)	哪(.个)
人	谁	谁／哪(.个)	哪(.个)

4　むすび

本論は，まず，〈数〉を問う疑問詞"几"と〈量〉を問う疑問詞"多少"を取り上げ，両者の意味および用法上の差異は，個体指定を要求する意

味機能と属性記述を要求する意味機能の対立として捉え得るものであることを論証した。次に，この2種類の意味機能は，〈人〉や〈事物〉の問いに用いる"谁"と"什么"と"哪(.个)"の意味特性を特徴づける上でも重要な関与要素であり，この3種類の疑問詞の意味機能上の対立には，〈人〉と〈事物〉に加えて，〈個体指定〉〈属性記述〉〈deictic〉〈non-deictic〉という，少なくとも6つの意味的要因が決定的な指標として機能しているという事実を，複数の統語的および意味的事象に基づいて明らかにした。

　従来の記述の枠組みでは，"什么"と"谁"はともに「疑問代（名）詞」という一類に括られ，その差は，片や〈事物〉，片や〈人〉という一点で片づけられてきた。しかし，本論での議論が示すように，両者の対立は，意味の面でも，またそれを反映する統語面でも，それほど単純ではない。一口に〈事物〉と言うが，「人間」を除けば，われわれを取り巻く世界のありとあらゆる存在が——すなわち，具象的実体としてのモノやコトから，それらの内実，さらには抽象的な概念までも含めて，すべての存在が——〈事物〉なのであって，その意味において〈事物〉とは誠に漠たる存在であると言える。してみれば，その，もとより漠とした存在を問うためにある疑問形式と，それとは対照的に，〈人〉という，特化し，個別化し，特定化した具象の存在を問うためにある疑問形式とが，意味上あるいは文法上，それ相応に性格の異なる振る舞いをする言語があったとしても，別段不思議なことではない。少なくとも中国語はそのような言語であると捉えることができる。他の言語において，〈人〉と〈事物〉に用いる疑問形式がどのようなかたちで対立しているかは，対照研究や類型論の観点からも興味深い問題であり，今後の考察が俟たれる。

第Ⅱ部
アスペクトをめぐって

第6章

北京官話における「実存相」の意味と形式
――モノ・コトの「時空間的定位」という観点から――

1 はじめに

　中国語がテンスをもたない言語であることは周知のとおりである。「父は今，北京で働いている」「父は昔，北京で働（いて）いた」「父は来年，北京で働く」をそれぞれ中国語で言い表すと，(1)のように，語彙形式である時間詞（下線部）の部分を除いて，述語のかたちはすべて"在北京工作"［北京で働く］となる。

(1) 爸爸　<u>現在／以前／明年</u>　在　北京　工作。
　　 父　　今／以前／来年　　〜で　北京　働く

「働いている」「働（いて）いた」「働く」，いずれの場合も動詞は"工作"であり，現在・過去・未来の区別を言い分ける文法的な手段というものが何ら存在しない。中国語は紛れもなく無テンス言語である。
　一方，アスペクトについては，いくつかの文法形式の用法を根拠に，中国語は文法範疇としてのアスペクトを有する言語であると，これまた広く認められている。なかでも，〈完了〉を表す"了"と，〈持続〉を表すとされる"着"は，ともにアスペクトを担う中核的な要素として，これまでに多くの研究者の関心を集めてきた。中国語のアスペクトは，この2つの動詞接辞を典型的な成員とし，この2本柱に若干数の文末形式や動詞接辞的な形式が加わって一つの体系的な文法カテゴリを構成しているという認識が，明に暗に現代中国語の数十年にわたる文法研究の歴史のなかで広く共有されている。

本章では，北方方言に属する北京官話[1]の事例を取り上げ，この，もはや暗黙の了解とも言える伝統的な中国語のアスペクト観に対して問い直しを試み，今後の中国語アスペクト研究に向けての新たな視点を提示してみたい。従来の中国語のアスペクト研究は，主として，共通語である「普通話」を対象に行われてきたが，その多くは書面語と口語を一律に扱い，ともすれば共通語（＝普通話）とその基礎方言である北京官話の区別をもなおざりにしがちであった。本章では考察の範囲を北方方言に属する口語としての北京官話に絞り，従来アスペクトという時間的なパラダイムで捉えられてきた事象について新たな把握を試みたい。

2　考察の対象

従来の中国語文法の枠組のなかでいわゆるアスペクトを担う主要な形式と目されてきたものに相当する形式を北京官話に求めるならば，さしあたり"了 [lə]，着 [tʂə]，过 [kuo]，了 [lə]，呢 [nə]"[2]の5形式が挙げられる。このうち，"他来过日本。"［彼は日本に来たことがある。］のように，動詞に後接して動作主体の〈経験〉を表す"过"は，特定の時空間に現出する個別の事態の時間的局面を特徴づけるというアスペクト本来の機能からはやや逸脱し，むしろ動作主体のある種の属性を語る形式に近いものと言える。それに対して，他の4つの形式は，いずれも特定の時空間に現出する個別の具体的な事態もしくは一回的な事態を述べるための形式であるという点で共通しており（後述），また音韻面でも近似的な特徴をもつ。本章では，意味と形態の両面においていくぶん異質な"过"を除き，"了，着，了，呢"の4形式のみを取り上げ，そ

---

1) 『中国語言地図集』（中国社会科学院和奥大利亜人文科学院合編，1987，香港：Longman）参照。
2) さらに文末形式の"来着"をアスペクトに数える立場もあるが（朱徳熙 1982 など），"来着"は〈回想〉というモダリティを担う側面が強く，本章ではひとまず考察のそとに措く。

れらが主節の述語（主要述語）に用いられる際の用法を対象に考察を行う。

"了，着，了，呢"は品詞論的には2つの類に分かれる。動詞接辞（verbal suffix）の"了，着"と文末助詞（sentence-final particle）の"了，呢"である。以下，中国語のローマ字表記（通称「ピンイン」）にならい，"了，着，了，呢"を適宜 LE, ZHE, LE, NE と記し，同音異形態である"了"については，動詞接辞のそれを LEvs，文末助詞のそれを LEsfp と記して区別することとする。

3　北京官話の「アスペクト」的状況

　北京官話では，共通語の普通話と同様，特定の時空間に密着した具体的な事態を表す述語は通常何らかのかたちで有標化される。冒頭に挙げた「働く」をはじめ「生活する」「大学に通う」「毎朝豆乳を飲む」の類いの永続的，長期的もしくは習慣的な事態は別として，話し手にとってリアルな時空間に立ち現れる個別の具体的な事態に言及する場合は，通常，述語が，助動詞に代表されるモーダルな要素や若干の動詞接辞または文末助詞のいずれかにマークされる。問題の4形式もこの種のマーキングに働く。具体例としては次のようなものである。

(2) 小李　　回　　北京　　了。
　　李さん　戻る　北京　　LEsfp
　　［李さんは北京に戻った。］

(3) 小李　　在　　厨房　　包　　饺子　　呢。
　　李さん　～で　台所　　包む　餃子　　NE
　　［李さんは台所で餃子を作っている。］

(4) 地図　　都　　　在　　桌子上　　　　　搁着。
　　地図　　すべて　～に　テーブル-うえ　置く-ZHE
　　［地図はすべて机のうえに置いてある。］

(5) 小李　　包了　　一百个　　饺子。
　　 李さん　包む-LEvs　100個　　餃子
　　［李さんは餃子を100個作った。］

　(2)は問題の時点において既に実現済みである移動行為に，(3)は問題の時点においてまさに実現中である動作に，(4)は問題の時点における事物の存在に，(5)は問題の時点において既に実現済みである動作にそれぞれ言及している。これらの文から下線部の形式を落とすと，いずれも非文となるか，もしくは独立文としては（モーダルの要素の助けを借りるか，焦点化構文として用いられるかのいずれかでない限り）極めて座りの悪い文になる。

　かつて大河内1967，同1970は，「個別的具体的表現」になり得ない無標の表現素材を「素表現」と名付け，動詞に定・不定の形態論的な対立が存在しない中国語においても，「個別的具体的表現」の成否に関わって，述語に有標・無標の対立が存在するという事実を指摘した。上の例でLEやNEやZHEにマークされる以前の動詞（または動詞句）のみの"搁"［置く］や"回北京"［北京に戻る］はまさに素表現であり，そのままではリアルな時空間に現出する「個別的具体的」な事態の表現に適応しない。裏返せば，これら4形式は何らかの文法的意味をもって述語に具体性，個別性を与えているということである。その意味とはいかなるものかを以下順を追って見てゆく。

3.1　文末助詞の"了"

　まず文末の"了"，すなわちLEsfpについて考える。LEsfpは，動詞，形容詞および一部の名詞のいずれかからなる述語の末尾に用いられ，何らかの〈変化〉が参照時において〈既に実現済み〉であることを表す。

(6) 小李　　去　　厨房　　包　　饺子　　了。
　　 李さん　行く　台所　　包む　餃子　　LEsfp
　　［李さんは台所へ餃子を作りにいった］

(7) 小李　　結婚　　了。
　　李さん　結婚する　LEsfp
　　［李さんが結婚した］

(8) 头发　　白　　了。
　　髪　　白い　LEsfp
　　［髪が白くなった］

(9) 春天　了。
　　春　LEsfp
　　［春になった］

　LEsfp については，疑問や推量を表す他の文末助詞と同様にモダリティの側面から意味的特徴を捉えようとする立場もあるが，なにより，「李さんが北京に戻る」という事柄を（未然ではなく）既然の事態として述べるには兎にも角にも LEsfp が必要であるという事実が厳然と存在する以上，この形式が基本的にはアスペクトの機能を担う形式であるという認識は否定し難い。

　また，LEsfp については，〈新しい状況の出現〉を表すとする記述もしばしば見られるが，本論は，〈新しい状況の出現〉よりも〈変化〉という記述を選択する。その主たる根拠の一つは，〈新しい状況の出現〉という説明が多分に曖昧であり，一般性に欠けるという点にある。言うまでもなく，われわれは日常常に新しい状況の出現に遭遇している。それらの状況を述べる文のすべてに LEsfp が対応しているわけでは決してない。例えば，電車に乗り合わせた向かいの座席の女性が今，私に一瞥をくれたという状況は間違いなく私にとって〈新しい状況の出現〉であるはずだが，これを LEsfp を用いて(10)のように表現するのは不自然である（正しくは，LEvs を用いて"她看了我一眼。"［彼女は私をちらっと見た］と言う）。

(10) *她　　看　　我　　一眼　　了。
　　　彼女　見る　私　　一目　　LEsfp

　仮に「新しい」という限定がそれ以前の「古い」状況との対比を含意するものだとしても，例えば，日頃は毎朝1杯の豆乳を飲む私が，今朝

は珍しく2杯飲んだからといって,これを〈新しい状況の出現〉と捉え,LEsfp を用いて(11)のように表現するのもやはり不自然である(正しくは,LEvs を用いて "我今天早上喝了两杯豆浆。"［私は今朝豆乳を2杯飲んだ］と言う)。LEsfp が〈新しい状況の出現〉を表すとする記述は,(10)や(11)の不成立を説明できない。

(11) *我　　今天　　早上　　喝　　两杯　　豆浆　　了。
　　　 私　　今日　　朝　　 飲む　 2杯　　 豆乳　　LEsfp

　なお,曖昧という点では,Li & Thompson 1981 の「現時関連状況」(Currently Relevant State)という記述も同様である。Li & Thompson によれば,LEsfp はパーフェクト形式であり,ある状況が話し手にとっての「今」ないしは「その時現在」に密接に関連するものであることを示す標識であるとされる。しかし,それだけでは,やはり先の(10)や(11)における LEsfp の不適切さに有効な説明を与えることができない。また,LEsfp と,後に述べる NE の相違点を明確に特徴づけることもできない。

　本論が〈変化〉という記述を選ぶ主たる根拠のもう一つは,LEsfp が,特定の空間への移動を述べる(6)には適応するのに対して,「李さんは台所で餃子を作った」のような特定の空間に定着した動作行為の遂行を述べる文には適応しないという事実に基づく。(12)は明らかに不自然である。

(12) ??小李　　在　　厨房　　包　　饺子　　了。
　　　 李さん　～で　台所　　包む　餃子　　LEsfp

　移動行為の遂行は,地点¬X から地点X へという位置の変化を必然的に伴うものであり,その意味で移動の表現もまた〈変化〉の表現の一種と考えられるが,「台所で餃子を包む」という定位置での atelic な動作行為の表現は,状況の〈変化〉を語るものではない。LEsfp は,このように,〈変化〉の意味を読み取れない表現,あるいは読み取りにくい表現にはなじまない。(6)と(12)に見る LEsfp の適否の差は,LEsfp が基本的には〈変化〉を述べるために用いる形式であると捉えることの妥当性を裏付けるものと考えられる。

以上のことから，LEsfp は，(6)-(9)の例に代表されるように，位置の変化も含めて，¬XからXへという状況の〈変化〉が参照時において〈既に実現済み〉であることを表す，すなわち〈変化の既実現〉を表す形式であると考えられる。

3.2 文末助詞の"呢"

次に，文末の NE は，まれに"时局不大好呢。"［時局はあまりよろしくない。］のように形容詞述語の末尾に用いられることもあるが，典型的には，先の(3)や次の(13)のように動詞述語の末尾に用いられる。

(13) 我　　一直　　在　　这儿　　呢。
　　　私　　ずっと　いる　ここ　　NE
　　　［私は（さっきから）ずっとここにいるよ。］

変化を述べる LEsfp とは対照的に，NE はその場においてまさに実現中の持続的もしくは継続的な事態に対応する。LEsfp が「点」としての事態に対応するのに対して，NE は「線」としての事態に対応すると言える。そのことから，従来多くの論考が，NE は〈持続〉を表すと記してきた（例えば朱德熙 1982）。しかし，NE がしばしば(13)の"一直在这儿"［ずっとここにいる］のような状態述語の末尾に用いられるという事実を考えれば，NE が〈持続〉を表すという説明はにわかには受け入れ難い。述語動詞それ自体が既に持続的な状況を表しているその上に，NE が〈持続〉を表す，という説明は明らかに説得力を欠く。加えて，NE が命令文に使えないという事実なども〈持続〉説では説明がつかない。「あなたは餃子を作っていなさい！」という命令表現の意味で"*你包饺子呢吧！"は成立しない。

本論は，NE は，ある状況が問題の場に〈現然と存在する〉という意味を表す形式であると考える。喩えて言えば，先の LEsfp が，X でない状況と X という状況を各々描いた 2 枚の絵をもち出し，前者から後者へと場面が転換したということを伝える形式だとするなら，NE は，目の前の一枚のボードに，X という状況を描いた一枚の絵をベタリと貼り

付けて提示する，という，そのようなイメージの役割を担う形式だと言える。話し手の発話領域あるいは参照領域，すなわち，「ここ」あるいは「そこ」という話し手にとっての問題の場に，斯くなる状況が現然と存在しているのだ，ということを提示する働き，それこそがNEの意味機能であると考えられる。(3)を例に採って言えば，この文は，「李さんが台所で餃子を作る」という事柄が，話し手の立脚する空間的な発話領域あるいは話し手が視点を置く空間的な参照領域に，リアルな状況として現然と存在するのだ，ということを主張しているということである。

話し手が立脚し，あるいは視点を置く「ここ：そこ」という空間領域に当該の事柄を位置づけ，状況の〈現存〉を主張するNEの機能は，広義に捉えれば存在詞の一種と見なし得るものであり，その意味で，NEを伴う文も広義には存在表現の一種であると言える[3]。存在という現象はそもそも持続的であり，状態的である。NEを伴う文が持続的な「線」的事態に対応するのは，NEが存在詞的な意味をもつことの結果であって，NEが〈持続〉のアスペクトを担う形式であるからではない，と本論は考える。

「君の財布はここにあるよ」という，特定の事物がその場に紛れもなく現にあるということを主張するいわゆる所在文は，事物そのもの（ここでは「君の財布」）の実在を前提として成り立っている。同様に，NEを伴って，特定の状況が問題の場に既に現然と存在しているということを主張する当該文においても，状況の成立そのものは話し手にとっては既に前提となっている。その証拠に，NEはいわゆる正反疑問文には用いられない。正反疑問文とは，"来了-没有？"［来た-(来)なかった(どっち)？］のように，肯定形の動詞と否定詞（または否定形の動詞）を併置して，状況の成否を予見なく選択的に問うタイプの選択疑問文であるが，NEはこれに用いることができない。日本語の「〜テイル」につい

---

[3] "呢"の機能をこのように捉えることは，この形式が近世中国語の場所詞"裏"に由来するという事実とも密接に関わっているが，歴史的な文法化の議論はここでは割愛する。

ては「眠ってる眠ってない？」のような選択疑問の表現が問題なく成立するが，同様の意図で NE を用いた(14)は成立しない。

(14) *小李　睡覚　呢　没有？
　　　李さん　眠る　NE　〜しない

ちなみに，先の LEsfp は同種の制約を受けない。"小李睡覚了－没有？"は「李さんは眠った－（眠って）ない（どっち）？」の意味の正反疑問文として成立する。

　NE が状況の成立を前提とすることは，NE の語用論的な用法からも見て取ることができる。NE は，話し手自身が初めてその状況の成立を認識するといういわゆる「発見」の場面には適応しない。例えば，ふと窓のそとを見て雨が「降っている」ことに気付いた瞬間の発話としては(15)は明らかに不自然である。

(15) #哟，　下　雨　呢！
　　　ありゃ　降る　雨　NE
　　　［あっ，雨が降ってる！］

"下雨呢"という表現そのものが文法上不適格なのではない。降雨の状況をあらかじめ認識している話し手の発話として，"外边下雨呢。你帯雨傘去吧！"［そとは雨が降っているよ。傘をもっていきなさい！］は何ら問題がない。しかし，発見の場面での"下雨呢"は明らかに不適切である。日本語の「〜テイル」は，「あっ，雨が降っている！」のように発見の場面にも問題なく用いられるが，NE はそれにはなじまない。発見の場面では，未降雨から降雨への〈変化〉の局面に立ち返って，(16)のように LEsfp を用いなければならない[4]。

(16) 哟，　下　雨　了！
　　　ありゃ　降る　雨　LEsfp
　　　［あっ，雨になった！］

---

4) "下雨"という動詞表現は，(14)に挙げた"睡覚"と同様に，「雨が降っている」という継続の局面を表すことも，また，「雨になる」という変化の局面を表すこともできる。

認識された事態が，客観的に〈降ッテイル〉という〈持続〉的な事態であるからといって，常にNEが用いられるわけではないということである。こうした事実に対しても，NEは〈持続〉を表すとする従来の説は立ち行かない。

上に述べた複数の事実が示すとおり，NEは少なくとも，事態の客観的な時間的局面としての〈持続〉を意味する形式であるとは考えにくい。言い換えれば，NEが担う意味は，命題内部，すなわちコトの内側に属する典型的な意味でのアスペクトという時間的範疇に属するものであるとは認め難い。NEは，むしろコトの外側にあって，コトを話し手にとっての「ここ」あるいは「そこ」というリアルな空間領域に定位する形式であると考えられる。指示詞が所与の事物（モノ）をdeicticな空間に位置づけるように，NEは所与の事柄（コト）を話し手の発話領域や参照領域に位置づける働きを担う。その意味で，NEの機能は広義にdeicticであり，主観的であると言える。NEの主観性は，NEが連体修飾節や仮定節などの従属節のなかに生起し得ないといった事実からもうかがえる。日本語の「〜テイル」が連体修飾節のなかに用いられた「眠っている人」や，仮定節のなかに用いられた「もしも李さんが眠っているなら，声を掛けなくてもよろしい。」は問題なく成立するのに対して，NEが用いられた(17)の連体修飾構造や(18)の仮定節は明らかに不自然である。

(17) *睡觉　　呢　　　的　　　人
　　　眠る　　NE　　PART　　人

(18) *如果　小李　睡觉　呢　　的　　话，　你　　　可以　　不
　　　もし　李さん　眠る　NE　PART　〜なら　あなた　〜してよい　NEG
　　　喊　　他。
　　　呼ぶ　彼

3.3　動詞接辞の"着"

動詞接辞のZHEは，人や物を特定の場所に位置させる動作を意味す

る動詞（仮称「定位動詞」）に後接して，動作の実現の結果として人や物が特定の空間に〈存在〉する状況を表す。定位動詞の典型的なものとしては，(4)の"搁"［置く］や(19)の"贴"［貼る］に代表される設置動詞や，"坐"［座る］や"躺"［横たわる］に代表される姿勢動詞などが該当する。

(19)　墙上　　　　贴着　　一张　　地图。
　　　壁-表面　　貼る- ZHE　1枚　　地図
　　　［壁に地図が1枚貼ってある］

　普通話では，書面語に限って，"他狼吞虎咽地吃着。"［彼はがつがつと食べている］のように，"着"が動作そのものの動的な〈持続〉（もしくは〈進行〉）を表す用法も成立するが，北京官話の ZHE にはそうした用法は一般に成立しない（马希文 1987，刘一之 2001）。三宅 2005 では「当代北京口語語料」（188 万字）を対象に ZHE の用法が詳細に観察されているが，そこでも，北京官話では動的な持続・進行を表す ZHE の使用が生産性に乏しく，極めて限定的な範囲でしか観察されないという事実が実証的に示されている。普通話とは異なり，北京官話の ZHE は基本的に，動作そのものの動的な持続・進行を表す用法をもたないと見てよい。

　ZHE が動作の結果としての人や物の存在を表す用法は，従来は，ZHE が「動作の結果状態の〈持続〉を表す用法」と見なされ，〈持続〉アスペクトを担う形式として位置づけられてきた。しかし，実際には，ZHE はさまざまな意味の動詞に接して幅広く動作の結果状態を表せるものではない。先に述べたとおり，ZHE が接する動詞は定位動詞の類に限られている。(19)のように「(地図が)貼ってある」とは言えても，「(地図が)はがしてある」は ZHE を用いては言えない。定位動詞ではない動詞"揭"［はがす］に ZHE が後接する "*墙上揭着地图。"や"*地图揭着。"はいずれも非文である。

　日本語の「〜テアル」や「〜テイル」は，「壊してある」や「死んでいる」のように，定位動詞以外の動詞とも多様に結び付いて動作・変化の結果状態を広く表すことができるが，ZHE はそのようには用いられ

ない。「動詞-ZHE」が意味する動作の結果状態とは、ほかでもなく具体物が特定の空間に〈存在〉する状況であり、定位的動作が必然的に伴う結果に限られている。

　従来見過ごされがちではあるが、ZHE を伴った動詞は、他動詞であっても他動詞構文に用いることができない。動作表現としてではなく、状態表現としての「（日頃から）李さんは自分の部屋の壁に地図をたくさん貼っている」の意味で⒇は成立しない。

⒇　＊小李　　在　　他　屋里　的　墙上　　貼着　　很多　　　地図。
　　　李さん　〜に　彼　部屋　の　壁　　貼る-ZHE　たくさん　地図

「動詞-ZHE」は、動詞がたとえ他動詞であっても、⑷のような非対格構文か、⒆のような「存在文」のいずれかにしか用いられない。非対格構文とは動作対象が主語に立ち、動作者が文に現れないかたちの構文であり、存在文とは場所表現が主語に立ち、動作者が文に現れないかたちの構文である。このように、動詞が他動詞でありながら動作者の存在しない構文にしか用いられないという現象は、ZHE を伴う動詞表現が、動作そのものに焦点を置く表現ではなく、動作が対象にもたらす結果の状況のほうに焦点を置く表現であることを物語っている。

　ZHE が接する動詞は、動作の対象となる具体物が動作遂行の結果として特定の空間に存在する状況を含意する動詞、すなわち定位動詞に限られる。また、ZHE は、動作の結果的状況を焦点化する。この２つの事実を考え合わせれば、ZHE が、「動作の結果として具体物が特定の空間に存在する状況を述べる」ための形式であることはもはや疑うべくもない。従来記されてきた ZHE の〈持続〉の意味とは、まさしく ZHE が〈存在〉を表すことの結果にほかならない。

　普通話同様、北京官話には、"染红"［赤く染める］の"红"［赤い］や"踢倒"［蹴り倒す］の"倒"［倒れる］のように、形容詞や非対格動詞が動詞に接して、動作の結果的な状況を述べる、「結果補語」と呼ばれる文法カテゴリが存在する。結果としての〈存在〉状況を述べる ZHE も、一

定の文法化を果たしてはいるものの，機能的にはなお結果補語の延長上に位置するものと見てよい（木村 1981a）。ZHE は，場所への「付着」を意味する動詞"着（zhuó）"の語彙的意味を若干留めつつ，なお空間表現の域に留まる文法形式であり，動作や事態の時間的局面を捉えるアスペクト形式とは認めがたい。

3.4　動詞接辞の"了"

　一般に〈完了〉を表すアスペクト形式とされる動詞接辞の"了"，すなわち LEvs は，(5)や(21)のように，動詞に後接して，〈限界性（bounded）のある動作〉が参照時において〈既に実現済み〉であることを表す。言い換えれば，LEvs は，動作が一定の具体的な限界点に既に到達済みであることを示す。

(21)　小李　　　包完了　　　饺子。[5]
　　　李さん　　包む-尽きる-LEvs　餃子
　　　［李さんは餃子を作り終えた。］

　英語の完了形などとは異なり，LEvs は，一般に，共起する動詞または動詞句が語彙的もしくは統語的に何らかの限界性を示す要素を具えていることを要求する。(5)と(21)では数量表現の"一百个"と結果補語の"完"［尽きる］がそれぞれ明確な限界性を示しているが，これらの表現を伴わない"??小李包了饺子。"だけでは〈完了〉表現としての座りが極めて悪い。翻って，明確な限界性を具えた動詞や動詞句を用いて既に実現済みである動作を表す場合は，LEvs を落とせない。"小李包一百个饺子。"［李さんは餃子を百個作る］や"小李包完饺子。"［李さんは餃子を作り終える］だけでは，既然の動作，すなわち〈完了〉を表す独立文としては著しく安定を欠く。つまり，北京官話における〈完了〉表現とは，限界性の動詞（句）と LEvs の協働（collaboration）によって成り立っている。限

---

5) この種の表現の独立文としての成否に関する議論は第7章を参照されたい。

界点があってこその〈完了〉であり，〈完了〉である以上は限界的でなければならない；限界点なしに〈完了〉はあり得ない。普通話同様，北京官話における〈完了〉の認識とはそうしたものである（木村1982a)[6]。

　上述のLEvsと動詞（句）の意味的な協働現象は，言い換えれば，LEvsが動詞（句）に対して働きかける文法形式としての強制力の弱さの表れでもあると言える。文法形式が，自らが構成素となる句構造の全体に及んで発動する文法的作用を仮に「文法力」と名付けるなら，perfectivityを保証する限界性の具備を共起対象の動詞（句）の側にも求めるLEvsは――言い換えれば，動詞（句）の限界性の有無にかかわらず，どのようなアスペクト特性の動詞（句）であっても，自らの強制力をもって完了表現を構成するという能力をもち合わせないLEvsは――，文法力が相対的に弱い文法形式であると言える。英語の完了形や日本語の「タ」は，watchや「見る」のような限界性をもたない動作動詞であってもHe has watched the movie.や「（もう）映画を見た」のように完了表現を構成することが可能であるが，LEvsにはそのような文法（的強制）力はない。"??小李看了电影。"［李さんは映画を見た］は独立文としては明らかに不自然である。一般に，中国語の機能語の多くは，共起対象との意味的協働に依存しつつ自らの文法的作用の実現を果たす傾向が強いと言える[7]。つまり中国語の機能語は概して文法力に乏しい。北京官話の機能語も例外ではない。先に見たZHEも，もとより〈存在〉の意味を含意する定位動詞との意味的協働に支えられて結果的状況としての事物の〈存在〉を表す形式であった。ZHE，LEvs，いずれも北京官話の動詞接辞は相対的に文法力が乏しい。

---

6)　普通話の"了"の意味については第7章で詳しく論じる。
7)　空間を示す前置詞の"在"［〜に］や"从"［〜から］が，モノ表現ではなく，［トコロ性］を有する場所表現を共起対象に選ぶという（例えば「椅子に腰掛ける」の意味で"*坐在椅子"は不自然であり，"坐在椅子上"でなければならないという）現象なども協働現象の一例と考えられる。本書第2章の3.1.2を参照。

3.5 動作動詞のアスペクト特性と有標化

　以上，北京官話において従来アスペクトを表す形式と見なされてきたものについて，新たな観点からそれらの意味と機能の特徴を考察した。注目すべきは，北京官話には，動作そのものの持続・進行を表すアスペクト形式が存在しないという事実である。北京官話は，日本語の「～テイル」のように動作を継続化する——言い換えれば，非限界化する——形式をもたない。それは，北京官話の動作動詞がそれ自身既に［＋継続相］というアスペクト特性を具えているためだと考えられる。つまり，動詞が語彙的に意味する動作そのものが継続的であり，非限界的であるため，ことさらそれを非限界化するための形式を必要としないということである。動作動詞はもとより非限界的であるがゆえに，そのままでは限界的な動作や事態を表すための形式とはなじまない。動作動詞は，⑸や㉑のように統語上何らかの限界性を帯びることによって，〈完了〉を表す LEvs との共起が可能になり，あるいは，⑹のように〈変化〉を表す述語表現のなかに取り込まれることによって，LEsfp との共起が可能になる。一方，NE は状況の〈存在〉を述べるための形式であり，存在は持続的，非限界的であるため，動作動詞は無標のままで NE との共起が可能になる。持続・進行を表すアスペクト形式の不在や，LEvs や LEsfp や NE との共起に関わる動作動詞の統語的な振る舞いは，北京官話の動作動詞が語彙的なレベルにおいて［＋継続相］というアスペクト特性を具えていると理解することによってすべて無理のない説明が得られる。

　日本語の動詞は，無標のル形が完成性を有し，有標のテイル形が継続性を有するとされる（工藤 1995）。つまり，日本語では，デフォルトは限界的であり，これが有標化を経て非限界化する。一方，北京官話の動作動詞は，デフォルトが非限界的であり，これが有標化を経て限界化する。LEvs にせよ，ZHE にせよ，結果補語にせよ，動作動詞に対する有

標化はすべて限界化に働くという点に北京官話の特徴がある[8]。

なお，北京官話のように，無標の動作動詞がそれ自身［＋継続相］であり，そのことに連動して，持続・進行を表す動詞接辞が存在しないという情況は，普通話の口語も含めて中国語の多数の方言に観察されるものであり，恐らくそれはかなりの広範囲にわたる汎方言的な現象であると予測されるが，詳細は今後のより綿密な方言調査を俟たなければならない。

4　実存化の標識

以上の議論から明らかなように，ここに取り上げた4つの形式は，〈既に〉そうであるか，〈現に〉そうであるかのいずれかのタイプの事態を表すものであり，その意味で，それらは〈既存〉の事態に対応する形式であると言える。2つのLEはともに話し手にとっての「今」あるいは「その時」において状況が既に実現済みであることを示し，NEとZHEは話し手にとっての「ここ」あるいは「そこ」に状況や事物が現に存在することを示す。2つのLEは話し手にとってのリアルな時間領域にコトを定位し，NEとZHEは話し手にとってのリアルな空間領域にコトとモノを定位する。裏返せば，述語はこれらの形式にマークされることによって，時間的もしくは空間的な現実性を帯び，実存性を付与される。その意味で，これらの形式はいずれも時空間的な定位を通して事柄の実存化を担う標識であると言える。2つのLEは時間的定位による実存化を担い，NEとZHEは空間的定位による実存化を担う。〈既にある〉事態，〈現にある〉事態とは，今，ここに，あるいは，その時，その場に〈実存〉する事態にほかならない。前節の初めに述べた，これら4形式が素表現

---

[8]　「動詞-ZHE」が表す状況は，〈存在〉という持続的，非限界的な状況ではあるが，それはあくまでも動作の完了がもたらす結果的状況であり，動作の完了を前提とするものである。その意味で，ZHEにマークされる動詞が表す動作そのものはやはり限界的であると言える。

の述語形式に与える「具体性，個別性」の内実とは，ほかでもなく，この，時間的もしくは空間的実存性であると考えられる。

　4つの形式が実存化の標識であることの証左は，対応する否定表現の形式からも得られる。北京官話には"不"と"没（有）"という2つの否定詞が存在するが，問題の4形式を用いて表される事態の否定には，⑫や⑬の例のように，すべて常に"没（有）"が用いられ，"不"は用いられない。

⑫　甲："小李　　回　　北京　　了　　　吗？"
　　　　李さん　戻る　北京　LEsfp　〜か
　　　　［「李さんは北京に戻りましたか？」］

　　乙："没有。　他　　没（有）　回　　　北京。"
　　　　NEG　　 彼　 　NEG　　 戻る　　北京
　　　　［「いや。彼は北京に戻ってない。」］

⑬　墙上　　没（有）　贴着　　　地图。
　　壁-表面　NEG　　 貼る-ZHE　地図
　　［壁には地図が貼ってない］

　否定副詞の"没（有）"は，周知のとおり，動詞としての"没（有）"が文法化したものであり，動詞の"没（有）"は，名詞を目的語に伴って"没（有）书"［本がない］，"没（有）人"［人がいない］のように，事物の〈非存在〉を表す。LEsfp, LEvs, NE, ZHE に対応する否定詞が，常に，事物の〈存在〉を否定する動詞から派生した"没（有）"であるという事実は，これらの形式を〈実存〉の表現の標識と捉えることの妥当性を有力に裏付ける[9]。

5　むすび――実存相の提案――

　本章の冒頭にも述べたとおり，中国語は，方言も含めて，テンスをも

---

9)　"不"は，話し手の判断の否定や未実現の事態（すなわち，実存しない事態）の否定に用いられる。"不"と"没（有）"の対立についての詳細は，木村1997aを参照されたい。

たない言語である。北京官話も例外ではない。テンスは発話時を基準に事柄を現実の時間軸のうえに定位する。言い換えれば，テンスは話し手の「いま」との関係において事柄を具体化し，個別化するための文法手段である。認知言語学的に言えば，グラウンディングの機能を担う文法手段である(Langacker 1991)。そのテンスを北京官話はもたない。しかし，そのことを補って，北京官話にも北京官話なりのグラウンディングの方途が存在する。ここに取り上げた4つの形式は，それぞれの意味をもって，話し手が視点を置く時間領域もしくは空間領域に事柄や事物を定位し，それらの具体化・個別化を図っている。時間だけではなく，空間の面からも事柄を具体化し，個別化する文法手段をもち合わせているという点が日本語や英語とは異なる。

　従来の研究は，これらの形式を扱う上で，時間論一辺倒に傾き，すべての形式を疑うことなくアスペクトの範疇に押し込めてきた。しかし，既に述べたように，北京官話の言語事実に忠実であるならば，少なくともNEやZHEの意味と機能はアスペクトの範疇では捉えきれない。テンスやアスペクトという文法的な表現手段が動作や事態の現実的なあり様(よう)を話し手の時間的視点から捉えるものだとするなら，それとは別に，事態や事物の現実的なあり様を話し手の空間的視点において捉えるという表現手段があってもよいはずである。話し手が事柄を捉える視点は必ずしも常に時間軸の上に据えられるわけではない。場合によっては（あるいは言語によっては），話し手が立脚する空間領域を基点として事柄や事物を定位するという視点の取り方もあり得てよいはずである。NEやZHEはまさにそうした空間的定位のための形式であると考えられる。

　アスペクトというカテゴリは，一般には，テンスやモダリティとの対立のなかで，それらと連続しつつも相対的には自律的な一つのカテゴリとして位置づけられている。しかし，北京官話に関して言えば，そこでのアスペクトは，仮に「実存相」とでも呼ぶべき，より大きなカテゴリのなかの下位範疇として位置づけられるべきものと考えられる（木村2004）。つまり，北京官話では，NE, ZHE, LEsfp, LEvsなど複数の

形式が仮称「実存相」という機能範疇を形成し，このうち NE と ZHE が空間系実存相を担い，LEsfp と LEvs がいわゆるアスペクトとして時間系実存相を担っていると考えられる。

　「実存相」という命名の適否はさておき，いずれにしても，"没（有）"という否定詞で否定されるもろもろのタイプの事態を一つの範疇として束ね，それらの事態が共有する意味特性を特徴づけることは，北京官話の文法体系を把握するうえで不可欠の作業であり，その一大範疇との関係においてアスペクトの意味と機能を的確に位置づけることが，北京官話のアスペクトをより本質的に理解するための重要な課題である。仮称「実存相」の提案も含めて，北京官話の事例研究を通して得られたこのような観点は，普通話や他の方言における今後の中国語アスペクト研究にとっても有益な指針となり得ると考えられる。

第7章

動詞接辞 "了" の意味と機能論的特性

1 はじめに

　刘勋宁1988が普通話に用いられる動詞接辞の"了"を"实现体"［実現相］を表すマーカーであると主張して以来，その説は多くの支持を得，以後中国国内はもとより日本でも"实现"もしくは「実現」という用語を踏襲する論著や文法書が少なくない[1]。その意味で，刘勋宁1988は，80年代以降の中国語アスペクト研究において最も大きな影響力をもつものの一つに数えられる。

　もっとも，この「"了"="实现体"」の説には，王还1990や张国宪1995のように同意を示さない立場もあり，本論もその立場に立つ。本論では，普通話の動詞接辞"了"を取り上げ，まずは，刘勋宁1988の論旨に関わるいくつかの問題点を整理し，その不備を指摘したうえで，その意味機能を特徴づける日本語の術語としては従来どおりの「完了」という用語が「実現」よりも適切であることを確認する。加えて，"了"による「完了」表現が成立するための意味的および統語的要件や，その運用を動機づける機能論的な要件を考察し，中国語の普通話における「完了」アスペクトの意味機能の特質を明らかにしたい。

---

1) 石毓智1992，竟成1993，杉村1994，相原・石田・戸沼1996など参照。

2 "了"の文法的意味
── "完成" "实现" それとも「完了」[2] ──

刘勋宁 1988 の論旨は次の 2 点に要約される。

〔1〕"完成"义不是"了"本身固有的语义特征。〔"完成" という意味は "了" それ自体の固有の意味特徴ではない。〕

〔2〕"了"应当看作"实现体"标志。它的语法意义是表明动词，形容词和其他谓词形式的词义所指处于事实的状态下。〔"了" は "实现体" のマーカーと見なされるべきである。"了" の文法的意味は，動詞や形容詞やその他の述詞形式の語彙的意味が表すところのものが事実の状態にあるということを表すものである。〕

まず〔1〕についての検討から始める。

2.1 刘勋宁 1988 における "完成" の意味

〔1〕は，従来の中国語で書かれた文法書の多くが "完成 wánchéng" という術語を動詞接辞の "了" の意味の説明に充ててきたことに対する批判であるが，なによりも注意すべきは，刘氏の言う "完成" が王力 1954 のそれを指してのものであるという点である。

刘氏は，王力 1954 に示されたアスペクト図式を 158 頁のように略示したうえで，"了" が B 点すなわち "完成线"〔完成線〕の段階を表すものと見ることの不当性を指摘する。

そもそも動作・作用には，瞬間的な変化性のものを除けば，おしなべて，自らの内的な過程として「し始め，し続け，し終わる」という一連の時間相（時間的段階）が存在するものである。158 頁の図で "完成线" と記された段階は，まさにそうした動作固有の内的過程の最終段階とし

---

2) 中国語の術語には " " を用い，日本語の術語には「　」を用いるという書き分けに留意されたい。同じ〈完成〉という文字表記であっても，"完成" と記せば中国語のそれを意味し，「完成」と記せば日本語のそれを意味する。

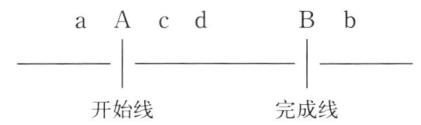

```
        a  A  c  d      B  b
    ────┼──────┼────
       开始线     完成线
```
（aは動作の開始前の段階，cは開始直後の段階，dは動作の中間地点，bは動作の"完成"直後の段階をそれぞれ表している。）

てある「し終わり」の段階，すなわち「終結相」と呼ぶにふさわしい時間相を示すものであり，刘氏論文では，これを指して"完成"という術語が用いられている。

しかしながら，動作・作用に内在するこの種の内的時間相としての終結相が，"了"の担うアスペクトとレベルを異にするものであることは，刘氏以前に既に多くの指摘があるところであり，また，終結相を担うアスペクト形式が"了"でなく，むしろ"完"であることもつとに指摘されている[3]。動作・作用の内的過程の一段階として，「開始相」の対極にある終結相を"完成"と名付け，それこそが"了"の担う本来の意味だと主張するなら，確かにそれは中国語の事実に反している。"吃了才覚着有点儿香味"［食べてこそ，いくらか味があることが分かる］が，"吃完才覚着有点儿香味"［食べ終えてこそ，いくらか味があることが分かる］と同義でないことはもはや言を俟たない。その意味において，刘氏の〔1〕の指摘は当を得てはいるが，80年代後半という段階にあってことさらに目新しくはない。

刘氏論文は，"吃了"と"吃完"の例をはじめとする数組の用例の比較を通して，"V了"が"V完"と同義でないこと，すなわち"了"が"完成"の標識ではないことを明らかにしようとするが，"了"が"完"と

───────────────

[3] Jaxontov 1957では，"完"を，動作の開始を表す"起来"や動作の継続を表す"下去"などとともに「結果アスペクト」を表す修飾形式の類に収め，「一般アスペクト」を表す"了"や"着"とは範疇を異にするものとして扱っている。また，木村1982aは，"完"を"起来""下去"とともに「アスペクト第二類」とし，"了"と"着"を「アスペクト第一類」として，構文論と形態論の両面から両類間の相違を明らかにしている。

意味を異にする形式であることは，両者がもとよりシンタグマティックな関係にあるという事実——すなわち，"完"と"了"が結び付いて"吃完了"が成立するという事実——一つを採ってみても既に自明のはずである。

再度の繰り返しになるが，刘氏の主張は一貫して，"完成 wánchéng"とは開始相に対立するアスペクト（すなわち「終結相」）を表すもの，との概念規定のもとになされている[4]。つまり，そこでは，一般に perfect と呼ばれる概念，あるいは，その訳語として「完了」と呼ばれる概念を意味する術語としての"完成"が否定されているわけではないのである。そもそも「完了（perfect）」という概念そのものに関する議論が刘氏論文では一切なされていない。このことは後述の議論とも関わって留意すべき重要な事柄である。

2.2 「実現相」の内実

次に〔2〕に移って，"了"を実現相のマーカーとする刘氏の主張を，ここでは仮に「実現説」と呼ぶことにするが，この実現説は主として次の2点の指摘をよりどころとしている。

1) 形容詞や状態動詞あるいはそれらを補語とする動補構造の類いが"了"を伴うかたちは，それらの形容詞や動詞の示す状態が現実のものとして存在し，あるいは持続していることを表す。すなわち，ある状態が事実として存在することを表す。
2) "V了"に対応する否定形は"没（有）V"であり，"没（有）"は動作そのものの事実としての存在を否定する言わば非存在の表現である。否定形の"没（有）V"が動作の非存在を意味するなら，それに相対する肯定形の"V了"は動作の"实有"［実在］を表す

---

[4] 刘氏論文では，"起来"を動作の'开始'［開始］を表す形式と認めた上で，"'开始'与'完成'是相对立的"［'开始'［開始］は'完成'［完成］と対立する］と述べられている。

ものと考えて然るべきである。よって，"了"は動作が事実として存在すること，すなわち実在の状態にあることを表すマーカーだと考えられる。

まず，意味的な根拠とされている 1)の指摘から検討してみる。

2.2.1 事実・状態・持続

1)の指摘で議論の対象とされているのは，"红了脸说"［顔を赤らめて話す］，"低了头走"［頭を垂れて歩く］，"同意了我的看法"［私の見方に同意した］，"煳了好大一块"［ずいぶん大きく焦げた］，"哭红了眼睛"［泣いて目が赤くなった］などの表現形式の類である。刘氏は，これらの表現はすべて，ある状態が現実に存在し，事実となっていること（"成为事实"）を表すものだとする。例えば"红了脸"というときの"脸"は「赤い」状態にあり，"了"はまさしく"红"という形容詞の表す状態が事実の状態にある（"处于实事的状态下"）こと，すなわち実在の状態（"实有的状态"）にあることを表しているという。

確かに"红了脸"という表現は「顔が赤くなっている」状態を含意するものであるし，また，刘氏の指摘のとおり，持続相を表す"着"を"了"と置き換えて"红着脸"とパラフレーズすることも可能ではある。

しかし，次の例のように，"一下子"［たちまち］が"红着脸"と共起する(1)が非文であるのとは対照的に，(2)の例が成立するという事実は，"红了"が，スタティックな状態の持続を意味する"红着"とは意味を異にする表現であることを如実に示している。

(1) *他一下子红着脸。
(2) 他一下子红了脸。
　　［彼はたちまち顔を赤らめた。］

「"了"は状態が事実として存在することを表す」あるいは「事実である状態にあることを表す」というように，"了"を静態的なアスペクト・

マーカーとして特徴づける刘氏の主張は「たちまち顔を赤らめた」という動態的な変化を表す(2)の用例の成立に明らかに抵触する。

张国宪 1995 は，"NP＋＿＿＿＋了"という統語構造を構成して事物の「変化を表す」("表示変化")ことができるのは，形容詞のうちの一部，すなわち「動態形容詞」のみに限られたことであり，大半の形容詞はそうした用法をもたないという。

张氏によれば，中国語の形容詞は，次に示す 2 種類の統語枠（S_1 と S_2）のいずれにも適合する類と，いずれにも適合しない類に大きく分かれ，いずれの枠にも適合可能な形容詞は，何らかの具体的な状態が初期状態として存在し，その初期状態から変化の過程を経て所与の状態がおのずともたらされる，という読みが可能なものに限られる。つまり「自立変化性」("自变性")を内包する形容詞に限られる。

S_1：NP＋已经＋＿＿＿＋了
S_2：NP＋没＋＿＿＿

张氏は，この種の「自立変化性」を内包する形容詞を「動態形容詞」と呼び，一方，S_1 と S_2 のいずれの統語枠にも適合し得ない形容詞を「静態形容詞」と呼ぶ。"红"［赤い］，"熟"［熟している；熟れている］，"冷"［冷たい］，"旧"［古い］などは典型的な動態形容詞であり，"像"［似ている］，"生"［熟していない；生である］，"新"［新しい］，"聪明"［聪明である］，"温柔"［優しい］などは典型的な静態形容詞である。そして，先にも述べたように，"NP＋＿＿＿＋了"という統語枠に適合して「変化」の表現を構成し得るのは動態形容詞の類に限られる。つまり，"红了脸"［顔を赤らめる］や"苹果熟了"［リンゴが熟れた］は成立するが，"*像了爸爸"や"*家具新了"は成立しない。

当面の議論に引き寄せて，上のことを言い換えれば，要するに，形容詞が"了"を伴うかたちは「変化」の表現であり，「変化性」を内包する形容詞だけが"了"と結び付くことを許されるということである。

张氏の分析によれば，形容詞の大半は"了"と結び付くことのできな

い静態形容詞である[5]。仮に，劉氏の主張のように，"了"が「形容詞の示す状態が事実として存在することを表す」ものであるなら，「彼はお父さんに似ている」や「家具は新しい（あるいは新しくなっている）」の意味で，"*他像了他爸爸"や"*家具新了"のような表現が成立してもよいはずだが，現実はそうではない。実現説はこの点においても妥当性を欠く。

　先の議論に戻るが，"红了脸"という表現から，「顔が赤くなっている」状態が「事実として存在する」状況を読み取ることは確かに可能ではあるが，それはいわゆる含意の問題であって，この表現が第一義的に意味するところではない。"红了脸"はあくまでも変化を意味する表現であり，"了"はその変化が「既に実現した」こと，すなわち「実現済みである」ことを示すものと理解すべきである。従来の「完了」という用語はまさにそうした意味で用いられてきたはずであり，本論もまたそうした意味で「完了」という術語を用いたい。

　つまるところ，"红了脸"は「変化の完了」を意味する表現である。つまり，動態形容詞に属する"红"が，"＿＿＿＋了"という，典型的には動詞が最もよくなじむ統語環境に用いられることで，潜在的に内包されていた「変化性」が前景化し（あるいは顕在化し），機能上一種の変化動詞に相当する資格を得ることによって「変化の完了」を表す述語形式が構成される[6]。結果として「状態の存在」が含意される，ということである。

　劉氏論文における 1)の指摘のいま一つの難点は，形容詞や状態動詞が"了"を伴うかたちと伴わないかたちの意味の差が不明確であるという点にある。"花红了"［花が赤くなった］は"花很红"［花が赤い］といかに異なるのか。"花红了"が，"红"という「状態が事実として存在する」

5）　张国宪 1995 によれば，『形容词用法词典』に収められた1066種の形容詞のうち，動態形容詞に該当するものは80数種にすぎず，残りの900余種は，動態形容詞と静態形容詞の中間に位置する「準動態形容詞」の約80種を除いて，すべて静態形容詞に該当する。

ことを表していると言うのなら，"花很红"［花が赤い］も同様に状態の実在を表している。"了"の時間性を排除した刘氏の特徴づけでは，花の現実の様態の描写を意図する"花很红"と，変化の叙述を意図する"花红了"の相違を明確に捉えることは難しい。その意味でも，"了"にはやはり，時間性を考慮に入れた「完了」という用語がふさわしいと本論は考える。

2.2.2 「否定」について

　状態のみならず，動作も含めて，それらが事実の状態（"事实的状态"）にあること，すなわち実在の状態（"实有的状态"）にあることを表すという，"了"の意味的な特徴づけの妥当性をサポートするため，刘氏は，一つの状況証拠として，"V了"に対応する否定形を取り上げる。論旨は先の2)に示したとおりである。つまり，"V了"の否定は"没（有）V"であり，"没（有）V"の逆は"V了"であるから，"V了"と"没（有）V"の間には一対一の対応関係が成立する；否定詞の"没（有）"はまさしく〈"没有"［非存在］〉を意味する形式なのだから，それに相対する肯定標識の"了"は〈"没有"〉の逆の〈"实有"［実在］〉を表す形式だと考えてよい，という論法である。

　この一見明快な論法は，しかし，実は重大な事実誤認を含んでいる。確かに"V了"の否定は"没（有）V"のかたちで表されるが，"没（有）"は決して"V了"の否定のためだけに用意された否定詞ではない。(3)や

---

6) 動態形容詞も本来それ自身は静態形容詞と同様に事物の状態や属性を表すものである。それが"＿＿＿＋了"という特定の統語環境を与えられることによって変化動詞に転じると見る本論の解釈は，一部の名詞に形容詞相当の用法が成立する現象などを考え併せれば，ことさらに ad hoc なものとは思われない。周知のとおり，抽象性の高い一部の名詞については，<u>本能地伸手</u>［本能的に手を伸ばす］の例のように，構造助詞の"地"と結び付くことによって連用修飾構造が成立するが，この種の用法も，元来は名詞である"本能"［本能］が，"＿＿＿＋地"という，典型的には形容詞が最もふさわしい統語環境に置かれることで，抽象名詞特有の潜在的な「様態性」が前景化し，形容詞相当の性格を帯びることによって成立するものと考えられる。

(4)の例が示すとおり，"没（有）"は"V着"や"V过"の否定にも用いられる。

　(3) 他躺着，我没躺着。
　　　［彼は横たわっているが，私は横たわっていない。］
　(4) 我去过桂林，他没去过桂林。
　　　［私は桂林に行ったことがあるが，彼は行ったことがない。］

次の(5)の例に至っては，肯定形においてアスペクト・マーカーを何ら伴わない"工作"［働く］に対しても"没（有）"が用いられている。

　(5) 去年他在北京工作，我没在北京工作。
　　　［去年彼は北京で働いていたが，私は北京では働かなかった。］

"没（有）V"は動作の非存在を表し，それに対応する肯定形は逆に動作の存在を表すと言うなら，"躺着"も"去过"も"工作"もすべて動作の存在を意味する表現と見なしてよく，"V了"だけがこれに該当するわけではない。つまり，"了"を，動作が事実として存在することを示す標識，すなわち実現相のマーカーとするなら，"着"や"过"もまた同様のはずであり，"了"だけを唯一それとして特徴づける根拠は存在しなくなる。

このように，"V了"と"没（有）V"の間に一対一の対応関係が成立しない以上，"了"を"没（有）"の唯一の対応形式と見なす仮説は，それ自体が根拠を欠き，"了"の実現説をサポートするための有効な傍証とはなり得ない[7]。

---

7)　劉氏は，閩方言では，普通話や北方方言の"V了"に相当する表現が"有V"のかたちで表され，"没（有）V"タイプの否定形に対応していると述べ，"滚水有滚无（开水开了没有）？"［湯は沸いたか？］のような閩南語の例を挙げている。しかし，閩南語の"有"は"V了"に相当する表現だけに用いられるわけではなく，例えば"龙眼汝有食过无（龙眼你吃过没有）？"［竜眼はあなたは食べたことがあるか？］のように，"V过"に相当する経験相の表現にも用いられる。このことからも，"了"は閩方言の"有"に相当するという仮説は妥当ではない。

2.2.3 時間的階層性の欠如

　最後に「実現」という用語の適否について考えてみたい。まず次の例に注目されたい。

(6) 小王过了独木桥。

　　［王くんは丸木橋を渡った。］

　この表現から，「丸木橋を渡る」という動作が問題の時点において「既に実現済み」であるということが読み取れるのは，ひとえに"了"の力によるものである。また，"花红了"という表現を耳にして，花が赤くなろうとする段階すなわち「実現前」の段階にあるのではなくて，赤くなった段階すなわち「実現済み」の段階にあることを知るのも，やはり"了"の為せるわざである。(6)が表す「実現済み」の意味は，それを次の2文と比較することによって一層明確になる。

(7) 小王要过独木桥 le。[8]

　　［王くんは丸木橋を渡ろうとしている。］

(8) 小王在过独木桥。

　　［王くんは丸木橋を渡っているところだ。］

　(7)は「丸木橋を渡る」行為がまもなく実現しようとする段階にあることを述べ，(8)は「丸木橋を渡る」行為が今まさに実現の最中にあることを述べている。すなわち，"要 V le"は動作・行為の〈将然〉たる実現を表し，"在 V"は動作・行為の〈現然〉たる実現を表している。そして，問題の"V 了"はこれらと対立しつつ，動作・行為の〈既然〉たる実現を表していると言える。

　このように"V 了""要 V le""在 V"のそれぞれが三者三様に動作の〈実現〉のあり方を表しているなかで，"V 了"のかたちだけに，「実現」という術語を与え，「"了"は動作の実現を示す」と説明するのは明らかに不適切である。

　また，筆者自身の教学上の経験に照らして言えば，「"了"は動作の実

---

8)　文末助詞の"了"を，動詞接辞の"了"と区別するために le と表記しておく。

現を示す」という説明は，動作がまさに実現中であることを意味するものとの誤解を与えかねない。"他洗了澡就睡了"［彼は風呂に入るとすぐに寝た］という表現は，決して「彼は風呂に入りながら寝た」こと，すなわち入浴という行為の「実現中」に寝たことを意味するものではない。入浴行為が「既に実現済み」となって寝た，すなわち入浴行為が「完了」してから寝たのである。

"了"が示す「実現済み」という意味，すなわち「既然たる実現」という意味をより的確に特徴づけるためには，時間的段階性をよりよく反映した「完了」という術語を用いるほうが，単なる「実現」という用語よりも適切であると本論は考える。

以上，実現説の検討を通して，動詞接辞"了"の基本的な文法的意味を確認した。次に，"了"が動詞と結び付く際の選択制限に関わる問題を考え，完了表現の成立に必要とされる述語形式のアスペクチュアルな条件を明らかにしたい。

3　完了相の成立要件

「王くんは丸木橋を探した」という日本語文を，動詞接辞の"了"を用いて中国語に訳した(9)は，先の(6)に比べて明らかに不自然に感じられる。

(9) ⁇小王找了独木桥。

一般の文法書では，単独では文としての座りが悪い，いわゆる「文終止」不可能の"SV了O"については，さらに文末助詞の"了"を加えることによって独立文としての機能が得られ，文終止が可能になると説明される。例えば"小王吃了饭"では独立文としての安定を欠くが，"小王吃了饭了"［王くんは食事をした］となれば未終止感は解消されるというわけである。しかし，(9)に文末助詞の"了"を加えた(10)はなお不自然である。

(10) ⁇小王找了独木桥了。

また，一般に，独立文の述語としては座りの悪い"V了O"も，主要述語に対する従属的な位置であれば用いられるとして，"小王吃了饭就出去了"［王くんは食事をするとすぐに出ていった］のような例がしばしば引かれるが，"找了独木桥"については，たとえそのような位置に用いられても依然不自然さが解消されない。

⑾ ??小王找了独木桥就回村里去了。

　このように，"找了独木桥"というかたちは主要述語として用いられても，非主要述語として用いられても，いずれも不自然であり，⑹⑿⒀がすべて成立する"过了独木桥"とは対照的である。

⑿　小王过了独木桥了。
　　　［王くんは丸木橋をもう渡った。］

⒀　小王过了独木桥就往东跑了。
　　　［王くんは丸木橋を渡るとそのまま東に向かって走った。］

　"找了独木桥"と同じく常に不自然さが感じられる例としては，例えば"看小说"［小説を読む］，"弹钢琴"［ピアノを弾く］，"下围棋"［碁を打つ］，"等老李"［李さんを待つ］などが"了"を伴ったかたちの"看了小说""弹了钢琴""下了围棋""等了老李"などがあり，"过了独木桥"に類する例としては，例えば"到车站"［駅に着く］，"结婚"［結婚する］，"生孩子"［子どもを産む］などが"了"を伴ったかたちの"到了车站""结了婚""生了孩子"などが挙げられる。

　以上の事柄は，中国語では一般に限界性もしくは変化性を具えた動作・作用を表す述語形式でなければ自然な完了表現を構成し得ないという事実を物語っている。先の"过"と"找"の例で言えば，「渡る；越える」を意味する"过"は，限界点もしくは終極点をもった限界性のある動作を表す限界動詞（telic verb）であり，「探す」を意味する"找"は，そのような限界性をもたない動作を表す非限界動詞（atelic verb）であり，この限界性に関わるアスペクチュアルな性格の相違が，前者は"了"による完了表現に適合し，後者はそれに適合しないといった統語上の差に

反映していると考えられる[9]。

　そう考えることの妥当性は，次の例のように数量表現や結果補語を伴ったかたちの"找"は極めて自然な完了表現として成立するという事実によっても裏付けられる。

　(14)　小王找了一会儿独木桥。
　　　［王くんはしばらくの間丸木橋を探した。］
　(15)　小王找到了独木桥。
　　　［王くんは丸木橋を探しあてた。］

(14)では時間幅を表す数量表現"一会儿"を伴うことによって，「しばらくの間探した」という，一定量の限定を加えられた動作表現が示され，(15)では目標物への到達を表す結果補語"到"を伴うことによって，「探しあてた；見つけた」という，結果としての終極点を伴う動作表現が示されている。前者においては量的なまとまりをもつことにより，また，後者においては結果的な変化を伴うことにより，それぞれ限界性もしくは変化性を具えた動作行為が示されている。これらの表現が(9)とは対照的に極めて自然に感じられるという事実は，動作・作用の限界性あるいは変化性という特性が"了"による完了表現の成否を左右するという一般化を有力に支持している。

　このように，"了"が自然な完了表現を構成するにあたって，"了"と結び付く述語形式は［＋限界性］もしくは［＋変化性］という特性を具えていることが要求されるという事実は，空間表現に与る一連の前置詞とその目的語の間の選択制限の問題を想起させる。

　第2章の3.1でも述べたとおり，"在"［～で；～に］，"从"［～から］，"往"［～（の方）へ；～に向かって］など空間表現を構成する前置詞は，それらと結び付く名詞表現にあらかじめ［＋トコロ性］という特性が具わっていることを要求する。トコロ性をもたない名詞表現については方位詞の

---

[9]　限界動詞と非限界動詞の対立や動作の限界性に関しては Comrie 1976，木村 1982a，木村 1996 などを参照されたい。

付加によってトコロ性を付与しなければならない。いわゆるトコロ化が必要となる。「テーブルに（並べる）」は"*（摆）在桌子"では成立せず，"桌子"に方位詞の"上"を付加して"（摆）在桌子上"としなければならない。

　このことは，文法形式としての能力という点から言えば，名詞表現を空間化するための文法形式として働くはずの"在"や"从"や"往"などの前置詞が，空間性を具備しない名詞表現をも空間表現に転じてしまうほどの強制力を具えていないということを示していると言える。第6章で述べたところの「文法力」に乏しいということである。英語の to や on は，'(come) to me' や '(put) on the table' のように，元来空間性に乏しい人称詞や事物名詞とも自由に結び付いて空間表現を構成し得るが，中国語の前置詞はそれほど強度な文法形式にはなりきっていないということである。

　これと同様のことが"了"についても言える。英語の完了形が 'He has owned the house since his father died.' の例のように，限界性や変化性をもたない状態的な動作表現についても成立するのとは対照的に，"了"は限界性や変化性を具えた動作表現のみを結合対象に選ぶ。限界性や変化性を具えた動作表現とは，ほかでもなく perfective な動作表現である。perfective な特性が何らかのかたちで用意されている動作表現だけを完了表現に転じることが可能であり，perfective な特性を具えない動作表現をも完了表現に転じるだけの強制力（すなわち文法力）をもち合わせない——つまり，"找一会儿独木桥"［丸木橋をしばらくの間探す］でなければ完了表現を構成し得ず，"找独木桥"［丸木橋を探す］だけでは完了表現を構成し得ない——という特徴をもつ"了"は，第6章で取り上げた北京官話の"了"（＝ LEvs）と同様，それ自身，文法力に乏しく，強度な（言い換えれば，典型的な）文法形式とは言い難い。典型的な文法形式というものがとかく乏しいと言われる中国語の性格の一端がここからもうかがえる。

　限界性や変化性をもたない，典型的に imperfective な動作表現がそ

のままでは完了表現になじまないという事実は，"找"の例を通して上に見たとおりである。ところが，その一方で，語彙的な意味においてはimperfectiveであっても，何らかの要因に促されて限界性や変化性が読み取れる可能性の高い動作表現は，特定の文法的な環境に支えられながら完了表現を構成し得るという現象も観察される。例えば"吃了饭"がそれに該当する。

"吃饭"は，"??小王吃了饭"では不自然であり，その点では"过独木桥"と異なり，"找独木桥"に類するが，⒃や⒄のかたちであれば自然な完了表現として成立し，その点では，"找独木桥"の類よりも完了表現への適応度が高くなっている。

⒃ 小王吃了饭就出去了。

　　［王くんは食事をするとすぐに出ていった。］

⒄ 小王吃了饭了。

　　［王くんはもう食事をした。］

この2つの例における"吃了饭"がいずれも，「おかずを食べた」や「ギョーザを食べた」に対立する意味としての「ライスを食べた」を意味するものではなく，「食事をした」の意味で成立しているという事実は注目に値する。"饭"を"饺子"［ギョーザ］に置き換えた"?小王吃了饺子就出去了"や"?小王吃了饺子了"は明らかに許容度が落ちる。

元来「ごはんを食べる」という行為は，どの段階で打ち切っても「ごはんを食べた」と言えることからも分かるように，必然的に何らかの限界点に至るという性格のものではない。すなわち非限界的な行為である。その意味で"吃饭"はimperfectiveな動作表現だと言える。

しかし，"吃饭"を「食事をする」の意味で理解すると事情は異なってくる。日常的な「食事」という行為は通常，一日のうちのroutineなスケジュールのなかで習慣的に限定された一定量の時間幅をもって行われるものであり，その意味で，量的なまとまりをもつ行為，すなわち限界性を具えた行為として読み取られる可能性を潜在的に内包していると考えられる。この，限界性を潜在的に内包する"吃了饭"が，⒃では"V_1

就 V_2"という構造のなかの V_1 の位置に用いられ,⒄では文末助詞"了"を伴って用いられている。

　⒃の"V_1 就 V_2"という構造は,緊密に関連し合いながら相前後して起こる2つの動作を表すための構造であり,V_1 が先行動作を表し,V_2 が後続動作を表す。つまり,〈V_1 が実現した後,直ちに V_2 が実現する〉という意味を表す。また,⒄の文末助詞の"了"は,話し手を取り巻く状況が〈新たな局面に移行した〉こと,または話し手にとっての〈現在〉において〈何らかの変化が生じた〉ことを表す文法形式である。"V_1 就 V_2"における V_1 の位置といい,文末助詞の"了"の前方といい,いずれの位置も,そこに納まる動作表現を,問題の時点において既に既存のものと読み取らせる性格をもつものである。

　⒃と⒄では,言語外的な通念から限界性を読み取れる可能性の比較的高い"吃了饭"が,動作の〈既存性〉を意味する文法的な環境の助けを借りることによって自然な完了表現となり得ていると考えられる。"洗了澡"［入浴した］,"刷了牙"［歯磨きをした］,"洗了碗"［洗い物をした］についても,"吃了饭"と共通する構文的な振る舞いが観察されるが,それらについても同様の説明が可能である。

　既に触れたように,"找了桥"や"下了围棋"の類はたとえ同様の環境を与えられても成立が難しい。「昨夜は弟と碁を打ってから寝た」を中国語で表現したければ,"??昨天晩上我跟弟弟下了围棋就睡了。"ではやはり不自然であり,"昨天晩上我跟弟弟下了<u>一盘</u>围棋就睡了。"［昨夜は弟と碁を<u>1局</u>打ってから寝た］のように何らかの数量限定を加えなければならない。"下围棋"［碁を打つ］や"找桥"［橋を探す］は,それだけ完了表現に対する適応性が低いということである。完了表現への適応度は,"过桥＞吃饭＞下围棋"の順に低下し,結果補語も数量表現も伴い得ない"属于我们"［われわれに属する］の類に至っては,ついに適応度がゼロとなる。

　"了"は限定性もしくは変化性を強く指向する。そのことは,裏返せば,一定量のまとまりをもった限界性のある動作が完遂された段階や,何ら

かの具体的な変化が実現に至った段階，すなわち何らかの「決着」を見た段階においてこそ「完了」すなわち「実現済み」という認識が生まれる，ということである。中国語における完了相とは典型的にはそうした性格のものと理解されてよい。

　以上，完了相に適応する述語形式のアスペクチュアルな制約を明らかにし，完了表現の統語的成立に必要な意味的要件を特徴づけた。では，そのような意味特徴をもつ完了表現は，現実の言語運用の場では，果たしてどのような条件に動機づけられて用いられるのだろうか。以下では，"了"の表現論的な機能やその運用を促す談話環境について，いわゆる「文終止」の問題も絡ませながら考察を行い，完了表現の機能論的特性を明らかにしたい。

4　完了相の機能論的特性

　完了表現が用いられる文を，機能論的な観点から分類すると，基本的には次の3つのタイプに分かれる。

1) 存現文　　2) 事態叙述文　　3) 過程描写文

まず存現文から見てみよう。

4.1　存現文の場合

　存現文とは，周知のとおり，「どこどこになになにがある」というように事物の〈存在〉を言い立てたり，「どこどこになになにが現れた」あるいは「どこどこからなになにが消えうせた」というように事物の〈出現〉または〈消失〉を言い立てる構文であり，機能論的には，談話のなかに話し手（または聞き手）にとって非既知の人物や事物を新規に導入する際に用いる表現である。

　"了"は存現文に用いられ，特定の場に非既知の事物が出現したこと，すなわち，非存在から存在へと変化したこと，または特定の場から非既知の事物が消失したこと，すなわち，存在から非存在へと変化したこと

を表す。

⑱ 过了几天，房管所又来了一个人。　　　　　　　　（《北京晚报》）

　　［数日経つと，住居管理所からまた人が1人来た。］

⑲ 拍摄还在进行中，车站上来了几位乐手。　　　　　（《北京日报》）

　　［撮影がまだ行われている最中に，駅に何人かの楽隊員が現れた。］

⑳ 这时，突然，门外传来了沙沙的脚步声。

　　［その時，突然，ドアのそとからシャッシャッという足音が聞こえてきた。］

㉑ 王家死了一头牛。

　　［王さんの家で牛が1頭死んだ。］

　この種の完了形の存現文は，アスペクトの面で，状態形存現文と対立的な位置を占める。ここでいう状態形存現文とは，動詞接辞"着"を用いて事物の存在を状態的に述べる次のようなタイプの存現文を指す。

㉒ 墙上贴着一张地图。

　　［壁に地図が1枚貼ってある。］

㉓ 楼上住着客人。

　　［階上に客が泊まっている。］

　状態形存現文が，㉓の例のように，数量表現も修飾成分も帯びない裸の名詞表現を目的語にとることができるのに対して，"了"による完了形存現文は，通常，目的語の前に数量表現か修飾成分を必要とする。小説などの文章表現では，次のように数量表現も修飾成分も用いない例が見かけられるが，

㉔ 区上来了指示。　　　　　　　　　　　　　　　　（成一《顶凌下种》）

　　［区役所から指示が来た。］

㉕ 屋内灭了灯。　　　　　　　　　　　　　　　　　（老舍《骆驼祥子》）

　　［部屋のなかで明かりが消えた。］

このような表現は，話し言葉としては座りが悪く，むしろ文末助詞の"了"を伴う"屋内灭灯了。"のかたちが選ばれる。談話にとっての新たな出来事としてある事物の出現や消失を述べ立てる完了表現としては，やはり先の⑱-㉑の例のように，目的語の前に数量表現または修飾成分が用

いられるかたちがプロトタイプであると見てよい。

　なお，（時間表現ではなく）空間表現が主語に立つタイプに限り，完了形存現文が状態的な事態に対応して用いられる場合がある。例えば次のような例である。

　(26)　画室前有一个很小的天井。<u>靠墙种了几竿玉屏箫竹</u>。石条上摆着茶花、月季。　　　　　　　　　　　　　　　　　（汪曽祺《岁寒三友》）

　　　［アトリエの前に小さなスペースがあった。<u>壁際に数本の玉屏竹が植わっている</u>。細長い石のうえにはツバキとコウシンバラが並んでいる。］

　上の例では，"种"［植える］という動作の運動としての展開は背景化され，その動作の完了の結果として存続する状態のほうが前景化し，結果として，事物の存在を状態的に述べる表現となっている。ただし，"了"を用いたこの種の存現文は，"着"を用いた状態形存現文とは異なり，目的語に数量表現を伴わなければ成立が難しいとされる[10]。"靠墙种了几竿玉屏箫竹。"に続く"石条上摆着茶花，月季。"が数量表現を伴わずに成立しているのに対して，"靠墙种了几竿玉屏箫竹。"から"几竿"［数本］を落とした(27)は，存現文としては明らかに不自然である。

　(27)　＊靠墙种了玉屏箫竹。

　また，状態形存現文は，(28)のように，状況が問題の場に〈現然と存在する〉という話し手の主観的な確認の気持ちを表す文末助詞の"呢"との共起が可能であるが，"了"を用いた存現文は，(29)が不自然であるように，"呢"との共起が難しく，この点でも"了"による完了形存現文は典型的な状態表現や存在表現とは異なった振る舞い方をする。

　(28)　石条上摆着茶花呢。

　　　［細長い石のうえにはツバキとコウシンバラが並んでいるよ。］

　(29)　??靠墙种了几竿玉屏箫竹呢。

　"了"による完了形存現文が"着"による状態形存現文と意味上どの

---

10) 朱徳熙 1982:115 参照。

ように異なるのかは，これまでのところ明らかにされていないが，いずれにしても典型的な存在表現からいくぶん逸脱した性格をもつものであることは，⑵の不成立や⑵の不自然さが示唆している。完了形存現文の典型的な用法は，やはり⒅－㉑の例のように，出現または消失の既然たる実現を表すことにあると見てよいだろう。

4.2　事態叙述文の場合

　日常われわれがあまた知覚し，あるいは体験する行為や事物の変化のなかから，一つの行為または変化を個別に取り出し，独立した一まとまりの出来事として伝えることを意図した文を，ここでは仮に「事態叙述文」と呼ぶことにする。"了"は，「誰々がなにをした」「なになにがどうなった」というように，問題の時点において実現済みの行為や変化を事態叙述文として伝える際にも用いられる。

　完了形の事態叙述文の特徴は，後述の「過程描写文」とは対照的に，前後の動作・変化との相対的な時間関係や繋がりを意識せず，専ら当該の行為・変化のみを独立的に扱い，それだけを一つのまとまりをなす自己完結的な出来事として捉えるところにある。構造的には，通常，述語形式に数量詞表現（またはその省略形としての量詞のみ）を伴うかたちをとる。さもなければ，文末に助詞の"了"を伴うかたちが用いられる。

　㉚　"什么事啊，这么鬼鬼祟祟的？"周华问。
　　　"我给咱高强介绍了个对象！"　　　　　　（王海鸰・王朔《爱你没商量》）
　　　[「いったい，どういうことなの？そんなにコソコソして。」と周華が尋ねた。
　　　「うちらの高強にいい人を紹介してやったのよ！」]
　㉛　同学们给她起了一个"老密斯"的绰号。　　　　　　（巴金《家》）
　　　[学友たちは彼女に「ハイミス」というあだ名をつけた。]
　㉜　我在学校附近租了一间民房。　　　　　　　　　　（汪曾祺《老鲁》）
　　　[私は学校の近くに民家を1軒借りた。]

(33) 人生能有几次搏！我们也到了拼搏的时候了！　　　　（《北京日报》）
　　［人生には何度か勝負できる時というものがあるものだ！俺たちにも今そ
　　の時がやってきた！］
(34) 我就是血压有点高。吃了药了。你忙去吧。
　　［私は血圧が少し高いだけのこと。今薬を飲みました。（だから，）どうぞ
　　構わず自分のことをやってきてください。］

　動作もしくは動作対象の量的な限界を明らかにする数量表現は，述べられる出来事それ自体のまとまり性もしくは個別性を反映するものであり[11]，また，話し手にとっての〈現在〉において〈何らかの変化が生じた〉ことを表す文末助詞の"了"は，述べられる出来事の新規独立性を反映するものである。数量詞も文末助詞"了"も伴わないかたちは，一つの出来事としてのまとまり性や独立性を欠くことになり，事態叙述文にはなじみにくい[12]。例えば上の(32)の例から"一间"を落とした(35)や，(34)の例から文末の"了"を落とした(36)は，完了表現としての読みは可能であっても，独立の事態叙述文としては座りが悪く，いわゆる「文終止」が難しくなる。

(35) ??我在学校附近租了民房。

(36) ??（我）吃了药。你忙去吧。

　ただし，孔令达1994には，非日常的な出来事を伝える場合に限り，次のようなかたちでも独立文としての成立が可能だとの指摘がある。

(37) 他吃了毒药。
　　［彼は毒薬を飲んだ。］

---

11) ここで"了"が出来事の個別性の表示として（数）量詞表現を必要とするという現象は，名詞句を修飾する指示詞が，事物の個別性の表示として（数）量詞を要求するという現象に平行するものと見る可能性もある。（数）量詞の個別化機能については大河内1985参照。

12) ただし，目的語が固有名詞である場合はその限りではない。例えば"昨天晚上我在回家的路上碰到了冯姨。"［きのうの夜，私は，家に帰る道すがら馮おばさんに出会った。］という表現は，独立の事態叙述文として十分に成立する。

⑶⑻ 他们离了婚。

　　［彼らは離婚した。］

　孔氏は，"他吃了饭"［彼は食事をした］と"他吃了毒药"［彼は毒薬を飲んだ］が独立文としての成否を分かつ理由を，行為の日常性の有無に起因する情報価値の差に求める。すなわち，"他吃了饭"は日常的な行為の表現であるため，それだけを述べることは主たる情報の提供と見なされず，したがって独立文としての充足性を欠くが，"他吃了毒药"は非日常的な行為の表現であるがゆえに情報価値も高く，独立文として用いるに足る充足性を具えている，というわけである。

　たとえ日常的な行為であっても，その完了を述べることが十分な情報価値をもつコンテクストというものはあり得るはずであり，そのことをどう説明するかという問題が残りはするものの，孔氏のこの考察はなお興味深い。"吃了毒药"が完了表現として成立する基礎には，行為主体に重大な身体的変化をもたらす「服毒」行為それ自体の変化性が大きく関与しているという事実は見逃せないが，それに加えて，「誰それが毒薬を飲んだ」という非日常的な出来事の報告そのものが既に十分に情報価値のある〈ニュース性〉を具えているという事実が"他吃了毒药。"の独立文としての成立を支えている，という説明はそれなりに説得力をもつものと思われる。

　事実，小説などの文章表現には，〈ニュース性〉に富む表現が，数量表現も文末の"了"も伴わないかたちで事態叙述文として用いられている例が珍しくない。

⑶⑼ 秦老九偷了食堂的碗！　　　　　　　　（汪曾祺《羊舍一夕》）

　　［秦老九，食堂の食器を盗む！］

⑷⑴ 这一年，这三个人忽然都交了好运。　　（汪曾祺《岁寒三友》）

　　［この一年で，この3人は突如幸運に恵まれた。］

⑷⑴ 初六，虎妞坐上了花轿。　　　　　　　（老舍《骆驼祥子》）

　　［月初めの6日に，虎っ娘は，こし入れ籠に乗った。］

⑷2) 全体华工都举了手！山崎没料到会这样[13]。（邓友梅《别了，濑户内海》）

　　［中国人労働者全員が手を挙げた！こんなことになろうとは山崎は思いも寄らなかった。］

　本来なら成立しにくいかたちや不安定な構造が，何らかのムード特性に支えられて成立可能になったり，安定性を得るといった現象はさまざまなかたちで観察される。上に見る事柄もその一つであり，典型的な完了形事態叙述文としては安定を欠くかたちが，〈ニュース性〉もしくは〈意外性〉という一種のムード特性に助けられて安定を得ているものと考えられる。

4.3　過程描写文の場合

　最後に，「過程描写文」における"了"の用法について考えてみたい。一連の動きの流れや事態の推移を視野に収め，前後の動作や変化とのつながりを意識しながら，当該主体の動作や変化を描こうとするための文を仮に「過程描写文」と呼ぶことにする。小説などで登場人物の動きの描写に用いられる文――例えば⑷3のような文――は典型的な過程描写文と言える。

⑷3) 方波大踏步出门，周华欲追，刚起身，又坐下，听天由命似地闭上了眼睛。　　　　　　　　　　　　（王海鸰・王朔《爱你没商量》）

　　［方波が大股でドアを出た。周華はそれを追いかけようとして立ち上がったかと思うと，また座り直し，まるで天命に従うかのように目を閉じた。］

　過程描写文の特徴は，特定の主体に近視眼的に迫り，その動きや変化がどのようなあり方で展開されるか，あるいは，それらがどのような時間的段階（局面）にあるか，ということに関心を寄せる点にある。事態を丸ごと捉え「誰がいつなにをしたか」「いつなにが起こったか」を一

---

13)〈現在〉に立脚した視点で物事を捉える日常的な話し言葉のレベルでは，これらの〈ニュース〉も「〈現在〉に関わる新たな変化」として捉えられるため，通常の発話では文末助詞の"了"を添えた"全体华工都举了手了！"のかたち（あるいはその省略形としての"全体华工都举手了！"のかたち）が用いられる。

まとまりの〈出来事〉として伝える先の事態叙述文や存現文の類とは，話し手のスタンスも異なれば，パースペクティヴも対照的である。

"了"は，このような過程描写文に用いられて，一連の動きの流れや事態の推移のなかで，一区切りの動きや変化が既に実現したことを明示するか，あるいは一こまの動き・変化が完了の段階に達したことを明示する。

一区切りの動きや変化の既実現を明示するタイプは一般に，数量表現を伴うか，あるいは動詞の重ね型を用いる。

(44) 觉慧抬起头，看了哥哥一眼，便不作声了。　　　　　　（巴金《家》）

　　［覚慧は顔を上げ，兄をちらりと見ると，そのままものを言わなくなった。］

(45) 老蔫来看了看，围着井转了几圈，坐下来，愣了半天神。

（汪曾祺《寒下人物记》）

　　［グズどんは，（様子を）見にやってくると，井戸の周りをぐるぐると回り，そのあと腰を下ろして，しばらくぼーっと呆けていた。］

(46) 老沅回到屋里，用一盆冷水洗了洗头，躺下来，立刻就睡着了。

（汪曾祺《寂寞和温暖》）

　　［沅さんは部屋に戻ると，一たらいの水で頭を洗い，横になるや，たちまち眠りについた。］

上の3例ではいずれも，一人の人物の一連の具象的な動きが時間軸に沿って描かれており，先の，事態叙述文として数量詞表現を伴う(30)(31)(32)の例とは，述べられている行為のサイズが明らかに異なる。

一方，一連の動きの流れや事態の推移を背景として，一こまの動きまたは変化が完了の段階に達したことを明示するタイプは，上の(44)-(46)のタイプとは対照的に，数量詞を伴わない結果補語構造や限界性の高い述語形式から構成される場合が多い。

(47) 他刚把腰带拴在一棵树上，把头伸进去，一个人拦腰把他抱住，一刀砍断了腰带。　　　　　　　　　　　　　（汪曾祺《岁寒三友》）

　　［彼が自分の腰のベルトを一本の木に繋ぎとめ，頭を前に突き出したところを，1人が彼の腰の辺りに抱きつき，スパッと一太刀でベルトをたたき

⑷⁸ 我走上前去，一眼就看见了万石头。　　　（茹志鹃《出山》）
　　［前に進み出ると，一目で万石頭の姿が目に入った。］
⑷⁹ 周华进屋立刻上床躺下，闭上了眼睛。　（王海鸰・王朔《爱你没商量》）
　　［周華は部屋に入り，すぐさまベッドに横たわって，目を閉じた。］
⑸⁰ 她在门外停下脚步，扶着墙壁，歇息了一下，定定神，才进了家门。
　　　　　　　　　　　　　　　　　　　　　（吴强《灵魂的搏斗》）
　　［彼女は門のそとで足を止め，壁に手をついて一休みし，気持ちを落ち着けてから，ようやく家のなかに入った。］
⑸¹ 下了电车，老远看见他焦急地等待着我。　（刘心武《爱情的位置》）
　　［電車を降りると，遠目に，彼がいらいらしながら私を待っているのが見えた。］
⑸² 吃了饭，时间快到午夜了。　　　　　　　（吴强《灵魂的搏斗》）
　　［食事を終えると，時刻はまもなく夜中の12時になろうとしていた。］
⑸³ 他迷迷瞪瞪，出了院子，象是干了一件错事，脸上那嗜酒造成的红斑，越发红起来，连成通红的一片。　（陈建功《京西有个骚达子》）
　　［彼は茫然として，庭を出ると，酒好きが高じてできた顔の赤い斑点が，まるで過ちでもしでかしたかのように，ますます赤くなって一つに連なり，真っ赤な面になっていた。］
⑸⁴ 李坚不答话，洗完了脸，坐下来，伸手到铁盒子里去拿点心。
　　　　　　　　　　　　　　　　　　　　　（李建纲《三个李》）
　　［李堅はそれには答えず，顔を洗い終わると，腰を下ろし，鉄製の箱に手を伸ばして点心を取ろうとした。］

　⑷⁷と⑷⁸は，当該の動作が即時的な効果（結果）をもたらし，瞬時に結末が得られたことを表し，⑷⁹と⑸⁰は，一連の動きの継起的な実現によって形成される一まとまりの行為の最終過程が完了の段階に至ったことを表している。また⑸¹−⑸⁴は，後続の動作や変化との継起的なつながりを視野に入れつつ，当該の動作が完了の段階に至ったことを表している。いずれも完了という時間的局面を取り立て，当該動作がその局面にある

ことを際立たせている。

　上の諸例に代表される過程描写文は通常，一連の継起的な動きの流れや変化の推移を描くコンテクストのなかで用いられるものであり，個々の過程描写文はそうしたコンテクストのなかにあって初めて安定が得られるという性格のものである。そのため，所与のコンテクストから切り離され，単独で示された過程描写文はしばしば安定を欠き，機能論的に充足した独立文として受け入れられにくくなる。とりわけ，一連の動きの流れや事態の推移を背景として，一こまの動きまたは変化が完了の段階に達したことを明示する(47)-(54)のタイプの過程描写文については，そうした傾向が顕著にうかがえる。ここに文終止不可能という問題が生じる。

　例えば"小王洗完了澡"という表現は，統語上は問題のない完了表現として成立するが，機能論的には自立性に乏しく，このまま単独で文終止することが不自然に感じられる。また，(55)の表現から下線部だけを抜き取った(56)も単独の文表現としては明らかに不自然である。

　(55)　<u>昨天晩上他洗完了澡</u>，一連喝了三杯啤酒，就去睡了。
　　　　［きのうの夜，彼は風呂から上がると，立て続けにビールを3杯飲んで，すぐに寝にいった。］

　(56)　??昨天晩上他洗完了澡。
　　　　［??きのうの夜，彼は風呂から上がった。］

　日本語でも「きのう彼は風呂に入った」に対して，「きのう彼は風呂から上がった」はいかにも不自然である。「風呂に入った」という表現は，入浴という行為の始めから終わりまでの全過程を丸ごと捉えた，一まとまりの出来事を伝える事態叙述文として成り立つが，「風呂から上がった」のほうは，入浴という行為に内在する一連の過程のうちの一局面を取り立てた近視眼的な表現であって，「きのうはこんなことがあった」というように，ある日の出来事を伝える事態叙述文のスタンスにはそぐわない。「風呂から上がる」という動作表現は，やはり「きのうは風呂から上がると，立て続けにビールを3杯飲み，すぐに寝にいった」

というように，一まとまりの出来事を述べるべく一連の過程を描き綴った然るべきコンテクストに納まってこそ安定が得られる。

　同様のことが"他洗完了澡"についても言える。一連の過程のなかから完了という一局面を取り立てようとするこの種のタイプの過程描写文は，その局面の背景を描くなにがしかのコンテクストが示されてこそ機能論的な安定を得るものなのである。なにがしかのコンテクストとは，例えば(55)のように，当該の局面を受け継いで起こる後続過程を描くものであってもよいし，(49)や(50)のように，当該の局面に至るまでの先行過程を描くものであってもよい。後者のタイプのコンテクストに用いられる完了形過程描写文には，次の例のように，"终于"［ついに］，"最后"［最後に］，"于是"［そこで］など，結末もしくは結果的事態を導く副詞成分と共起する例も少なくない。

(57) 他的声音愈来愈微细了，<u>终于，他的心脏停止了跳动</u>。（王蒙《布礼》）
　　［彼の声は次第にかぼそくなり，<u>ついに，心臓の鼓動が停止した</u>。］

(58) 在敲了五分钟门之后，表姐夫永宁隔着门盘问了我们十分钟，然后是喊喊喳喳十分钟，<u>最后表姐打开了门</u>。　　　　（王蒙《表姐》）
　　［5分間ノックを続けたあと，従姉の夫の永寧はドア越しに私たちを10分間問い詰め，さらにはペチャクチャと10分間のおしゃべりが続いて，<u>最後に従姉（いとこ）がドアを開けた</u>。］

(59) 那位社员还要说什么。我看开车铃响了，<u>于是赶紧推他上了车</u>。

（莫伸《窗口》）

　　［その公社員はまだなにか言おうとしていた。私は，発車のベルが鳴ったので，<u>そこで急いで彼の背中を押してバスに乗らせた</u>。］

　従来の"了"に関わる文終止の議論[14]は，主として統語論の観点からなされ，機能論的な観点を欠いていた感がある。また，統語論のレベルでの完了表現の成否と，機能論のレベルでの文終止の可否が混同されてきた嫌いもある。文終止の問題は，多くが機能論のレベルに属するもの

---

14) 木村1976，原1994など参照。

であり，その方面からの観察と分析が不可欠であると思われる。

　以上，完了相が用いられる文の種類を機能論的な観点から3つのタイプに分かち，それぞれのタイプにおける"了"の機能を見てきた。ここでは取り上げなかったが，一まとまりの独立的な出来事を伝える存現文と事態叙述文のタイプでは，"了"を用いずに実現済みの出来事を表すことが一般に困難であるのに対して，前後の文と結束して一連の動きや変化を描き上げる過程描写文のタイプでは"了"の省略もあり得る，といったように，各タイプごとに"了"の振る舞い方が微妙に異なるといった現象も観察される。そして，その省略の可否を決定する要因はなにか，といった興味深い問題も残されている。ほかにも"了"に関わる未解決の問題は少なくないが，すべては今後の課題としたい。

第Ⅲ部
ヴォイスをめぐって

第8章

ヴォイスの意味と構造

1 はじめに

　中国語学の分野では，「ヴォイス」という術語に対して未だに中国語の定訳を見ない。また，Chao Yuen Ren の *A Grammar of Spoken Chinese*（1968），朱德熙の『語法講義』(1982)，さらには Li & Thompson の *Mandarin Chinese*（1981）など，代表的な中国語文法書のいずれの目次にも「ヴォイス」の章は見当たらない。中国語研究の分野においては，アスペクト（"时态"）やモダリティ（"情态"）とは対照的に，文法範疇としてのヴォイスの存在が今なお十分には認知されていない。伝統的な文法論の枠組みが，ヴォイスという概念を常に動詞の形態に関わる現象として規定してきた以上，典型的な孤立語であり，受け身や使役を表すための特別な文法手段を動詞の形態というかたちではもち合わせていない中国語において，ヴォイスという範疇が長らく認められてこなかったのは当然のことと言える。

　しかし，近年の言語学の一般的な観点に沿って伝統的な定義をいま少し推し広げ，ヴォイスとは，動詞の形態変化の有る無しにかかわらず，「動作者と主語の関係を中心に，名詞表現の意味役割と格表示の対応関係の変更が何らかのかたちで言語形式の上に明示的かつ規則的に反映される現象」であると捉え直すなら，これに該当する現象は中国語にも確かに存在する。中国語は，動詞の形態変化こそ伴わないものの，統語的ないしは構文的レベルにおいては，ヴォイスと呼ぶにふさわしい文法現象をもち合わせている。

対格言語（accusative language）に属し，ＳＶＯを基本語順とする中国語においては，述語が表す動作・作用の主体——すなわち〈動作者〉や〈経験者〉などの意味役割を担う関与者——は通常，有形の格標識を伴わずに主語の位置に用いられる。(1)-(4)では，動作者や経験者（二重下線部）がいずれもいかなる格標識も伴わずに主語の位置に立っている。

(1) 小红　　　念　　　课文。
　　シヤオホン　朗読する　テキスト本文
　　［シヤオホンがテキストを朗読する。］

(2) 我　好好儿　想想。
　　私　よ〜く　考える
　　［私はよ〜く考えてみよう。］

(3) 我　很　高兴。
　　私　とても　うれしい
　　［私はとてもうれしい。］

(4) 小红　　把　我　　拽倒了。
　　シヤオホン　ba　私　引く-倒れる- PERF[1]
　　［シヤオホンは私を引き倒した。］

このように基本的な文構造においては無標識のかたちで主語に立つ動作主体もしくは作用主体が，何らかの意味的要因に動機づけられ，主語以外の位置に用いられるかたちで構文化される場合には，次の例のように，それらは必ず特定の形式に導かれて有標化（marking）されなければならない。

(5) 我　叫　小红　　　念　　　课文。
　　私　jiao　シヤオホン　朗読する　テキスト本文
　　［私はシヤオホンにテキストを朗読させようとした。］

(6) (你别逼我！) 你　让　我　好好儿　想想。
　　　　　　　　あなた rang 私　よ〜く　考える
　　［（私をせっつかないで！）私によ〜く考えさせてちょうだい。］

---

[1] PERFは「完了相」（perfective）を示す。

(7) 他　的　信　使　我　很　高兴。
　　彼　の　手紙　shi　私　とても　うれしい
　　［彼の手紙は私をとてもうれしがらせた。］

(8) 我　被　小红　　　拽倒了。
　　私　bei　シヤオホン　引く-倒れる-PERF
　　［私はシヤオホンに引き倒された。］

　(5)–(8)では，述語（波線部）の表す動作・作用の主体（二重下線部）がいずれも特定の形式（下線部）によってマークされている。一般に「使役文」や「受け身文」の名で呼ばれるこれらの構文が高度の生産性と一定の規則性をもって産出されるという事実は，紛れもなく中国語にヴォイスという現象が存在することを示している。
　本論は，述語の形態変化という手段をもち合わせない中国語にあって，ヴォイスという文法現象がいかなるかたちで構造化され，また，いかなる意味的要因に動機づけられてカテゴライズされているかを明らかにしようとするものである。具体的には，いわゆる「使役」や「受け身」を表すとされる一連の有標ヴォイス構文を取り上げ，相互の意味的および構造的対立と相関の関係を，それらが対応する事態との関連において特徴づけ，加えて，各構文間のカテゴリカルな対立を動機づける意味的指標を探り出すことを目的とする。

2　有標ヴォイス構文の構造と意味

　ヴォイスに関して有標の表現形式を考える上で当面問題にすべきは，先の(5)–(8)に代表される4つのタイプの構文である。仮に主語名詞をX，述語をVとし，Vの表す動作・作用の主体をYで表すとすると，それぞれの構文の構造は(9)のように記号化される。

(9)（Ⅰ）X 叫 Y V
　　（Ⅱ）X 让 Y V
　　（Ⅲ）X 使 Y V

(Ⅳ)　X被YV

　ここでは，これら4つのタイプの構文をひとまず，(Ⅰ)指示使役文，(Ⅱ)許容使役文，(Ⅲ)誘発使役文，(Ⅳ)受影文と呼び分け，それぞれのタイプについて，構造と意味の示差的特徴を見てゆくことにする。

2.1　指示使役文と許容使役文

　指示使役文とは，主語に立つ人物Xが人物Yに，動作・行為Vを遂行させようとしむける事態を述べる構文であり，許容使役文とは，人物Yが動作・行為Vを遂行することを人物Xが許容する，ないしは放任するという事態を述べる構文である。この2つの構文がいわゆる兼語文からの文法化の産物として捉え得るものであることは周知のとおりである。

　狭義の兼語文とは，(10)のように"XV_1YV_2"のかたちをとり，〈人物Xが，人物Yに行為V_2を遂行させる目的でYに働きかける（V_1する）〉という事態を述べる構文である。

(10)　老王　　请　　李大夫　　看病。
　　　王さん　請う　李先生　　診察する
　　　[王さんは診察してもらうよう李先生に頼んだ。]

　(10)は，"看病"[診察する]という行為をさせる目的で"老王"[王さん]が"李大夫"[李先生]を"请"[懇請する]するという事態を述べている。"请"に替わって仮に"命令"[命令する]が用いられれば「王さんが李先生に命じて診察させようとする」事態を表し，"催"が用いられれば「王さんが李先生をせきたてて診察させようとする」事態を表す。兼語文とは，このように，典型的には，V_1の意味する具体的な〈働きかけ〉によってXがYに何らかの行為を〈させようとする〉といった類いの事態を表すものである。この兼語文におけるXからYへの〈働きかけ〉の具体性が捨象され，V_1本来の動詞性が希薄化し，単に〈させようとする〉という使役的意味のみを担う構造として文法化したものが，ほかでもなく指示使役文（X叫YV）と許容使役文（X让YV）である。先の(5)の指示使役文は，〈いかにして〉させようとするかという〈働きかけ〉の内

容の詳細は不問に付し，ともかく何らかの意志表示によって"我"［私］が"小红"に「朗読させようとした」という事実のみを述べており，(6)の許容使役文に至っては，発話者は，相手からいかなる積極的な〈働きかけ〉も何らなされないことを望み，自らに「熟考する」自由が与えられることを求めている。"叫"も"让"も動詞としての実義性を既に失い，〈被使役者〉を導く「準動詞」として虚詞（機能語）化している[2]。

　このように兼語文を出自とする指示使役文と許容使役文は，いくつかの特徴を兼語文から引き継いでおり，その一つに，被使役者の行為が目的性のそれにとどまるという意味的特徴を具えている。荒川1977の指摘にあるとおり，日本語の「朗読させた」が「朗読する」行為の実現を保証するのに対して，中国語の"叫小红念课文"は，たとえそれが既然の出来事への言及であっても，必ずしも「シヤオホンが朗読した」ことを保証しない。"昨天我叫小红念课文，可是小红没念。"［きのう私はシヤオホンにテキストを朗読させようとしたが，シヤオホンは朗読しなかった。］のような表現が無理なく成立することからも明らかなように，"叫小红念课文"はあくまでも「シヤオホンに朗読させようとした」ことを意味するものでしかない。兼語文が〈ある行為を遂行させる目的で人に働きかける〉行為を述べる文であり，そこでのV_2が〈目的〉としての行為であったように，2つの使役文においても，被使役者Yの行為は，通常，目的性の行為すなわち〈させようとする〉行為として構文化されている。

　指示使役文と許容使役文についてもう一点留意すべきことは，それらが，述語成分の表す〈動作・行為〉を遂行させようと仕向ける事態を表す構文であり，したがって，述語成分Vは常に［＋意志性］の動詞表現から構成されるという事実である。自明の事柄ではあるが，他のヴォイス構文との関連において，この一点を確認しておくことは重要であると思われる。

2）　虚詞としての"叫"や"让"を前置詞と見るべきか，準動詞（coverb）と見るべきかは，なお検討を要する問題であるが，ここでは便宜的に準動詞と呼んでおく。

以上，指示使役文と許容使役文について，被使役者（Y）の動作・行為が［＋意志性］のそれであること，そして，通常それは目的性のものであることの２点を確認した。このことから，両使役文は，〈スルヨウニシムケル〉構文，すなわち〈サセヨウトスル〉という意味を表す構文であると特徴づけることができる。

2.2 誘発使役文

それとは対照的に，［－意志性］の表現が述語に用いられるのが誘発使役文（X使YV）である。誘発使役文は，Yに何らかの状態または変化が生じる状況をXが誘発するという事態を述べる構文であり（岩田1983，楊1989），典型的には，先の(7)や次の(11)(12)の例に見られるように，心理活動や身体的状況に言及する無意志動詞もしくは形容詞を述語にとる。

(11) 成功　的　快感　使　他　興奮。　　　（楚良〈抢劫即将发生……〉）
　　　成功　の　快感　shi　彼　興奮する
　　　［成功の快感が彼を興奮させた。］

(12) 这个　噩梦　使　他　老了　许多。　　　（老舎《骆驼祥子》）
　　　これ　悪夢　shi　彼　老ける-PERF　ずいぶん
　　　［この悪夢が彼をずいぶん老け込ませた。］

先の指示使役文や許容使役文が［＋意志性］の動作を意味する表現，すなわち〈スル〉的表現を述語にとるのとは対照的に，誘発使役文は［－意志性］の状態や変化を意味する表現，すなわち〈ナル〉的表現を述語にとることを特徴とする。

誘発使役文は，また，主語Xが原因的使役者——すなわち，無意図的な誘発者——であるため，意図的な使役行為の表現には適さず，したがって，欲求表現や命令表現は成立し得ない。日本語では「私は彼を寝つけられなくさせたい」という欲求表現も，「君はできるかぎり彼女を喜ばせなさい！」という命令表現も不自然ではないが，(13)や(14)は明らかに不自然である。この点においても誘発使役文は指示使役文や許容使

⑬ *我　　想　　使　　他　　睡不着觉。
　　私　　〜したい　shi　彼　　寝つけない
⑭ *你　　　尽量　　　　使　　她　　高兴　　吧！
　　あなた　できるかぎり　shi　彼女　うれしい　SFP

　さらに，誘発使役文の述語が表す状態や変化は目的性のものではなく，その点でも指示使役文などとは異なる。⑾の"成功的快感使他兴奋。"という表現は必ず"他兴奋"［彼が興奮している］という状況が実現していることを保証する。指示使役文のＶが通常，未然的であるのに対して，誘発使役文のそれは既然的であると言える。
　以上の諸特徴から誘発使役文の構文的意味を特徴づければ，それは，無意図的誘発者ＸがＹをしてナル的状況Ｖに至らしめる事態を意味する構文，すなわち〈ナラセル〉構文であると言うことができる。

2.3　受影文

　従来「被動文（"被动句"）」の名で呼ばれてきた"Ｘ被ＹＶ"の特筆すべき特徴は，主語に立つ対象Ｘが単に動作・行為を受けることを述べるだけでは成立し難く，Ｘが動作・行為の結果として被る何らかの具体的な〈影響〉を明示する表現，もしくはそれを強く含意する表現を述語成分に要求するという点にある（木村 1981b, 王还 1983）。本論が敢えて「受影文」と呼ぶゆえんである。
　対象への結果的影響をより具体的に伝えようとする受影文に対して最も適性の高い述語形式は，例の⑻に用いた"拽倒"［引き倒す］や"砍得伤痕累累"［ズタズタに切る］のような，動作と結果（Result）を併せ示すタイプの動補構造すなわちＶＲ構造である。動作のみを述べて結果を述べない⒂や⒃が不自然に感じられるのに対して，動詞が結果表現を伴う⑻や⒄は適格な受影文として無理なく成立する。

⒂ ??我　　被　　小红　　　　拽了。
　　私　　bei　シヤオホン　引く-PERF

(16) ??树　被　斧子　砍了。
　　　 木　 bei　 おの　 切る-PERF
(17) 树　被　斧子　砍得伤痕累累。
　　　 木　 bei　 おの　 切る-PART-ズタズタ

　動詞によっては自らの語彙的意味として対象への影響を十分に含意し得るものもあり，例えば"烧"［燃やす］，"拆"［取り壊す］，"杀"［殺す］などは，(18)のように，結果を明示する補語成分を伴わずに受影文の述語に立つことも可能である。

(18) 他　的　房子　被　地痞　烧了。
　　　 彼　 の　家屋　 bei　 ゴロツキ　燃やす-PERF
　　　［彼の家はゴロツキどもに焼かれた。］

　ただし，この場合も完了相を表す動詞接辞の"了"の存在が不可欠であり，"了"を伴わない(19)のような表現は明らかに不自然である。

(19) *他　的　房子　肯定　会　被　地痞　烧。
　　　 彼　 の　家屋　きっと　～に違いない　bei　ゴロツキ　燃やす

　(18)と(19)の成否の差は，結果を表す補語成分を伴わない動詞は，たとえ語彙的に〈影響〉含意度が高いものであっても，未然の事態を表す受影文には適応し難く，常に既然の事態を表す受影文にしか適応し得ないという事実を示している。受影文への適性がそれだけ劣っているということである。ＶＲ構造はそうした制約を受けない。例えば"烧"が結果表現の"掉"［落ちる；尽きる］を補語として伴えば，(20a)のように"了"を伴って既然の受影文を構成することは無論のこと，(20b)のように"了"を伴わずに未然の受影文を構成することも可能である。

(20) a. 他　的　房子　被　地痞　烧掉了。
　　　　 彼　 の　家屋　 bei　 ゴロツキ　燃やす-落ちる-PERF
　　　　［彼の家はゴロツキどもに焼き落とされた。］

　　 b. 他　的　房子　肯定　会　被　地痞　烧掉。
　　　　 彼　 の　家屋　きっと　～に違いない　bei　ゴロツキ　燃やす-落ちる
　　　　［彼の家はきっとゴロツキどもに焼き落とされるに違いない。］

詳細は木村1992，同1997bに譲るが，"烧"［燃やす］や"杀"［殺す］よりも影響含意度の弱い動詞は受影文への適性が一層低下し，"了"のほかに数量表現などの付加を借りて具体的なtelicity（限界性）を獲得することによってようやく受影文への適用が可能になるといった類の動詞（例えば"拽"［引く］，"推"［押す］など）もあれば，"认识［見知っている］，维持［維持する］，接［迎える］"のように，いかなる手段を講じようとも受影文への適用が困難な類の動詞もある。

このように，受影文への適応性が高いものから低いものへと連続的な階層が形成されるなかで，ＶＲ構造は，未然・既然のアスペクチュアルな制約にも縛られず，また数量表現その他の付加的成分をも必要とせず，単独で広く受影文に適応する能力を，どの動詞類よりも強く具えている。その意味で，ＶＲ構造は受影文に最も適した述語形式であり，これを述語とする受影文こそ，受影文のプロトタイプであると考えられる。

ところで，ＶＲ構造がいわゆる「自然被動文」を容易に成立させるという事実は，既によく知られるところである。自然被動文とは，例えば⑵の下線部のように，agentが文に現れず，動作の対象が（目的語の位置ではなく，また主題でもなく，）主語の位置に立つかたちの構文であり，いわゆる「非対格構文」の一種である。

(21) 我　　知道　　鸭子　都　　　撵走了。
　　 私　知っている　あひる　すべて　追う-うせる-PERF
　　 ［あひるが皆追い払われていなくなったことを私は知っている。］

自然被動文は，これを「所動詞文」の一種と見る大河内1974の分析からも明らかなように，動作対象についての状況を述べる文，すなわち対象がどうナルかを問題にする文であって，誰がなにをスルか，あるいはなにをサレルかを述べる文ではない。もとより動作対象の結果的状況に具体的に言及するかたちのＶＲ構造は，この種の非対格構文にとっては恰好の述語形式となり得る。

さて，当面の問題である受影文も，自然被動文と同様，動作対象を主語に立て，かつまたＶＲ構造を述語にもつかたちをプロトタイプとして

成立するものであった。ここに，受影文もまた非対格的な性格をもつ構文であること，すなわち，対象がなにをサレルかということよりも，対象がどうナルかということのほうにより強く関心を寄せる〈ナル〉的性格の構文であると見ることが可能になる。こうした観点の妥当性を支持する事例の一つとして，受影文の述語に適する疑問表現は"干吗"ではなく，"怎么（样）"であるという事実が挙げられる。日本語の「なにをする」という疑問表現に相当する"干吗"は，動作・行為の内容を問うための，スル的事態に対応する疑問詞であり，一方，日本語の「どうである；どのようである」という疑問表現に対応する"怎么（样）"は，事物の様態を問うための，ナル的事態に対応する疑問表現である。

(22) a. 他　　干吗？
　　　　彼　なにをする
　　　　［彼はなにをしていますか？］

　　b. 他　　怎么样？
　　　　彼　どのようである
　　　　［彼はどんな具合ですか？］

この"干吗"と"怎么（样）"を受影文の述語に用いた(23a)と(23b)を比較すると，"干吗"を用いた(23a)は，"怎么（样）"を用いた(23b)よりも許容度がはるかに劣る。

(23) a. *鸭子　　被　　他们　　干吗　　了？
　　　　あひる　bei　彼ら　　なにをする　SFP

　　b. 鸭子　　被　　他们　　怎么（样）　　了？
　　　　あひる　bei　彼ら　　どのようである　SFP
　　　　［あひるは彼らにどうされたの？］

つまり，"干吗"というスル的表現は受影文にはなじまず，それを用いて「あひるは彼らになにをされたのですか？」という日本語疑問文に相当する構文を作ることは，中国語では許容されないということである。一方，ナル的表現の"怎么（样）"を受影文に用いて，「あひるは彼らにどのようにならされたのですか？」という意味で疑問文を構成すること

は可能である。
　また，受影文は，先の誘発使役文と同様，欲求や命令の表現に適応し難い。日本語では「私はシヤオホンに引き倒されたかった。」という欲求表現も，「さっさとシヤオホンに引き倒されろ！」という命令表現も文法上成立するが，(24)や(25)の中国語文は明らかに非文と判定される。

(24) *我　　　想　　　被　　　小红　　　拽倒。
　　　私　　～したい　bei　　シヤオホン　引く-倒れる
(25) *你　　　快　　　被　　　小红　　　拽倒！
　　　あなた　さっさと　bei　　シヤオホン　引く-倒れる

　(23a)の不成立と併せて，(24)や(25)の不成立も，受影文がスル的構文ではないこと，裏返せば，ナル的構文であること，すなわち非対格構文であることを裏付けている。
　先の指示使役文と許容使役文の述語はスル的であり，誘発使役文のそれはナル的であった。それに対して，動作・行為を表すVと結果を表すRの結合からなるVR構造をプロトタイプとする受影文の述語は，典型的には，〈スル-ナル〉合体の複合的な意味構造をなすものと言える。ただし，構文全体の意味としては，対象がどう〈ナル〉かに関心を寄せるものであるという事実を考慮すれば，スル的なVとナル的なRが等価の表現機能を担っているとは考えにくい。この種の構文において焦点化（profile）されているのはやはり主語の位置に置かれた対象Xであり，同時にそのXについての状況を語るRである。つまり，受影文においては，〈働きかけ〉と〈結果〉の局面のうち，後者が焦点化され，その原因となる前者のほうは前提化されていると考えられる。あるいは，結果としてのナル的状況が前景化され，スル的動作・行為は背景化されていると言い換えてもよい。これらのことを踏まえて受影文の意味を要約するならば，それは〈（サセテ）ナル〉ことを意味する構文であると特徴づけることができる[3]。すなわち〈XがYにVサセタ結果，XがRの状

---

3) サセテを（ ）で閉じるのは，サセテの部分が背景化され，ナルの部分が前景化されていることを際立たせるためである。

況にナル〉ということを意味する構文だということである。

　なお，従来「受け身文」の名で呼ばれてきたこの種の構文の意味を，〈（サ・レテ）ナル〉ではなく，敢えて〈（サ・セテ）ナル〉と記述する意図は，この種の構文の性格を使役文との連続性において捉えたいためである。これについては後ほど改めて触れる。

3　構文と事態のカテゴリ化

3.1　使役文と受影文のパラメータ——「スル」と「ナル」——

　前節ではヴォイス表現に与る4種の構文の特徴を，述語の意味と構造を中心に観察した。そこでは，述語の意味する状況がスル的であるかナル的であるかの相違が各構文の対立を特徴づける上で重要な役割を担っていることが見て取れる。そのことを反映させるかたちで先の(9)を書き換えれば，次のようになる。

(26)　（Ⅰ）　Ⓧ　叫　Ⓨ　　A
　　　（Ⅱ）　X　让　Ⓨ　　A
　　　（Ⅲ）　X　使　▽Y　　S
　　　（Ⅳ）　▽X　被　Ⓨ　　AS

　記号Aは動作・行為すなわち〈スル〉を意味する述語形式を表し，Sは状態・変化すなわち〈ナル〉を意味する述語形式を表す。つまり，指示使役文と許容使役文には〈スル〉的述語が，誘発使役文には〈ナル〉的述語が，受影文には〈スル-ナル〉合体の複合的な意味を担う述語がそれぞれ用いられるということである。

　○印は，当該の人またはモノが何らかの動作・行為を「〈スル〉主体」であることを示す。例えば指示使役文の場合，それが表す事態は，Xの意図的な働きかけに促されてYがなにかをするといったタイプの事態であり，XもYもいずれもスル主体であるため，ともに○で示されることになる。ただし，Xの働きかけが具体的な動作として示されないことが

指示使役文の特徴であるという点を考慮し，Ｙの動作の具体性と区別する意味で，Ｘについては点線の◌で記号化しておくことにする。

▽印は，当該の人またはモノが何らかの状態・変化に「〈ナル〉主体」であることを示す。例えば受影文が表す事態では，〈スル〉主体はＹであってＸではない。ＸはＹの動作の影響を受けて何らかの状態に〈ナル〉主体である。そこで，Ｘが▽で示され，Ｙが◯で示される。

㉖に示された４つの構文の構造表示は，言うまでもなく，各構文の表す事態が互いに対立的であることを示している。と同時に，それぞれの事態の間にはいくつかの特徴が部分的に共有されており，全体として一連なりの意味連鎖が見て取れることをも示唆している。例えば，指示使役文と許容使役文が表す事態は，ともにＹが〈スル〉主体であるという点で共通している。違いは，ＸのＹに対する関与の仕方にあり，指示使役ではＸが積極的に指示するかたちでＹに関与し，許容使役ではＸからは積極的にはなにもしない――つまり，Ｙの行為をなにも妨げない――ことでＹになにかをさせようとするかたちで関与している。前者のＸが積極的な使役者であるとすれば，後者のＸは消極的な使役者であると言える。

なにもしない使役者，言い換えれば消極的な使役者という点では誘発使役文におけるＸもまた同様であり，この点において許容使役的事態は誘発使役的事態と接点をもつ。前者が〈スル〉的状況を引き起こし，後者が〈ナル〉的状況を引き起こすという点で異なりはするものの，ＸからＹに対して積極的な働きかけが何らなされていないという点では両者は共通する。

許容使役的事態は，さらにまた受影文の表す事態とも接点を有する。前者のＸは意図的にＹに働きかけない関与者であり，後者のＸもまた自らはＹに働きかけない関与者である。双方のＸは，次の２例の対照からも明らかなように，動作の影響の再帰性に関して特徴を分かちはするものの，ともになにもし̇な̇い̇立場で，なにかをスルＹに関わる関与者であるという点では相通じる性格をもつ。

⑵7 a. 老王　　让　　孩子们　　　乱　　　吵。
　　　王さん　rang　子どもたち　みだりに　騒ぐ
　　　［王さんは子どもたちに好き勝手に騒がせておいた。］

　　b. 老王　　被　　孩子们　　　吵醒了。
　　　王さん　bei　子どもたち　騒ぐ-目覚める-PERF
　　　［王さんは子どもたちに騒ぎ起された。］

　(27a)は，"老王"が，"孩子们"［子どもたち］が意のままに"吵"［騒ぐ］するのを手をこまねいて許容し，放任するという事態を表し，(27b)は，"老王"が，"孩子们"が"吵"［騒ぐ］するがままに任せた結果，その影響がわが身に降りかかり，"老王"自身が「目が覚める」状況に至るという事態を表している。"吵"はもとより自動詞であり，"孩子们"から"老王"への他動的な働きかけが存在しないという点では2つの事態は一致している。違いは，X（="老王"）が，騒ぐ行為の影響を被るものとして捉えられているか否かであり，受影文の(27b)ではそう捉えられ，許容使役文の(27a)ではそう捉えられていない。要するに，許容使役文のXとは，〈容認する〉もの，あるいは〈放任する〉ものとして〈サセル〉立場にある関与者であり，受影文のXとは，〈影響を被る〉ものとして〈サセル〉立場にある関与者であり，いずれにしても，Yの意向のままに〈サセル〉立場にある関与者という点で，2つのXには連続性が認められる。前節で受影文の意味を〈(サセテ)ナル〉と記述した根拠はまさにここにある。

　このように許容使役的事態との間に一定の連続性を見て取ることのできる受影文的事態は，一方でまた誘発使役の事態にも通じる性格をもち合わせている。受影文は，Yの動作・行為によってXが何らかの状況に至る事態を表し，誘発使役文は，Xの存在が原因となってYが何らかの状況に至る事態を表すものであった。いずれの事態も，〈ナル〉的状況とその「有責者」（木村1992）を含んで成立しているという点で共通している[4]。

　以上のように，4つのタイプの事態はいくつかの特徴を連鎖状に共有

しながら対立しており，それに対応して，4つの構文もまた互いに連関しつつ対立している．そして，その対立の仕方は，〈スル〉と〈ナル〉という2つの対立的な事態特性をパラメータとして相関的に特徴づけ得る性格のものである．

　日本語の (r) are や (s) ase のような形態表示をもたない中国語にあっては，ともすれば使役文と受け身文（受影文）の「曖昧性」（佐々木1997）という点が強調されがちであるが，曖昧性が生じるのはプロトタイプではなく，周辺的な構造においてのことである．一つの領域の周辺的な部分と，隣接する領域の周辺的な部分との間に境界の曖昧性が生じるという現象は，さまざまな言語カテゴリに広く観察されるものであって，特にヴォイスに限られた現象ではない．プロトタイプとしての特徴を見極めれば，そこには，㉖に示されるように，使役文も受影文もそれぞれ示差的な特徴をもって対立的に構造化されている状況が見て取れるはずである．指示使役文と許容使役文はAを，誘発使役文はSを，受影文はASをそれぞれ典型的な述語とし，またそれぞれのYは，指示使役文と許容使役文ではAの表す動作・行為の主体としての役割を，誘発使役文ではSの表す状態・変化の主体としての役割を，受影文ではASのうちのAの主体としての役割を担っている．ヴォイス表現に与る4種の構文は，このように決して曖昧ではない明確な特徴をもって十分にシステマティックなパラダイムを形成している．

　ところで，このように指示使役文と許容使役文ではYとAが，誘発使役文ではYとSが，受影文ではYとASのうちのAがそれぞれ意味的に結び付くという3通りの組み合わせは，パラダイムの整合性という観点から，さらにもう一つの構文の成立の可能性を予見させる．その構文とは，受影文と同様にAS構造を述語にもち，かつYがAの主体でなくSの主体を表すといったタイプの構文——すなわち，"X c Y AS"（c

---

4）　受影文は "老王被一块石头绊倒了．"［王さんは一個の石につまずき倒れた．］のように，無意志性のモノがYに立つ例も少なくない．このように無意志の静体が有責者である場合は，客観的には原因の一種に近く，誘発使役文のXにより近似する．

は準動詞を表す）の構造を成し、「XがAをした結果、YがSの状況になる」ということを意味する構文——である。仮にそのような構文が存在するならば、AとSとYに関して構文上可能な組み合わせがすべて出そろい、ヴォイス構造のパラダイムはより一層の整合性を獲得することになる。果たしてそのような構文が現実に存在するだろうか。本論は"把"構文こそがまさにそれであると考える。(28)に代表される"把"構文はまさしく「Xが動作・行為Aを〈スル〉ことの結果としてYが状況Sに〈ナル〉」という事態を意味するものである。

(28) 小红　　　把　　我　　　拽倒了。
　　　シヤオホン　ba　　私　　　引く-倒れる-PERF
　　　［シヤオホンは私を引き倒した。］

3.2 「処置文」改め「執行使役文」

受影文と同様、"把"構文の成立にとって結果表現——すなわちAS構造におけるS——の存在が重要な役割を担うという事実はこれまでも繰り返し指摘されてきた。SをともなわずにAだけが述語に充てられた"把"構文は、あるいは不適格であったり（例えば(29)）、あるいは主文として独立することが不自然であったり（例えば(30)）、さらにはおしなべて未然の出来事の表現には不適格である（例えば(31)）というように、構文上さまざまな制約を受ける。

(29) *小红　　　把　　我　　　拽了。
　　　シヤオホン　ba　　私　　　引く-PERF

(30) ??小红　　　把　　筷子　　一　　放。
　　　シヤオホン　ba　　箸　　　ポンと　置く

(31) *你　　　快　　　　把　　大衣　　脱！
　　　あなた　さっさと　ba　　コート　脱ぐ

それに対して、AS構造を述語とする"把"構文は、そのようなもろもろの制約を受けない。このことは、AS型の述語からなる"把"構文を、この種の構文のプロトタイプと見なすに十分な根拠となり得る。

また，"X 把 Y AS"のかたちが，実際の運用頻度においても"把"構文のプロトタイプ的な存在であることは，張伯江 1998 によって明らかにされている。張氏のデータによれば，老舎の作品 13 編（約 66 万字）と王朔の作品 4 編（約 40 万 5 千字）に用いられた"把"構文の用例延べ数 2209 例（老舎：1595 例，王朔：614 例）のうち，動詞が何らかの結果表現を伴う例──すなわち"X 把 Y AS"のかたちに該当する例──は 1883 例（老舎：1362 例，王朔：521 例）に上る。つまり，"把"構文の全用例数のうちの 85％に及ぶ圧倒的多数が，AS 構造を述語にもつということである。

　張伯江 1998 は，コーパスから読み取られたこの実証的な数値と，認知言語学的な論拠を踏まえて，"把"構文の典型的な意味機能は"致使"を表すことにあると結論する。すなわち「主体が能動的に働きかけることによって，客体に位置の移動や状態変化を起こさせる」（"主体主動地致使客体产生位移/変化"）事態を述べること，それこそが"把"構文のプロトタイプ的意味（"'把'字式的原型語義"）であり，そうした意味を表す構文こそが"把"構文のプロトタイプであるとする。本論も基本的に張氏の見解に同意するものである。位置移動や状態変化とはまさしく〈ナル〉的状況であり，それを生じさせる事態とは使役的事態にほかならない。つまるところ，"把"構文とは，典型的には(32)のような構造を成し，「X が A という動作・行為を〈スル〉ことによって Y が S という状況に〈ナル〉」という事態を表す構文，一言で言えば，〈シテ・ナラセル〉事態を表す構文であると特徴づけることができる。

(32)　Ⓧ　把　Ⓨ　AS

　従来「処置文」の名で呼ばれてきたこの種の構文を，本論では「執行使役文」と呼び換え，この構文が使役文の一種であることを明確にしたい。「執行」とは，X が既に述べた 4 つの構文の X とは異なり，具体的な動作・行為の直接の執行者であることを踏まえての命名である。

3.3 ヴォイス・カテゴリの相関と対立

　執行使役文を加えて合計5つの構文から構成される有標ヴォイスのパラダイムを改めて見直してみると，それらが対応する事態に類似の「型」が共有されている事実を見て取ることができる。すなわち，いずれの事態も「Yが〈スル〉または〈ナル〉という状況に対して，他者Xがそれを広義に〈サセル〉立場で関与する」といったタイプの事態であるという類似性をもつ。この類似性の認識こそが，5つの事態をすべて同型の構文形態"X c Y V"で具現化するという言語現象に反映し，ここに一つの構造的カテゴリ，すなわちヴォイスと呼ぶにふさわしいカテゴリが成立していると考えられる。

　大枠において一つのカテゴリに統括されるこれら一連の事態は，各々いくつかの要因に動機づけられて5つのタイプに下位範疇化され，それに対応して"X c Y V"の構文も5つのヴァリエイションに分かれる。そして，以上の考察が示すように，サブ・カテゴリとしての5つの事態およびそれに対応する5つの構文の対立は，2つの項——XとY——と，2種類の状況——スルとナル——の組み合わせのパタンによって特徴づけられる。具体的には，Xが〈スル〉主体であるか否か，そしてYが〈スル〉と〈ナル〉のいずれの主体であるかの差である。例えば，「〈Yがスル〉という状況に［−スル］のXが関与する」タイプの事態であれば"X 让 Y A"のかたちで言語化され，「〈Yがナル〉という状況に［＋スル］のXが関与する」タイプの事態であれば"X 把 Y AS"のかたちで言語化される，といった具合である[5]。5つの構文は，対応する事

---

5) 客観的世界の事実として，例えば「辺りが〈暗くナル〉ことの結果として子どもたちが〈恐くナル〉」という事態は十分に起こり得る。しかし，この種の事態を"X c Y V"のかたちでは言語化できない。"*天把孩子们黑怕了。"［*辺りが子どもたちを暮れ恐がらせた。］という"X c Y SS"型の表現は明らかに不適格である。このことは，中国語においては，Xが〈ナル〉ことの結果として他者Yが〈ナル〉というタイプの事態は，指示使役文をはじめとする五つの構文の表す事態とは異なるタイプのものとしてカテゴリ化されていることを示している。

態のタイプの差異を反映して述語の構造にそれぞれの特徴を示し，さらには，Yを導く準動詞（ｃ）の形式をそれぞれ異にする。

　以上，本節では，有標のヴォイス表現に与る５つの構文について相関と対立の関係を特徴づけ，中国語におけるヴォイス・カテゴリの構造化の概要を明らかにした。

　述語の形態変化という手段をもたない言語にも，いわゆる受け身や使役に相当する表現は存在し得るだろうし，ヴォイスと呼ぶにふさわしい文法的なカテゴリがその言語なりの方法で構造化され，体系化されている可能性もあり得るはずである。ここに見た中国語の状況はその一つの範例を示すものと考えられる。

4　準動詞（ｃ）のカテゴリ化

　前節までは述語の問題を中心にヴォイス表現の意味と構造について考えてきた。本節ではヴォイス構文においてYをマークする準動詞（以下ｃとのみ称する）に焦点を当て，カテゴリ化に関わる問題を考えてみたい。

4.1　２系統のカテゴリ化

　有標のヴォイス構文においてYをマークするｃの用法には２つのパタンが存在する。これまでは議論の便宜上，１つのパタン，すなわち５つの構文にそれぞれ異なる形式を使い分けるパタンのみを取り上げてきたが，現実にはもう１つのパタンが存在する。それは，執行使役文を除く他の４構文のすべてに同一の形式――"叫"か"让"のいずれか――を用いるパタンである。つまり，ｃには，構文ごとに異なる５つの形式が振り充てられるパラダイムと，執行使役文のみを他の４つの構文と区別し，他の４つの構文には共通の形式が充てられるパラダイムが共時的に併存するということであり，話し言葉ではむしろ後者のパラダイムが多用される。ここでは前者のパラダイムを仮に分割系と呼び，後者のそれを統合系と呼ぶことにする（【表Ⅰ】参照）。

【表Ⅰ】

	c	
	分割系	統合系
指示使役文	叫	叫 or 让
許容使役文	让	
誘発使役文	使	
受　影　文	被	
執行使役文	把	把

　この2系列のうち，分割系の成立については，これまでの議論からも明らかなように，各構文においてそれぞれのYが担う意味的性格の差異――例えば，指示使役文におけるYは指示的使役の被使役者であり，かつ動作の主体である；誘発使役文のおけるYは原因的使役の被使役者であり，かつ状態の主体である，等々の差異――がそれを動機づけていると解釈される。一方，執行使役文のcのみを区別し，他の4構文のcについては一括して同一の形式を充てるという統合系のカテゴリ化については，対格言語としての中国語の特性がこれを動機づけていると考えられる。

　執行使役文を除く4つの構文のYは，個別の意味的差異を捨象すれば，いずれも"X c Y V"のVが表す動作・作用の主体であるという点において一致する。指示使役文・許容使役文・受影文のYはいずれも動作・行為の主体であり，誘発使役文のYは状態・変化の主体であった。それに対して，執行使役文のYは，例(28)が示すように，動作・行為の影響を被る対象であって，動作・行為の主体ではない。動作・行為の主体はXである。もとより中国語は対格言語であり，文の基本構造において，動作・行為の主体を，自動詞文における状態・変化の主体と同様に扱い，ともに主語（主格）の位置に据え，動作・行為の対象のほうはそれらとは別に扱い，目的語（対格）の位置に据えるというタイプの言語である。指示使役文をはじめとする4つの構文のYをすべて同一形式でマーク

し，執行使役文のYのみを異なる形式でマークするという統合系cのカテゴリ化のパタンは，まさしく対格言語としての基本原理に沿うものと考えられる。

ちなみに，日本語も対格言語に属するが，使役文における格助詞のマーキングの状況は(33)の例からもうかがえるように，必ずしも対格言語の原理に沿うものではない。

(33) a. 太郎が花子に好きな場所に座らせた。
　　 b. 太郎が花子を無理やり座らせた。
　　 c. 太郎が花子を悲しませた。

ここでは使役文の述語がいずれも自動詞（「座る」「悲しむ」）をベースに構成されているが，自動詞の意味する動作が被使役者（花子）の意志によって遂行される事態を表す(33a)では，被使役者が「に」でマークされ，自動詞の意味する動作・作用が被使役者の意志に関わりなく実現する事態を表す(33b)と(33c)では，被使役者が「を」でマークされている。

ネイティヴ・アメリカンの言語などに多く見られる動格言語（active language）は，動作者の意志の有無によって自動詞主語の格表示が2様に分かれる，いわゆる「自動詞分裂」（split intransitivity）の現象をもつことで知られるが，ここに見る日本語使役文の「に」と「を」の使い分けも自動詞分裂の一種と捉えることができる。つまり，基本構造においては対格言語である日本語も，有標構造である使役文においては動格的な現象を部分的にもち合わせているということである。それに対して，中国語の話し言葉における格表示は，統合系のcのパラダイムが示すように，有標のヴォイス構造においても対格言語の原理を貫いており，日本語とは性格を異にしている。

もっとも，【表I】の統合系パラダイムは普通話のみの状況を記述したものであり，Yのマーキングが対格言語の原理に沿うという理解も普通話を対象に成り立つものであって，中国語のすべての方言を対象に，この種の一般化が成立するわけではない。最後に，諸方言のcをめぐる

カテゴリ化の問題について考えてみたい。

4.2　諸方言における c のカテゴリ化

【表Ⅱ】は，複数の調査報告に基づき[6]，山西から広東までの9省にまたがる 65 地点の方言を対象に行った，c の形式分布に関する観察結果の一部である。許容使役文と誘発使役文については大半の方言においてデータが不十分であるため，ここでは指示使役文，受影文，執行使役文に対応する3構文の c のみを取り上げることにする。

ここでは個々の方言に関する詳細は割愛するが，c の形式分布が方言間でさまざまに異なる様子は，この 11 地点のサンプルからも十分にうかがい知ることができる。カテゴリ化という観点から言い換えれば，c の統合と分割のパタンが方言間で多様に異なるということである。例えば，香港粤語のように c が3つの異なる形式によって分割されるタイプの方言もあれば，博山方言のように指示使役文と受影文の c が同一形式で統合され，執行使役文の c だけが異なる形式によって区別されるタイプの方言もあり，また，博山とは対照的に，指示使役文だけが区別されて，受影文と執行使役文の c が同一形式で統合される高淳方言のような

【表Ⅱ　諸方言における c の形式分布[7]】

	香港粤語	上海	山東博山	江蘇高淳	湖南祁陽	山西臨猗	河南周口	湖北陽新	安徽黟県	安徽婺県	杭州
指示使役文	叫	叫	叫	叫	叫	叫	叫	把 g	叫	叫	叫
受　影　文	畀 g	拨 g	叫	把 g	把 g	叫	叫	把 g	畀 g	乞 g	把 g
執行使役文	將	拿	把	把 g	把 g	叫	叫	把 g	畀 g	帮	把 g

---

6)　何洪峰・程明安 1996，平田 1997，平田 1998，黄群建 1995，黄伯荣 1996，李維琦 1998，李新魁等 1998，钱乃荣 1992，钱曾怡 1993，石汝杰 1997，史秀菊 1996，Simmons 1992，徐丹 1992，伍云姫 1998，張洪年 1972，张双庆 1997，周口地区地方史編纂办公室 1993 参照。
7)　右下に g の文字を付した形式は，当該方言において「与える」を意味する授与動詞の文法化によってもたらされた準動詞であることを示す。

タイプもあり[8]，さらには3つの構文のcがすべて同一形式で統合される臨猗方言のようなタイプもある。それぞれのタイプを仮に粤語型，博山型，高淳型，臨猗(りんい)型と名付け，カテゴリ化のパタンを類型化すると【表Ⅲ】のようになる（α，β，γはcに充てられる具体的な形式の変数を表すものとする）。

【表Ⅲ　cのカテゴリ化の類型】

	粤語型	博山型	高淳型	臨猗型	χ型
指示使役文	α	α	α	α	α
受影文	β	α	β	α	β
執行使役文	γ	β	β	α	α

　先の11地点も含めて，今回観察した65地点の方言はすべて上記の4型のうちのいずれかに属する。理論的にはχ型のようなタイプのカテゴリ化が成立する可能性も想定されるが，今回観察した65地点のなかにはこれに該当する方言が一例も存在しない。そのことの理由も併せて，上記4タイプのカテゴリ化が成立する意味論的動機を考えてみたいが，ここでも第3節で示した分析と4.1の議論が有効に機能する。

　まず粤語型と博山型については，それぞれのパタンが普通話の分割系と統合系に共通していることから，それらと同様の解釈が成り立ち得ると考えられる。すなわち，粤語型では3つの構文におけるそれぞれのYの意味的差異を反映してcも3通りに分割され，博山型では対格言語の特性を反映して，執行使役文のcだけが分割されていると解釈される。

　次に，普通話とは異なるパタンを示す高淳型では，事態に対するXとYの関与性の差が当該のカテゴリ化を決定づけていると考えられる。第

---

[8] 泉1985は，数種の方言データをもとに，中国語の方言には「被動のみを表現する形式は存在するが，使役のみを表現する語は存在しない」と断言し，「使役用法を有する形式は必ず被動用法をも兼ねる」（泉1985：42）といった一般化を試みている。しかし，事実はそれほど単純ではなく，現実には，高淳方言のように，使役文だけに用いて受け身（受影文）用法を兼ねない準動詞をもつ方言も少なからず存在する。

3節で述べたように，受影文と執行使役文はいずれもAS構造を述語とし，動作Aが状況Sを引き起こすというタイプの使役的事態を表すものであった。そして，XとYは，一方が動作Aの直接の仕手であり，一方がその動作の影響を受ける直接の対象であって，双方とも述語の表す事態にとっての直接的な関与者であるという点において，この2つの構文は共通性をもつ。一方，指示使役文はAのみを述語とし，Aが意味する動作の直接的な関与者はYのみであって，XはAの直接の仕手でもなければ，その影響を被る直接の対象でもない。Xはあくまでも間接的な関与者でしかない。先の受影文と執行使役文の表す事態が直接的な関与者の間で実現する「直接関与的使役」であったのに対して，指示使役文の表す，間接的な関与者によって引き起こされる使役的事態は「間接関与的使役」とでも呼び分けるべき性格をもつ。この直接か間接かの差に動機づけられて成立しているのが，高淳型のカテゴリ化であると考えられる。高淳型とは，間接的な使役事態での動作主体をマークするcと，直接的な使役事態での動作主体もしくは作用主体をマークするcの間にカテゴリの分化が形成され，それぞれに異なる形式が振り充てられたパタンであると理解される。

　さて，博山型のように，直接的使役事態の関与者であるか間接的使役事態の関与者であるかの差に無関心であり得れば，Yがともに動作Aの主体であるという共通性に動機づけられて，指示使役文と受影文のcが一つのカテゴリに統合される可能性が生まれ得る。一方，高淳型のように，動作主体であるか動作対象（すなわち作用主体）であるかの差に無関心であり得れば，Yがともに述語の意味する状況（動作Aか作用S）にとっての直接的な関与者であるという共通性に動機づけられて，受影文と執行使役文のcが一つのカテゴリに統合される可能性が生まれ得る[9]。

　では，この2通りの差のいずれにも無関心であり得たならばどうか。仮にそのような方言が存在するなら，3構文のcがすべて一つのカテゴリに統合される可能性も十分に想定し得る。臨猗型に見られるcの未分

割の現象は，まさにこれに該当するものと考えられる。すなわち，臨猗型とは，直接的使役の関与者であれ，間接的使役の関与者であれ，動作主体であれ，動作対象（すなわち作用主体）であれ，それらの差異には一切頓着せず，およそ述語の意味する〈状況（動作Aまたは作用S）の主体〉であれば，すべてこれを同一形式でマークするといったタイプの方言であると理解される。このように，3構文のYがいずれも述語の意味する動作・作用の主体であるという共通性に動機づけられて最も広範囲に統合されている臨猗型のcは，ヴォイス構文に用いられる準動詞のなかで最も文法化の進んだものと言える。

　ところで，指示使役文と受影文のYにはともに動作主体であるという共通点があり，また，受影文と執行使役文のYにはともに直接的使役事態の関与者であるという共通点があり，それぞれの共通点がcの統合の動機となり得たが，**間接的使役の関与者**であって**動作主体**である指示使役文のYと，**直接的使役の関与者**であって**動作対象**（すなわち作用主体）である執行使役文のYの間には，両者のみを直接に結び付ける共通項が存在しない。双方のYは，それぞれのYと共通項をもつ受影文のY（すなわち**直接的使役の関与者**であり，かつ**動作主体であるY**）が，中間項として両者の間に介在してこそ，初めてリンクし得る性格のものである（【表Ⅳ】参照）。したがって，受影文のcとの統合なくして，指示使役文と執行使役文のcのみが統合されるというパタンが成立する可能性は，

9）多くの方言で，受影文と執行使役文のYがともに「与える」を意味する動詞と同形態の準動詞によってマークされるという現象が観察され，それについての意味論的解釈がXu 1994や江藍生1999によって試みられている。ただし，両氏の論考では，2つの構文のYの意味役割が従来どおり〈動作者〉対〈受動者〉の関係で捉えられており，両構文の使役性は一切考慮されていない。〈動作者〉と〈受動者〉は意味役割としてはまさに対蹠的な関係にあり，両者が同一の格標識でマークされることの意味的動機を見いだすことは容易ではなく，その点で，Xu氏，江氏いずれの解釈も説得力を欠く。"把"構文（およびそれに相当する諸方言の構文）を使役文の一種と見る本論では，そこでのYが単なる〈受動者〉ではなく，〈被使役者〉（すなわち引き起こされる作用（S）の主体）であるところに，動作（A）の主体である受影文Yとの接点が存在すると考える。詳細は第9章に譲る。

意味論上，他のタイプの統合パタンが成立する可能性よりも明らかに低いと考えられる。つまり，χ型のカテゴリ化の成立は，他の型に比べて明らかに意味論的動機に乏しいということである。このことは現実にχ型の方言が存在する確率の低さを予測させる。今回の調査でランダムに抽出された65地点のなかに，χ型に該当する方言がただの1例も観察されなかったという事実もこのことに起因すると考えられる。

【表Ⅳ】

	Yの意味役割		
指示使役文	間接的使役事態の関与者	∧	動作主体
受影文	直接的使役事態の関与者	∧	動作主体
執行使役文	直接的使役事態の関与者	∧	動作対象（作用主体）

　以上，諸方言におけるcのカテゴリ化の動機づけについて，意味論的な観点からの解釈を試みた。第3節の分析からも既に予測し得るように，有標ヴォイス構文のパラダイムには，各構文のYの意味的差異化の動機となり得る要因がいくつか存在する。問題は，いずれの要因がより重要なものとして認識され，言語形式の上に明示的に反映されるか——すなわち形式上または構造上のカテゴリ化を促す指標となり得るか——であり，その指標の選択がそれぞれの方言で異なるということである。選ばれる指標が異なれば，切り取られるカテゴリも当然異なる。結果として，Yをマークするcの形式分布のパタンに，【表Ⅲ】のような複数の変異が生じることになる。

　方言文法を論じる際に，方言間接触の問題を抜きにして十全な考察が成り立ち得るものでないことは言うまでもない。個々の方言におけるcの形式分布のあり方に，他の方言からの影響や，個々の形式の内在的な文法化の現象が有力な要因として関与している可能性も無論見過ごすことはできない。しかし，いずれの経緯をたどるにせよ，ある種のカテゴリ化が意味論的な脈絡と無関係には成立し得ないこともまた事実であり，そこに意味論的動機を模索することの重要性があると考えられる。その意味で，本論が示した有標ヴォイス構文に関する分析と，そこから

導かれる準動詞 c のカテゴリ化に関する意味論的解釈は，方言類型論的にも一定の有効性をもち得るものと考えられる。

第9章

北京官話授与動詞"给"の文法化

1　はじめに

　中国語のいわゆる受動文,すなわち前章で言うところの「受影文」は,受動者を主語に立て,動作者を斜格として動詞の前に置く。一方,処置文（disposal construction）あるいは"把"構文（BA construction）と呼ばれる使役性の高い能動文は,動作者を主語に立て,受動者を斜格として動詞の前に置く。受動文における動作者は"被"によってマークされ,"把"構文における受動者は"把"によってマークされる。

(1)　狗　　被　　小红　　　　撵走了。
　　　犬　　bei　シヤオホン　追い立てる-うせる-PERF
　　　［犬はシヤオホンに追い払われた。］

(2)　小红　　　把　狗　　撵走了。
　　　シヤオホン　ba　犬　追いたてる-うせる-PERF
　　　［シヤオホンは犬を追い払った。］

　中国語が元来対格型言語に属し，ＳＶＯを基本語順とする言語であることに鑑みれば，動作者が斜格として非主語の位置に用いられる受動文と，受動者が斜格として動詞の前に用いられる"把"構文は，いずれも有標の構文であると言える。前章でも述べたように，中国語の受動文は典型的にはＶＲ構造を述語とするいわゆる結果構文であり，"把"構文もまた結果構文であり，両者は，片や受け身，片や使役というヴォイス的対立を成す有標の結果構文として捉えることができる。

　以下，本章では前章に従って，受動文を「受影文」，"把"構文を「執

行使役文」と呼ぶ。また，以下に取り上げる方言の例も含めて，受影文中の動作者をマークする形式，すなわち agent marker としての準動詞を，議論の便宜上 AM と記し，執行使役文中の受動者をマークする形式，すなわち patient marker としての準動詞を PM と記す。既に前章でも述べたとおり，受影文とは，中国語の受動文の主語が単なる動作の受け手ではなく，動作がもたらす具体的な〈影響〉の被り手であることを踏まえての命名であり，執行使役文とは，"把"構文が典型的には使役構文であることを踏まえての命名である。

　さて，上に挙げた(1)と(2)は，共通語である普通話の例であるが，方言のなかにも普通話の受影文と執行使役文に相当する構文をもつものは少なくない。興味深いことに，それらのなかには，受影文の動作者マーカー（AM）と執行使役文の受動者マーカー（PM）の形式を，普通話の"被"と"把"のように差異化せず，同一の形式を用いて表すというタイプの方言が多数存在する。つまり，AM と PM が一つの形式で賄われるというタイプの方言が少なからず存在するということである。しかも，そのように AM と PM の両方を兼ね担う形式の多くが，当該方言の授与動詞（「(人にものを)与える」という行為を意味する動詞）から派生しているという事実，すなわち授与動詞が文法化した形式であるという事実も注目に値する。一例を挙げれば，湖南省南部の臨武方言では，次のように，普通話の"被"に相当する AM にも，普通話の"把"に相当する PM にも，ものの授与を意味する動詞"挨"[与える]をソースとする同一の形式が用いられる（李永明 1988）。

(3) 我　　挨　　狗　　　咬喋。
　　私　　AM　　犬　　　かむ-PERF
　　[私は犬にかまれた。]

(4) 我　　挨　　碗　　　打烂喋。
　　私　　PM　　碗　　　ぶつける-壊れる-PERF
　　[私はお碗を割った。]

(5) 我　　挨　　你　　一　　本　　书。
　　　私　　与える　あなた　1　　冊　　本
　　［私はあなたに本を1冊あげる。］

　このように，臨武方言では AM と PM に形式上の対立がなく，授与動詞が文法化した1つの形式が同時に2つの機能語的用法を担っている。地理的に粗密の差はあるものの，中国南北の広範囲にわたってこうしたタイプの方言が存在することが，複数の方言調査によって確認されている（徐丹1992, Simmons 1992, 黄群建1995, 黄伯栄1996, 李維琦1998, 石汝杰1997, 平田1998, 伍云姫1998, Wu 1999）。そして，本章が取り上げる北方方言の北京官話にも，これに類似する現象が観察される。

　北京官話の授与動詞"给"は文法化の結果としていくつかの機能語的用法を獲得しているが，そのうちの一つに普通話の"被"と"把"に類似する機能が認められる。例えば次の(6)と(7)はそれぞれ受影文と執行使役文に相当し，(6)の"给"は動作者を，(7)の"给"は受動者をマークしている。

(6) 狗　　给　　小红　　　　撵走了。
　　犬　　AM　　シヤオホン　　追い立てる-うせる-PERF
　　［犬はシヤオホンに追い払われた。］

(7) 小红　　　　给　　狗　　　　撵走了。
　　シヤオホン　PM　　犬　　　　追い立てる-うせる-PERF
　　［シヤオホンは犬を追い払った。］

　北京官話の話し手は一般に，普通話と同様，AM には"叫"または"让"を用い，PM には"把"を用いるが，同時に，上の2例のように"给"を併用する話し手も少なくない。つまり，北京官話の話し手のなかには，AM と PM に充てる形式に複数のヴァリエイションをもち，その一つとして"给"を用いるというタイプの話し手が存在するということである（徐丹1992, 周一民1998）。北京官話に見られるこのような状況は，先に挙げた臨武方言が AM と PM に唯一"挨"を用い，それ以外のヴァリエイションをもち合わせないという状況とは必ずしも等しくない。し

かし，それぞれの方言で授与を意味する動詞が文法化によって AM と PM の機能を獲得しているという点では一致している。

本章では，北京官話を対象に，授与動詞の文法化と意味拡張のプロセスを考察し，AM と PM という，一見対極的とも見える 2 種類の関与者マーカーがともに 1 つの授与動詞の文法化によってもたらされることの意味論的動機を明らかにしたい。

2 従来の解釈

2.1 "給" の AM 化について

北京官話を含めて多くの方言で授与動詞が AM と PM の両機能を獲得しているという現象については，これまでにも複数の先行研究が意味論的な解釈を試みている（徐丹 1992，江藍生 1999，Newman 1993 など）。なかでも AM 機能の獲得に関しては，それを許容使役文における〈被使役者〉マーカー（causee marker，以下 CM と記す）からの拡張と見る説が最も有力視されている。確かに，授与動詞が AM 機能をもつ方言のうちの多くは，当該の授与動詞が同時に許容使役文における〈被使役者〉マーカー（CM）の機能も獲得している。次に挙げる粤方言もその一つである。

(8) 隻　狗　畀　小红　趕走咗。
　　匹　犬　AM　シヤオホン　追い立てる-うせる-PERF
　　［犬はシヤオホンに追い払われた。］

(9) 我　畀　小王　返　屋企　先。
　　私　CM　王くん　帰る　家　先に
　　［私は王くんに先に帰宅させましょう。］

これについては，江藍生 1999 に代表されるように，授与動詞が，事物の〈授与〉から動作行為の〈許与〉の意味に拡張し，さらに文法化を経て許容使役における被使役者マーカーへ発展したとする見方が半ば通説化している（Hashimoto 1988, 徐丹 1992）。その解釈の是非はともかく

として,許容使役文における〈被使役者〉は同時に〈動作者〉でもあり,その〈動作者〉のマーキングに充てられる形式が,さらに受動文の動作者マーカーにまで拡張することによって授与動詞の AM 用法が成立するというのが従来の一般的な解釈である。

従来のこのような解釈は,授与動詞が AM 機能と〈被使役者〉マーカー(CM)の機能の両方を併せもつ粤方言のようなタイプについては,一定の説明力をもつが,北京官話のように,共時的なコーパスにも,また,過去2世紀をさかのぼる代表的な北京官話資料にも,"給"が許容使役文の〈被使役者〉マーカーとして用いられている例が見当たらない方言に対しては十分な説明力をもたない。18世紀中期に成立した『紅楼夢』や19世紀中期に成立した『児女英雄伝』には,"給"が許容使役文の〈被使役者〉マーカーとして用いられている例は1例も見当たらない(山田 1998)。また,20世紀初頭に成立した北京官話口語資料『小額』にも,〈被使役者〉マーカーに該当する"給"の用例は1例も索出されない。これらの資料では,現在の北京官話と同様,"让"が許容使役の〈被使役者〉マーカーに用いられている。そして,現在の北京官話においても,次のように,「彼女に先に帰宅させよう」や「彼は子どもたちに好き勝手に騒がせておいた」の意味で"給"を〈被使役者〉マーカーとして用いる文は非文となる。

(10) ＊給 ／ 让　她　　先　　回　　家！
　　　CM　　　彼女　先に　帰る　家

(11) 他　＊給 ／ 让　孩子　　乱　　　吵。
　　　彼　　CM　　　子ども　みだりに　騒ぐ

このように,そもそも拡張のソースであるはずの〈被使役者〉マーカーとしての"給"の用法が確立していない北京官話に対して,"給"の AM 機能の拡張源を〈被使役者〉マーカーに求めようとする解釈には明らかに無理がある。

蒋紹愚 2002 は,4.1 で述べる"小红给小王看照片。"[シヤオホンは王くんに写真を見(さ)せてやった。]のような,モノの授与(提示・提供)

によって相手の動作行為の遂行を助けるという，言わば授与介助的な行為を表す"給"構文の成立を機に，"給"が動作者としての〈被使役者〉を導く機能を獲得し，さらにはそれが受動文における〈動作者〉マーカーに発展したという，従来の説とはやや異なる解釈を示している。しかし，現在に至るまでの北京官話の歴史において，"給"が許容使役文や指示使役文に用いられて動作者としての〈被使役者〉をマークする用法が一般的かつ生産的なかたちで確立した（あるいは確立している）という事例が見当たらない以上，蒋氏の説も説得力に乏しい。北京官話のようなタイプの方言については，授与動詞がAM機能を獲得する経緯について，やはり従来の説とは異なる新たな解答が求められなければならない。

2.2 "給"のPM化について

"給"のPM機能の獲得に関しては，その動機を古漢語のいわゆる"施受同辞"の現象に求める見方が有力である。"施受同辞"とは，中国語の孤立語性の反映として，古漢語の動詞の多くが形態上の差異化を何ら伴わずに能動・受動いずれの意味をも担い得たという現象を指す（楊樹達1924）。"施"は能動を，"受"は受動を，"辞"は形態もしくは語を意味する。例えば次の2例の"圍"は，⑿では「包囲する」を意味し，⒀では「包囲される」を意味し，一つの動詞が同一の形態で能動表現と受動表現の両方を可能にしている。

⑿ 宋人伐鄭，圍長葛。　　　　　　　　　　　　　　（『左傳・隱公五年』）
　［宋人，鄭を伐って，長葛を囲む。］
⒀ 魯酒薄而邯鄲圍。　　　　　　　　　　　　　　　（『荘子・胠篋』）
　［魯の酒薄くして，邯鄲囲まる。］

この，古漢語において一般的とされる"施受同辞"の現象が，能動文と受動文の構文上の非対立化（言い換えれば，同化）を引き起こし，同時に，動作者と受動者の格表示における非対立化をも引き起こし，さらにはそれを動機として，受動文（＝受影文）の動作者と処置文（＝執行使役文）の受動者についてもマーキングの非対立化（＝同化）が生じ，

その結果，受動文の動作者マーカーに充てられる"给"が処置文の受動者マーカーにも通用されるに至った，というのが江藍生1999などに代表される従来の解釈である。

しかしながら，大西2004の詳細な議論が示すように，"施受同辞"の成立は実際には動詞の意味特徴や構文上の有標性に与るところが大きく，意味上または構文上決して無制約に成立し得る性格のものではなかったということをうかがわせる事象が少なからず存在する。その意味で，従来の"施受同辞"説の一般性については，なお検討すべき余地があると言わざるを得ない。が，今はさておき，なにより問題にすべきは，"给"のPM化は少なくとも『小額』（1908年刊行）以後の現代漢語の時期に入ってからのことと推定され[1]，一方，動詞一語が単独で能動と受動を兼担するという"施受同辞"の現象は，宋代に始まる近代漢語の段階で既に一般性を失っていたという事実である。たとえ古漢語において"施受同辞"が一般的であったとしても，その現象が廃れて久しい現代漢語の段階においてにわかに復活し，"给"のPM化のみを動機づけたとする解釈にはどうにも無理があり，受け入れがたい。

さらに，仮に"施受同辞"説が妥当であるとするなら，なぜ"给"のみにAMからPMへの拡張が起こり，他の受動文動作者マーカー――すなわち"叫"または"让"――にはそれが起こらなかったのかという疑問も残る。北京官話の"叫"や"让"は"把"に相当するPM機能をもたない。動詞の文法化によるPM機能の獲得という現象が，"叫"や"让"には起こらず，"给"のみに起こったという事実については，やはり動詞本来の〈授与〉の意味との関連において然るべき解答が示されるべきであろう。

以上のことを踏まえ，本論では従来のいずれの説とも異なる新たな解答の提示を目指す。

---

[1] 北京人作家・老舎（1899‐1966）による1920年代末以降の作品には"给"のPM用法の例が散見される。

3 受影文と執行使役文

3.1 受影文の構文的特徴

　本題に入る前に，当面の議論との関連で必要かつ重要と思われる範囲で，受影文と執行使役文の意味的および構造的特徴を前章の議論に沿って確認しておきたい。多くの方言の受影文と執行使役文の構文的特徴は，本章の議論に関与的であると思われる事象を見るかぎりにおいて，普通話のそれと一致している。北京官話もまた例外ではない。以下では普通話を例に採りつつ，受影文と執行使役文のそれぞれの特徴を振り返っておくことにする。

　まず，受影文は，構文上，主語に立つ対象が単に動作行為を受けることを述べるだけでは成立し難く，動作行為の結果として対象が被る何らかの状態変化を明示する表現を述語成分に要求するという特徴をもつ構文であった。動作行為のみを述べて，結果としての対象への影響を具体的に述べない表現は，受影文としての成立が難しい。本章の冒頭に上げた(1)の"狗被小红撵走了。"［犬はシヤオホンに追い払われた。］から，結果補語の"走"［うせる］を落とした(14)は，"撵"が他動詞であるにもかかわらず，著しく許容度が下がる。

(14)　＊狗　　被　　小红　　　　撵了。
　　　 犬　　AM　シヤオホン　追い立てる-PERF

　このように対象への結果的影響を具体的に伝えようとする受影文に対して最もよく適応する述語形式は，VR構造，すなわち，動作行為を表す動詞（V）と，動作行為が対象にもたらす結果的状況（Result）を表す非対格動詞（または形容詞）とが結び付いた複合的な動詞句構造であった。VR構造は，未然・既然のアスペクチュアルな制約にも縛られず，また数量表現その他の付加的成分をも必要とせず，単独で広く受影文に適応する能力をどの動詞類よりも強く具えている。その意味で，VR構造は受影文に最も適した述語形式であり，言い換えれば，VR構造を述

語にもつ受影文，すなわち結果構文のかたちをとる受影文こそが，受影文のプロトタイプであると言える。

　受影文の特徴として特筆すべきもう一点は，受影文において焦点化（profile）されているのは主語の位置に置かれた動作対象であり，同時にその動作対象についての状況を語る結果（R）の部分である。つまり，受影文においては，〈働きかけ〉と〈結果〉の局面のうち，後者が焦点化され，その原因となる前者のほうは前提化されている。言い換えれば，結果としてのナル的状況が前景化され，スル的動作・行為は背景化されているということである。

　以上の2点を踏まえて，受影文の意味的特徴を要約するならば，それは，動作者の動作行為によって対象が何らかの状態変化を強いられるという意味を表し，しかも，対象がなにをサレルかというスル的事態よりも，対象がどうナルかというナル的事態のほうにより大きな関心を寄せる，恰も非対格構文の性格にも似た構文であるということである。

　前章で明らかにされたこのような受影文の意味的特徴に鑑みて，今，AMにマークされる関与者の意味役割を考えるならば，それは，〈動作者〉であると同時に，対象が何らかの状態変化を引き起こすナル的状況にとっての直接的な〈誘発者〉でもあると特徴づけることができる。加えて，受影文のAMがマークする関与者に関してもう一点留意すべきことは，それが他動的な動作者には限らないという事実である。例えば"咳嗽"［咳き込む］は自動詞だが，"咳嗽"の主体をAMがマークする次の例は極めて自然な受影文として成立する。

(15) 他　　被　　　小红　　　　　咳嗽醒了。
　　　彼　　AM　　シヤオホン　　咳き込む-目覚める-PERF
　　　［彼はシヤオホンに咳で起こされた。］

　つまり，自らの動作行為の遂行が他者の状態変化を引き起こす直接の原因となり得る，そのような動作主体であれば，すなわち状況誘発者としての動作者であり得れば，AMのマークを受けて受影文を構成する資格をもち得るということである。受影文のAMに導かれる関与者が，

このように，単なる〈動作者〉ではなく，〈状況誘発者〉としての側面をもつ〈動作者〉であるという認識は，"给"の文法化の問題を考える上で極めて重要である。

3.2 執行使役文の構文的特徴

受影文と同様，執行使役文の成立にとっても，結果表現，すなわちRの存在が重要な役割を担うことは前章でも述べたとおりである。例えば(2)の"小红把狗撵走了。"［シヤオホンは犬を追い払った。］から，"走"［うせる］を落とした(16)は許容度が格段に下がる。

(16) ??小红　　　把　狗　　撵了。
　　　シヤオホン　PM　犬　　追いたてる-PERF

受影文の場合と同様，動詞の語彙的意味によって執行使役文への適性は段階的に異なるが，いずれにしても，結果的状況を表すRを伴わずに動詞が単独で述語に充てられているかたちの執行使役文は，主文として単独で用いられることが不自然であったり，命令表現をはじめとする未然の事態の叙述には不適格であるといったように，構文上のいくつかの制約を受ける。それに対して，(2)に代表されるようなVR構造を述語とする執行使役文は，それらの制約から解放される。その意味で，受影文の場合と同様，VR構造を述語にもつ文形式，すなわち結果構文こそが執行使役文のプロトタイプであった。執行使役文とは典型的には結果構文であり，そのRが表す結果的状況とは，(2)の例が示すように，主語に立つ動作者の状況ではなく，PMにマークされる斜格目的語が示す対象の状況である。要約すれば，執行使役文とは，動作者が自らの動作行為の遂行によって，対象に何らかの状態変化を起こさせるという意味を表す構文であり，すなわち，動作主体が対象に何らかの状態変化を強いる使役的な事態を述べる構文なのである。

だとすれば，執行使役文の主語に立つ関与者も，これまた単なる〈動作者〉ではない。それは〈動作者〉であると同時に，対象に状態変化を促す〈使役者〉でもある。そして，そのことと連動して，執行使役文中

のPMに導かれる関与者も単なる〈受動者〉ではなく，状態変化を引き起こされる〈被使役者〉としての役割を兼ねていると考えなければならない。

　徐丹1992，Newman 1993，江藍生1999，蒋紹愚2002など従来の主要な関連論考はすべて，"被"にマークされる関与者を単に〈動作者〉と見なし，"把"にマークされる関与者を単に〈受動者〉と見なしてきた。そこには，中国語の受動文（すなわち受影文）と"把"構文（すなわち執行使役文）が典型的には結果構文を基盤とする構文であり，ともに対象にナル的状況をもたらす使役的事態を述べる文であるという認識が欠落している。授与動詞，とりわけ北京官話の"给"のAM化およびPM化の問題を考える際に，この，使役性に関する認識は不可欠であり，その認識なくして，当面の問題の解決を図れるものではない。

4　"给"の文法化

4.1　授与動詞から「授与目標マーカー」へ

　北京官話の動詞"给"は二重目的語構文を構成し，人物Xが自らの所有物Zを他者Yに「与エル」という行為を意味する。目的語の語順は，⒇のように，間接目的語（Y）が直接目的語（Z）に先行する。広東省一帯で話される粤方言など中国東南部の方言の多くが，直接目的語を間接目的語に先行させるのとは対照的である。

⑰　小红　　　给　　他　　一百　　块　　钱。
　　シヤオホン　与える　彼　　100　　元　　金
　　［シヤオホンは彼に100元の金を与えた。］

　この授与動詞としての"给"が一定程度の文法化を遂げることによっていくつかの機能語としての用法がもたらされるが，なかでも授与動詞本来の意味と最も密接に繋がっているのは，⒅のように，授与もしくは供与の類の行為が対象とする相手をマークする前置詞用法である。

第 9 章　北京官話授与動詞 "給" の文法化　225

(18)　小红　　　给　　小王　　送来了　　　　一　　封　　信。
　　　シヤオホン　PREP　王くん　届ける-来る-PERF　1　　通　　手紙
　　　［シヤオホンは王くんに手紙を1通届けにきた。］

(18)では,「届けにくる」を意味する複合動詞 "送来" が完了相を表す動詞接辞 "了" を伴っていることからもうかがえるように,"送来" が主要動詞であり,"给" は「届ける」相手をマークする前置詞として機能している。"给" はこのように,「授与」("递烟"［たばこをすすめる］,"汇"［為替送金する］),「供与」("喂奶"［授乳する］),「投与」("注射强心剂"［強心剤を注射する］,"输液"［点滴する］),「付与」("盖被子"［布団をかける］,"涂药膏"［膏薬を塗る］),「伝達」("传"［伝える］,"捎口信"［言づけをする］),「送信」("寄信"［手紙を郵送する］,"打电话"［電話をする］) など,ものや情報の受け取り手を必須の関与者として成立する種々の行為を意味する一連の動詞（句）と共起して,それらの行為が目指す相手,すなわち〈モノ〉の受け取り手を導く機能を担う。この種の "给" は,動詞の "给" が直後の名詞（句）に対してもつ「〈被授与者〉役割の付与」という機能を,若干の拡張を伴いつつ受け継いでいる。ここではこの種の "给" を仮に「授与目標マーカー」と呼ぶ。

　授与目標マーカーの "给" は次のように作製や獲得の行為を表す動詞とも共起し得る。

(19)　小红　　　给　　小王　　打了　　　一　　件　　毛衣。
　　　シヤオホン　PREP　王くん　編む-PERF　1　　枚　　セーター
　　　［シヤオホンは王くんにセーターを1枚編んだ。］
(20)　小红　　　给　　小王　　买了　　　一　　件　　毛衣。
　　　シヤオホン　PREP　王くん　買う-PERF　1　　枚　　セーター
　　　［シヤオホンは王くんにセーターを1枚買った。］

(19)は "小红" が "小王" に与えるためにセーターを「編んだ」という出来事を述べ,(20)は "小红" が "小王" に与えるためにセーターを「買った」という出来事を述べている。「編む」や「買う」に代表される作製行為や獲得行為はそれ自体必ずしも第3の関与者としての〈被授与者〉

の存在を必須とするものではないが，"给"はそれらの行為を意味する動詞と共起して，作製物や獲得物を与える相手，すなわち授与目標を導くことができる。

"给"には，また，直後の名詞（句）にモノの受け取り手としての意味役割を付与しながら，しかし主要動詞とは認め難いもう一つの用法として次のようなものがある。

(21) 小红　　　给　　小王　　喝了　　一　　杯　　水。
　　 シヤオホン　PREP　王くん　飲む-PERF　1　　杯　　湯
　　 ［シヤオホンは王くんにお湯を1杯飲ませてやった。］
(22) 小红　　　给　　小王　　看　　照片。
　　 シヤオホン　PREP　王くん　見る　写真
　　 ［シヤオホンは王くんに写真を見せてやった。］

(21)の文から想起される最も典型的な状況は，何らかの理由で自力では湯が飲めない"小王"に対して，"小红"が手ずから湯をあてがい飲ませるという状況である。介助を伴う使役的状況である。同様に，(22)の文から想起される最も典型的な状況は，"小红"が"小王"の目の前に写真を差し出し，"小王"に見させようとするという状況である。つまり，(21)と(22)は，人物Xが人物Yに具体的なモノを提供もしくは提示することによって，人物Yに，そのモノを対象とする動作の遂行を促すといった事態を表している。"给"にはこのように，授与行為に支えられた介助使役とでも呼ぶべきタイプの事態を表す構文に用いられて，モノの受け取り手を導く用法もある。

この種の構文は，主語に立つ人物が，文末の動詞句が表す動作行為の主体ではないという点で，これまでに挙げた(18)－(20)の構文とは性格が異なる。(21)と(22)において「湯を飲む（"喝水"）」あるいは「写真を見る（"看照片"）」のは主語に立つ"小红"ではなく"小王"である。「NP_1＋前置詞＋NP_2＋VP」の構造を成し，かつ，VPの意味する動作行為の主体がNP_1でなくNP_2であるというこの種の構文の特徴は，前章で述べた準動詞の"叫"を用いる指示使役文と類似している。北京官話では，他

者に動作行為を遂行させようとする一般的な指示使役の表現には，被使役者を"叫"でマークする次のような構文が用いられる。

⑵3) 小红　　　叫　　小王　　看　　照片。
　　シヤオホン　jiao　王くん　見る　写真
　　［シヤオホンは王くんに写真を見させようとした。］

⑵1)と⑵2)は構造上明らかに⑵3)の指示使役文と類縁性をもつ。指示使役文の⑵3)では，"小红"から"小王"に対していかなる具体的な働きかけがなされたかは一切不問に付され，単に"小红"から"小王"に「写真を見させようとする」意向が働いたということだけが述べられている。一方，"给"を用いる⑵2)では，"小红"から"小王"に対して授与行為が遂行され，それを支えに「写真を見させる」という使役的状況の実現が図られたという事態が述べられている。つまり，⑵1)や⑵2)の構文は，指示使役文の構造を鋳型に借りて，そのうえに授与の意味を塗り込むというかたちで成立していると考えられる。使役の構造に授与の意味が融け込んだ（あるいは，かぶさった）構文であると言い換えてもよい。田中1998の指摘にもあるように，実物の富士山を"小王"に見させようとするという意味では，次の⑵4)は明らかに不自然である。

⑵4) *小红　　　给　　小王　　看　　富士山。
　　シヤオホン　PREP　王くん　見る　富士山

写真や絵に描いた富士山を別にすれば，「富士山」そのものが授与の対象とはなり得ないからである。一方，"叫"を用いる指示使役文であれば⑵5)は難なく成立する。

⑵5) 小红　　　叫　　小王　　看　　富士山。
　　シヤオホン　jiao　王くん　見る　富士山
　　［シヤオホンは王くんに富士山を見させようとした。］

⑵4)と⑵5)の成否の対立は，"给"を用いるこの種の構文が単なる使役の表現ではなく，授与行為に支えられた介助的な使役的状況を表す構文であることを裏づけている。

このように授与動詞としての意味的性格をなお色濃く留めている⑵1)や

(22)の"给"を，前置詞として捉えることには，なお検討の余地が残されよう。未だ前置詞には至らず，動詞が若干の文法化を遂げた準動詞（coverb）の位置に留まるものと位置づけるほうが妥当であるかもしれない。しかし，いずれにしても，ここでの"给"は，直接目的語を伴わないこと（すなわち二重目的語を伴わないこと）と，アスペクト接辞を伴い得ないことの2点において，既に動詞本来の機能を失っていることは確かであり，加えて，直後の名詞（句）に具体的なモノの受け取り手としての役割を付与するという働き（すなわち「〈被授与者〉役割の付与」という機能）を担っているという点で，先の(18)–(20)の構文に用いられる"给"と一致している。ここではひとまず，これを，授与目標をマークする前置詞の一種と捉えておくことにする。

4.2 「授与目標マーカー」から「受益者マーカー」へ

"给"には，具体的なモノの受け取り手のほかに，〈恩恵〉や〈利益〉の受け手を導く用法もある。

(26) 我　　给　　她　　好好儿　　干　　活儿。
　　 私　 PREP　彼女　 しっかり　する　仕事
　　 ［私は彼女のためにしっかり働く。］

(27) 小红　　给　　小王　　梳　　头发。
　　 シヤオホン　PREP　王くん　梳く　髪
　　 ［シヤオホンは王くんに髪を梳かしてやった。］

(28) 妈　　给　　他　　开　　门。　　　　　（刘宝瑞《表演单口相声选》）
　　 母　 PREP　彼　 開く　ドア
　　 ［母は彼にドアを開けてやった。］

これまでに取り上げた構文では，"给"が導く人物はすべて動作行為の対象であるモノの受け取り手であった。それに対して(26)–(28)の"给"が導く人物は"活儿"［仕事］や"头发"［髪］や"门"［ドア］の受け取り手ではない。いずれの文でも"小王"はモノの授与に与る対象ではなく，"干活儿"［働く］，"梳头发"［髪を梳かす］，"开门"［ドアを開ける］という動作行為がもたらす恩恵もしくは利益に与る対象である。すなわ

ち〈受益者〉である。このように動作行為にとっての受益者をマークする"给"を「受益者マーカー」と呼ぶ。動作行為がもたらす抽象的な影響の受け手を導く受益者マーカーの用法は，動作行為の直接の関与物である具体物（モノ）の受け手を導く授与目標マーカーからの拡張であると考えられる。

　盧濤1993やNewman 1993など先行研究においては見落とされがちであるが，受益者マーカーの"给"が共起する動詞は，意味的に一定の制約を受ける。この種の"给"が共起し得る動詞は，一般に〈奉仕〉〈服務〉または〈労役〉の意味を読み込むことの容易な動詞に限られる。日本語では，子どものキャンプに付き添うことが目的で職場に自分の休暇を願い出た人物の発話として「私は子どものために（私自身の）休暇をとった」という表現は問題なく成立するが，中国語の(29)はそれと同じ意味では成立しない[2]。なぜなら，たとえ休暇を願い出る目的が子どもへの奉仕のためであったとしても，職場に対して「休暇を願い出る（"请假"）」行為そのものは〈奉仕〉でもなければ〈服務〉でもないからである（木村2000）。

(29)　*我　　给　　孩子　　请了　　三天　　的　　假。
　　　私　PREP　子ども　願い出る-PERF　3日間　の　休暇

受益者マーカーの"给"が共起し得る動詞は，"干活儿""梳头发""开门"などのように，それ自体が対人的にそのまま奉仕，服務あるいは労役として成り立ち得ると認識することの容易な行為を表す動詞に限られている。

　とはいえ，「働く」「髪を梳かす」「ドアを開ける」といった行為そのものは，常に受益者としての他者の存在を欠いては成し得ないという性格のものではない。動作者は自分自身のために働き，髪を梳かし，ドア

---

[2] (29)の文は，「私」が子どもに代わって「子ども」の休暇を願い出たという意味であれば成立するが，その場合の"给"は，(20)の"给"と同様，獲得物を与える相手をマークする授与目標マーカーとしての"给"であり，受益者マーカーの"给"ではない。

を開けることも十分に可能である。むしろ日常的には，われわれはそれらの動作行為をほとんどの場合，自分自身のために行っている。自分自身の生活のために働き，自分自身の身だしなみのために髪を梳かし，自分が部屋に入るためにドアを開ける。自らのためであることが日常であり，デフォルトであるがゆえに，通常はわざわざ「シヤオホンは自分のために髪を梳かした」「シヤオホンは自分のためにドアを開けた」などとは言わない。そのように元来は動作者一人で自律的，自己完結的に成し得る動作行為を，ことさら他者めあてに行うところに「ため」という認識が生まれる。「ため」の対象である受益者の存在とは，動作者が動作行為を捧げる対象であり，動作行為がめあてとする人的対象であり，さらに言い換えれば，それは，動作者によって明確に意識された動作行為の動機，すなわち誘発者でもある。本来なら開けずに済むドア，あるいは通常は誰のためとも意識せずに自らのために開けるドアを，ことさら他者のために開ける；そのような他者の存在とは，ほかでもなく，動作行為にとっての有標の引き金であり，外在的誘発者である。

　このように，受益者という関与者は行為誘発者とも捉え得る一面をもつ。そして，ここにこそ"給"がAMとしての用法を獲得する契機が見いだされる。受影文における"給"のAM機能とは，とりもなおさず，受益者がもつ〈誘発者〉としての側面がナル的状況と結び付くところに生じるものであり，すなわち，スル的行為の誘発者を導く"給"が，ナル的状況の誘発者を導く"給"へと拡張した結果であると考えられる。

4.3　"給"によるAM機能の成立
——「受益者マーカー」から「状況誘発者マーカー」へ——

　先に2.1で述べたように，受影文は非対格構文の性格にも似て，対象に降りかかるナル的状況に焦点を当てる文，すなわち対象がどうナルかに関心を寄せる構文であった。そして，受影文における動作者は，動作者であると同時に，くだんのナル的状況を引き起こす誘発者でもあった。一方，受益者は行為誘発者とも捉え得る一面をもつ。すなわち，受

影文の動作者は状況誘発者としての一面をもち，受益者は行為誘発者としての一面をもつ。この，ともに〈誘発者〉であるという接点を契機に，受益者マーカーの"给"が状況誘発者マーカーとしての AM に拡張する。ここに，冒頭の(6)や(30)の例に代表される，受影文における"给"の AM 機能が成立すると考えられる。

(30) 小王　　给　　她　　　　咳嗽醒了。
　　　王くん　AM　彼女　　咳き込む-目覚める-PERF
　　　［王くんは彼女（のため）に咳で起こされた。］

　日本語の形式名詞「ため」が，「家族のためにたばこをやめた」のように〈受益者〉を導き，また「健康のためにたばこをやめた」のように〈目的〉を導き，さらには「気管支炎のためにたばこが吸えない」のように〈原因〉を導くといった事実が物語るように，〈受益者〉〈目的〉〈原因〉という３つの意味役割にはもとより意味的な近縁性が認められる。〈受益者〉と〈目的〉が，動作行為がめあてとする指向的・未然的動機，すなわち「目指すものとしての動機」であるとするなら，〈原因〉は，起因的・既然的動機，すなわち「由って来るものとしての動機」であると言える。ともに事態を誘発する〈動機〉であるという点においてそれらは共通し，一つの意味カテゴリに統括され得る可能性をはらんでおり，現実に日本語では統括されている。

　中国語にもこれに類似する現象が見られる。古川 2000 の考察が示しているように，普通話の前置詞"为"は，広く〈目的〉の表現を導き，また，非結果構文において〈原因〉の表現を導き，さらには，必ずしも奉仕・服務・労役の行為を表さないさまざまな動詞表現と共起して〈受益者〉を導く。

(31) 她　　为　　　学习　　　日语　　来到　　日本。
　　　彼女　ために　学ぶ　　　日本語　来る　　日本
　　　［彼女は日本語を勉強するために日本に来た。］

⑶² 他　　为　　这个　和　　棚匠　　　　大发脾气。（老舎《骆驼祥子》）
　　　彼　ために　これ　〜に　小屋掛け職人　かんしゃくを起こす
　　　［彼はこれのことで小屋掛け職人たちにかんしゃくを起こした。］

⑶³ 我　　为　　孩子　　请了　　　三天　　的　假。
　　　私　ために　子ども　願い出る-PERF　3日間　　の　休暇
　　　［私は子どものために3日間の（自分自身の）休暇を願い出た。］

　このように，中国語においても"为"という一つの形式の用法をめぐって，動作行為を誘発する〈受益者〉や〈目的〉が，状況を誘発する〈原因〉とともに，〈動機〉という上位概念にリンクするという現象が存在する。だとすれば，"给"についても，ともに〈誘発者〉であるという点で共通する行為誘発者（＝〈受益者〉）と状況誘発者の間にリンキングが成立し，それに動機づけられて受益者マーカーの"给"が状況誘発者としてのAMに拡張するというプロセスも十分に想定可能なものと考えられる。受益の〈タメ〉から原因の〈タメ〉への拡張。受影文における"给"のAM化とはそうした意味的動機によるものと考えられる。

4.4　"给"によるPM機能の成立
―――「授与目標マーカー」から「被使役者マーカー」へ―――

　"给"のAM機能については，授与目標マーカーから受益者マーカーを経て状況誘発者マーカーへ至るという拡張のプロセスが考えられた。それに対して，執行使役文における"给"のPM機能については，授与目標マーカーを起点とするもう一つの拡張経路が想定される。

　授与目標マーカーは，典型的には具体的なモノの受け取り手を導くものであった。しかし，それはまた，しばしばメタファーに支えられて，次の例のように，より抽象度の高い事物の受け取り手を導くことも可能である。

⑶⁴ 夕阳　　给　　他　　脸上　　　抹了　　　　一　　层　　淡淡的
　　　夕日　PREP　彼　顔面　塗りつける-PERF　1　層　うっすらとした

紅暉。
赤い陽光
［夕日が彼の顔にうっすらとした赤い日の光を塗りつけた。］

(35) 我　　給　　他　　添　　　　麻煩　了。
　　 私　 PREP　彼　 加え与える　面倒　SFP
［私は彼に迷惑をかけた。］

(34)の"一层淡淡的红晖"は「うっすらと映える薄紅の陽光」を意味し，(35)の"麻煩"は「面倒」を意味する。「陽光」も「面倒」もおよそ具体的なモノとは言い難く，多分に事象的もしくは状況的である。薄紅色の光を与えられた彼の顔は当然ながら薄赤く染まり，面倒を与えられた彼は結果として煩わしくなる。要するに，(34)は「夕日が彼の顔を薄紅色に染めた」という事態を，(35)は「私は彼を煩わせた」という事態を，それぞれ授与的スキーマに照らして述べているわけで，語られている出来事は，いずれも特定の対象に状態変化をもたらすタイプの使役的事態に極めて近い。そして，それぞれの状況の受け取り手は，状態変化を余儀なくされる〈被使役者〉の役割に近似する。ここに執行使役文との接点が生まれる。(34)と(36)の差はもはや紙一重と言ってよい。

(36) 夕阳　把　他　的　脸　　　 映红了。
　　 夕日　PM　彼　の　顔　照らし染める-赤い-PERF
［夕日が彼の顔を赤く染めた。］

(18)の例のように典型的には具体的なモノの受け取り手をマークする〈授与目標〉マーカーの"給"が，(34)や(35)のような"給"——すなわち，状態変化を強いられる受影的なタイプの〈授与目標〉をマークする"給"——を介して受影的な〈被使役者〉をマークするPMにリンクする。ここに"給"のPM機能としての用法が確立し，(36)と同義である(37)や(7)のような執行使役文が成立する。

(37) 夕阳　给　他　的　脸　　　 映红了。
　　 夕日　PM　彼　の　顔　照らし染める-赤い-PERF
［夕日が彼の顔を赤く染めた。］

つまり，北京官話の話し手の多くは，動作行為を通して何らかの状況を与えることにより結果として何らかの状態変化を強いられる受影的なタイプの〈授与目標〉（例えば(34)における"他脸上"）に，執行使役文における受影的な〈被使役者〉（例えば(36)における"他的脸"）との共通性を見て取り，それに動機づけられて，〈授与目標〉マーカーの"给"を執行使役文のPMにも拡張して用いる。ここに北京官話授与動詞"给"のPM化が成立するということである。図式的に示せば次のようになる。

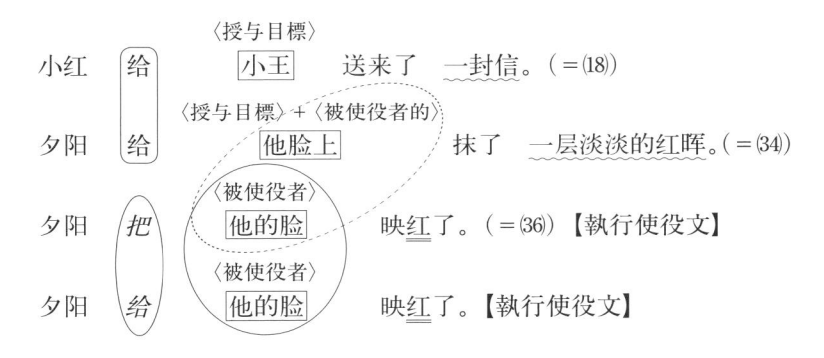

```
                    〈授与目標〉
小红  │给│     小王      送来了   一封信。( =(18))
            〈授与目標〉+〈被使役者的〉
夕阳  │给│      他脸上              抹了    一层淡淡的红晖。( =(34))
             〈被使役者〉
夕阳 (把)    他的脸              映红了。( =(36))【執行使役文】
     (给)
             〈被使役者〉
夕阳  │给│     他的脸              映红了。【執行使役文】
```

(6)や(15)に代表される受影文において"给"がマークする関与者は，主語名詞の表す関与者に何らかの状態変化をもたらす使役的事態の誘発者，すなわち使役者であった。一方，(7)や(37)に代表される執行使役文において"给"がマークする関与者は，主語名詞の表す関与者によって何らかの状態変化を強いられる使役的事態の被使役者である。片や使役的事態を引き起こす動作行為の主体であり，片や使役的事態によって引き起こされる状態変化の主体であり，それぞれの立場は対蹠的ではあるものの，ともに結果構文によって表される使役的事態においての―〈主体〉であるという点では両者は共通している。

5　むすび

"给"のAM化は，〈受益者〉が動作行為の誘発者としての側面をもち，

受影文動作者もまた，動作行為の結果として対象に状態変化を起こさせる使役者的な誘発者としての側面をもち，両者がともに誘発者的であるという共通性に動機づけられて成立するものであった。一方，"給"のPM化は，受影的なタイプの〈授与目標〉に，受影的な〈被使役者〉との共通性が認められることに動機づけられて成立するものと考えられる。それぞれの前置詞化の経緯を図示すれば，次のようになる。（＞は文法化を示し，→は拡張を示す。）

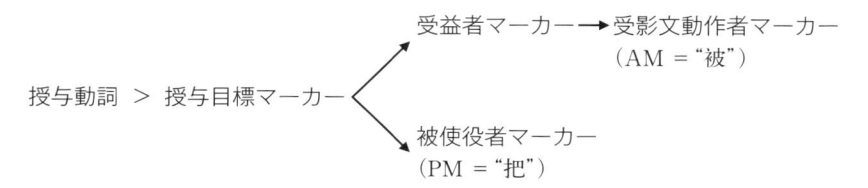

```
                               受益者マーカー → 受影文動作者マーカー
                              ↗                   (AM = "被")
授与動詞 ＞ 授与目標マーカー
                              ↘
                               被使役者マーカー
                               (PM = "把")
```

　結果として，一つの"給"がAMとPMの両方にも用いられることになるが，それぞれの拡張の経緯はこのように異なっている。一方は〈授与目標〉マーカーから〈受益者〉マーカーを経ての拡張の結果であり，一方は〈授与目標〉マーカーからの直接の拡張の結果である。ただし，見逃すことのできない共通点は，いずれの拡張も，結果構文によって述べられる使役的事態の直接的な関与者をマークするために生じたものであるということである。つまり，"給"のAM化とPM化には，「結果」と「使役」という2つの意味的現象が極めて重要な要因として作用しているということである。「授与」と「結果」と「使役」の連携の産物，それこそが北京官話授与動詞"給"のAM化とPM化であると考えられる。

　"給"のAM化およびPM化については，北京官話自身の内在的な要因を問わずに，それを中国東南部の諸方言の影響と見る立場もある。本論も方言影響説の可能性を完全に排除するものではない。しかし，江藍生1999も述べるように，一言語（あるいは一方言）の文法化現象の要因が他言語（あるいは他方言）との接触や借用にあるとする理論的選択の優位性は，当該言語（あるいは当該方言）そのものに内発的な動機の

成立する可能性があらゆる面で想定し得ない場合にのみ保証されるものである。まずは内発的動機を模索してみる。本論はその立場に立っての意味論的考察である。

第 IV 部
構文をめぐって

第10章

"的"構文の意味と構造
—— 事物限定から動作限定へ ——

1　はじめに

　中国語のいくつかのタイプの構文のうちで，構造的な成り立ちが未だ明らかにされていないものの一つに，次のようなタイプのものがある。

(1) 小王　　前天　　来的。
　　王くん　おととい　来る-de
　　［王くんはおととい来たのです。］

(2) 小王　在　西単　买的　车。
　　王くん　〜で　西単　買う-de　車
　　［王くんは西単で車を買ったのです。］

(3) 你　　都　　买的　什么？
　　あなた　すべて　買う-de　なに
　　［あなたはなにとなにとなにを買ったのですか？］

(4) 谁　　开的　介绍信？
　　誰　書き出す-de　紹介状
　　［誰が紹介状を出したのですか？］

　述語動詞の直後に助詞の"的（de）"を伴うかたちのこの種の構文を，本章では「"的"構文」と呼び，適宜「SV de (O)」と記すことにする。
　この種の構文については，朱德熙1978が「主語後置」説を提案して以来，多数の研究者の関心が集まり，朱德熙論文への反論も含めて多くの記述的研究や理論的考察が行われてきた。そして，さまざまな角度からの議論が深まる過程で多くの新たな言語事実が明らかにされ，今では，この種の構文の意味的特徴および文法的特徴がいかなるものであるかを

理解するために必要かつ十分な言語事実がほぼ出そろったと言っても過言ではない。もはや，われわれは記述の段階から説明の段階に移っている。すなわち，この種の構文がいかなる構文的意味といかなる文法特徴を具えるものであるかを記述する段階ではなく，なぜこの構造がそのような構文的意味と文法特徴を具えているのかを説明する段階に移行していると言ってよい。目下の課題は，この種の構文が具える意味機能や一連の文法特徴が果たしてなにに由来しているのかを説明する段階に至っていると言える。そこには，当然のことながら，この構文における"的"の働きをどのようなものと解釈するかという問題が決定的に関わっている。本章の課題は，「SV de（O）」という構造と，その構造が具える意味の間の関係を，理論上どのように説明づけるかということであり，同時にそれは，この種の構文の構造的な成り立ちを中国語の文法体系のなかでどのように位置づけるかという問題でもある。

　杉村博文氏は，"的"構文の問題に最も長く，そして最も熱心に取り組んできた研究者の一人である。杉村1999は，氏の"的"構文に関する長年の研究の集大成であり，きわめて濃密な議論が展開されている。氏は，朱徳煕の「主語後置」説，史有為1992a，同1992b，同2000の「目的語追加補充」説，宋玉柱1981の「テンス助詞」説など従来の諸家の分析を的確に論難したうえで，氏独自の新たな分析を提示している。杉村1999は，過去の諸説が抱える多くの問題点を克服し，かつまた当該構文の構造と意味の関係を理論的に説明づけることを積極的に試みるものであり，関連論考のうちで最も注目すべきものの一つに挙げられる。しかし，後述するとおり，その杉村氏においても，なお未解決の問題がいくつか残されており，当該構文の構造分析や，"的"の機能に対する解釈も十分に妥当な解答を示しているとは言い難い。

　本論は，杉村氏の一連の研究と，その対案として示された小野2001の成果を踏まえ，それらのいずれとも異なるもう一つの解答を探ろうとするものである。以下では，まず杉村氏と小野氏の分析を検討し，各々の問題点を明らかにしたうえで，それらの問題点を克服すべく，より妥

当と考えられる解釈を提案する。杉村 1999 以前の諸家の議論についての検討と批判については，杉村 1999 に譲ることとし，ここでは割愛する。

なお，本論で扱う"的"構文（＝「S V de（O）」）とは，次の 1)-3) の特徴をすべて具えるタイプの構文，すなわち杉村 1999 が言うところの"信息焦点指定型'是…的'句"［情報焦点指定型'是…的'構文］に該当するタイプの構文のみを指すものであり，4)-6) のようなタイプの構文は考察の対象に含めない。

1) 話し手と聞き手の双方が了解している既然の特定の出来事，すなわち一回的な既実現の事態に言及する。
2) 必ず構文中のいずれか 1 つの項（argument）を新情報とし，そこに焦点を置く。
3) 肯定文においては"是"を必ずしも必要としない。

....

4) "的"が文末に置かれ，"是"を述語動詞とし，述語部分が一回的な既実現の事態に言及するものではなく，主語の表す事物についての恒常的属性を述べるか，あるいは分類的属性を述べるタイプの構文（すなわち，杉村 1999 の言う"恒久的，一般的"行為動作を表すタイプの'是…的'構文）。例えば，

　　(5) 中国人　是　　这么　　　谈恋爱　　的。　　（杉村 1999）
　　　　中国人　～である　このように　恋愛をする　de
　　　［中国人とはこんなふうに恋愛をするものです。］

5) "的"が文末に置かれ，構文の叙述内容全体が新情報として提出され，特定の既然の出来事に対してそれが起こった原因を解説するというタイプの構文（すなわち，杉村 1999 の言う"事件原因解説型'是…的'句"）。例えば，

　　(6) 餐车里人多，挤来挤去，我们稀里胡涂吃完，撤了出来。几片红东西从外边打在车窗上，是西红柿，看来<u>是前边谁把剩饭扔出来被风刮回来的</u>。
　　　　　　　　　　　　　　　　　　　　　　　（杉村 1999）

[食堂車は人が多く，押し合いへし合いだったので，私たちはそそくさと食べ終わり，引き上げてきた。すると，いく切れかの赤いなにかがそとから車窓にぶつかってきた。トマトだ。どうやら，前の席の誰かが残飯を窓のそとに捨てたのが，風に吹き戻されてきたのだった。]

6）"的"が文末に置かれ，将然の出来事すなわち非現実の事態を述べるタイプの構文（すなわち，李讷・安珊笛・张伯江1998の言う"C类句式"）。例えば，

(7) 明天　　　会　　　下　雨　的。
　　明日　～であるに違いない　降る　雨　de
　　[明日は雨が降るに違いない。]

以下，用語に関しては，"的"構文中において動詞の直後に用いられる"的"のみをdeと記し，"的"構文以外の統語環境に用いられる"的"とは区別する。また，"的"構文の主語を除いてその述語部分のみを指す場合は「V de（O）」と記す。

2　杉村説の検討

2.1　「照応形式」説について

杉村氏の創見の一つは，"的"構文における「V de（O）」を照応形式と解釈した点にある。"的"構文は，(8)に典型的に示されるように，常に先行文脈や発話環境においてあらかじめ聞き手に了解されている特定の既然事態を表す動詞表現に照応するかたちで用いられる。

(8) "……他已找过我三次，提出进修的事。"范群的眼睛一下子睁得老大，脱口说："他什么时候找的你？"　　　　　　　　　　(杉村1999)
　　[「…彼はもう3度も私のところにやってきて，研修の話をもち出している。」範群はたちまち目をぎょろりと見開き，思わず口を開いた。「彼はいつ君のところに来たの？」]

杉村氏は，"的"構文のこのような談話機能に着目し，「Ｖ de（Ｏ）」の機能を，名詞表現に対する代名詞の機能に類似するものと見る。すなわち，代名詞が，特定の名詞表現を先行詞として，それとの間に照応関係を結ぶための形式であるように，「Ｖ de（Ｏ）」もまた特定の既然の出来事を表す動詞表現を先行詞として，それとの間に照応関係を結ぶための形式であると解釈する。杉村氏は，(8)のように，特定の既然事態を表す動詞表現が先行し，それに照応して「Ｖ de（Ｏ）」が生起する現象を"先 le 后 de"現象と名付け，「Ｖ de（Ｏ）」を次のように特徴づける：

　　先行文脈あるいは発話環境において，ある事件の発生やある事態の存在が確認された後，再度その事件・事態に言及し，事件・事態に関わる関与者や状況を文中に導入するために採用される形式（杉村 1995）

杉村氏は，"的"構文が具える(a)‒(e)のような意味的特徴と文法的振る舞いは，「Ｖ de（Ｏ）」を照応形式と見なすことによってすべて合理的に説明されると考える（杉村 1993, 1995, 1999）：

(a) "的"構文は必ず既然の事態を表す。
(b) 「Ｖ de（Ｏ）」は否定の修飾を受けない。すなわち「*Ｓ没Ｖ的（Ｏ）」は成立しない。
(c) "的"構文の「Ｖ」はアスペクト接尾辞を伴わない。
(d) "的"構文の「Ｖ」は一般に様態描写的な連用修飾語の修飾を受けない。
(e) 「Ｖ de（Ｏ）」の「Ｏ」は不定（indefinite）目的語であってはならない。例えば，"他是去年年底买的那辆车。"［彼は去年の年末にあの車を買ったのです。］に対して，"*他是去年年底买的一辆车。"［彼は去年の年末に１台の車を買ったのです。］は不自然である。

杉村氏によれば，「Ｖ de（Ｏ）」が，既に発生したことが確認された動作行為に再度言及するために用いられる照応形式である以上，それ自身が既然の事態を表すものであることは当然のことである（→(a)）。ま

た，既に発生したことが了解された動作行為に照応する表現が，当該の動作行為の発生を否定するものであることは論理的に矛盾する。したがって，「＊S没V的（O）」という表現は当然成り立ち得ない（→(b)）。動作行為の具体的なアスペクト的状況や様態は，その動作行為の実現を最初に伝える先行表現によって既に表明されているはずであり，再度当該の動作行為に言及する照応形式が，それらをあらためてつまびらかに表現することは語用論上不必要である。したがって，「V de（O）」はアスペクト助詞や様態状語を一般に伴わない（→(c)(d)）。さらに，「V de（O）」が特定の動作行為に再度言及するための照応形式であるならば，そこでのVとOが初出・不定の情報（"第一次出現的，无定的信息"（杉村1999））であるはずはなく，したがって，当然"的"構文は不定目的語を伴い得ない（→(e)）。

確かに，(a)−(e)の諸現象に対しては，照応形式という解釈は一定の説明力を有する。しかし，杉村氏の説明が有効に機能しない現象もなお複数存在する。例えば，

(f) "的"構文は動作量や〈回数〉表現を目的語にとることができない。例えば(9)の会話において，「何回行ったの？」という問いを意図した乙の発話と，それに対する「3回行ったの。」という回答を意図した甲の発話はいずれも明らかに不自然である。

　(9) 甲："我　　以前　　　去过　　　太原。"
　　　　　私　　以前　　行く-ことがある　太原
　　　　　［私は以前太原に行ったことがあります。］

　　　乙："＊去的　　几次？"
　　　　　行く-de　何回

　　　甲："＊去的　　三次。"
　　　　　行く-de　3回

(g) "的"構文は一般に〈原因〉を表す句や節を構成しにくい。「彼はなぜ遅刻したのですか？」「列車事故に遭ったために遅刻したのです。」の意味で"的"構文を用いた(10)の甲と乙の発話はいずれも許

第 10 章　"的"構文の意味と構造　245

容度が低い。

(10) 甲："??他　　为什么　　迟到的？"
　　　　　彼　　なぜ　　　遅刻する-de

　　乙："??因为　　遇到　　汽车　事故　迟到的。"
　　　　　～なので　遭遇する　列車　事故　遅刻する-de

(h) "的"構文は疑問詞を目的語にとることができる。例えば，

(11) 甲："你　　都　　要的　　什么　菜？"
　　　　　あなた　すべて　求める-de　なに　料理
　　　　［あなたはどんな料理を注文したのですか？］

　　乙："我　　要的　　　醉蟹　　　　　　和　　红烧鱼翅。"
　　　　　私　求める-de　かにの紹興酒漬け　～と　フカヒレ煮込み
　　　　［私はかにの紹興酒漬けとフカヒレ煮込みを注文したのです。］

　(f)については，杉村氏自身もその事実を指摘しているが，その理由については十分な説明がなされていない。(g)の事実に関しては，過去にこれを指摘した例を寡聞にして知らない。「V de (O)」が真に照応形式であるならば，既に実現済みであることが確認されている動作行為に再度言及してその〈回数〉や〈原因〉を導入するための"的"構文が成立してもよいはずである。しかし，現実にはそのような表現は不成立ないしは不自然となる。照応形式説はこれらの事実に対して有効に機能しない。

　杉村氏は，"的"構文が不定目的語を伴えない理由として，「V de (O)」におけるVとOは初出・不定の情報ではあり得ないからだとしている。さらに，「V de (O)」が照応形式であるということは，VとOがともに旧情報であることを意味するに等しい（"也等于说，在'V的(O)'里，V和O都只能是已知的，旧的信息"（杉村 1999））とも断言している。しかし，(3)や(11)の例が示すように，「V de (O)」は疑問詞表現を目的語にとって疑問文を構成することが可能である。(11)の"什么菜"に答える乙の発話の"醉蟹和红烧鱼翅"［かにの紹興酒漬けとフカヒレ煮込み］は，聞き手の甲にとって明らかに初出の新情報であって，旧情報ではない。

杉村氏は，"的"構文が不定目的語を伴えないという現象も照応形式説によって統一的に説明することが可能であると主張するが，"的"構文が疑問詞表現を目的語にとれるという事実は照応形式説によって説明できるものではない。

　このように，照応形式説にもなお少なからず未解決の問題が残されている。そして，なによりも，杉村氏の照応形式説に対して最も基本的であり，かつ理論的に最も重要と考えられる疑問点は，仮に「V de (O)」が真に照応形式であるならば，中国語ではなぜ既然事態を表す動詞表現だけに照応形式が存在し，将然事態を表す動詞表現にはそれが存在しないのかということである。例えば(12)の乙の発話が示すように，既に先行文脈（＝甲の発話）で表明されている将然の事態に再度言及する際，中国語の動詞は何ら特別な照応形式を用いない。

(12) 甲："我　　　要　　　　結婚。"
　　　　　私　～しようとする　結婚する
　　　　［私は結婚します。］

　　　乙："你　　跟　　谁　　結婚？"
　　　　　あなた　～と　誰　結婚する
　　　　［あなたは誰と結婚するのですか？］

　ここで仮に，乙が(12)'のように「V de (O)」のかたちを用いたとすれば，当然不適格な発話となる。

(12)' 甲："我　　　要　　　　結婚。"
　　　　　私　～しようとする　結婚する
　　　　［私は結婚します。］

　　　乙："#你　　跟　谁　結婚的？"
　　　　　あなた　～と　誰　結婚する-de
　　　　［#あなたは誰と<u>結婚した</u>のですか？］

　杉村氏の照応形式説が仮に妥当であるなら，中国語では，既然事態に言及する場合のみ照応現象が有標化され，将然事態に言及する場合の照応現象は無標であるということになる。そのような有標と無標の対立を

生み出す意味論的な動機とはいかなるものなのか。杉村氏の照応形式説が理論的な説得力をもち得るためには，なによりもまずその点が明らかにされなければならない。なぜなら，「V de (O)」とそれに先行する動詞表現との間に照応関係が成立するのは，「V de (O)」それ自体が照応形式であるからではなくて，それは，「V de (O)」が本来有する何らかの意味機能が談話上必然的にもたらす副産物的な結果にすぎないと考える理論的選択肢も十分にあり得るのだから。

2.2 「"的"前移」説について

杉村氏のもう一つの創見は，「"的"前移」説にある。(13)の"的"構文を例に採れば，仮に下線部が見かけどおりに連体修飾語（"在西単买的"）と主要語（"这辆车"）からなる名詞句——つまり「西単で買ったこの車」という意味を表す名詞句——であるとするなら，この文は，主語（"小王"）と"这辆车"［この車］との間に，包摂関係も同一関係も行為関係も成立しない極めて非論理的な文法構造をもつ構文ということになる。

(13) 小王　在　西単　买的　这　辆　车。
　　　王くん　～で　西単　買う-de　この　(1) 台　車
　　　［王くんは西単でこの車を買ったのです。］

このような一見非論理的な文法構造の形成を，杉村氏は「"的"前移」説によって説明する。氏によれば，"的"構文の「SV de (O)」という構造は，既然の動作表現に照応する照応形式としてよりふさわしい構造を形づくるために，「VO的」（例えば"买这辆车的"［この車を買ったもの］）という構造から"的"が前方移動することによって派生された構造であると解釈される。杉村 1995/1999 の論旨を要約すれば以下のようになる：

　既然の事態を表す動作表現に照応する形式は，それ自身もまた既然義を表すのに適したかたちをとることが求められる；裸の動詞が構造助詞"的"を伴って名詞を修飾する「V的N」（例えば"买的车"）と

いうかたちの名詞句構造は，一般に，既然の意味（「買う車」でなく「買った車」）に理解される傾向が強く，そこで，この「V的N」という名詞句構造のかたちにならって，構造助詞の"的"が本来の位置である目的語の後ろの位置から目的語の前の位置に移動し，動詞の直後に付加される，つまり「VO的」から「V的O」（＝「V de (O)」）へと移動する；このように形成された「V de O」は，全体としては名詞句構造であり，見かけ上は恰も連体修飾構造のようであるが，深層的な構造としてはVとOが連体修飾語と主要語の関係にあるのではなく，動詞と目的語の関係にあると解釈されるべきものである。

ここで留意すべきは，杉村氏が，「V de (O)」という構造が形成される直接の動機を，「照応形式」を形成するためではなく，「既然表現に適する形式」を形成するため，と解釈しているということである。すなわち，「"的"前移」説は，問題の構造が「V de (O)」というかたちを構成することと，その構造が照応形式として機能することとの間の直接の関連を何ら述べてはいないということである。これについては後ほど改めて触れる。

上に見た杉村氏の「"的"前移」説は，従来のいずれの説とも異なり，極めて独創的な着想を提示している。が，同時にそれはいくつかの疑問点も抱えている。

第1の疑問点は「"的"前移」説の前提にある。「"的"前移」説は，すべての"的"構文は本来"是"を主要動詞とし，"是"の現れない"的"構文は"是"が省略されているものだという解釈を前提としている。例えば(13)の"小王在西单买的这辆车。"は，深層構造上は(13)'のように考えられ，これならば"小王"と"在西单买这辆车的"の間に同一関係が成立する論理的な構造であり，(13)の"小王在西单买的这辆车。"はこの論理的な深層構造から"的"の前移によって派生されたものだという解釈である。

⒀′ 小王　　是　　在　西単　买　这　辆　车　的．
　　王くん　～である　～で　西単　買う　これ　⑴台　車　PART
　　［王くんは西単でこの車を買ったものである。］

　しかし，すべての"的"構文が本来的に"是"を主要動詞として有するという解釈は必ずしも言語事実に合致しない。第1に，例えば冒頭⑶の"你都买的什么？"は，⒁－⒃がすべて非文であることからも明らかなように，"是"を復原することが不可能である。

　⒁ ＊是你都买的什么？

　⒂ ＊你是都买的什么？

　⒃ ＊你都买的是什么？

　"你都买的什么？"のような"的"構文には，"是"の省略という説明は成り立たない。

　第2に，「"的"前移」説は，"的"構文の「SV de（O）」という構造を「S（是）VO的」からの派生構造と仮定するが，"的"構文には，それに対応する「S（是）VO的」が文法上成立しないものも少なくない。例えば⑶の"你都买的什么？"や⑷の"谁开的介绍信？"に対応するはずの⒄や⒅はいずれも非文である。

　⒄ ＊你都买什么的？

　⒅ ＊谁开介绍信的？

　つまり，SとOのいずれかが焦点となる場合は「S（是）VO的」のかたちは成立し得ず，⒄も⒅も非文となる。そもそも非文法的である⒄や⒅のような構造から，文法的に適切な⑶や⑷のような構造が派生されるという解釈は明らかに説得力に乏しく，この点においても「"的"前移」説は理論的根拠を欠く。

　第3に，「"的"前移」説が，「V de（O）」の de を，名詞句を構成するための構造助詞"的"と見なし，「V de（O）」全体を名詞句構造と見なす点にも議論の余地がある。代名詞が照応先の名詞と同様の文法特性を有し，代動詞が照応先の動詞と同様の文法特性を有するように，一般に，照応形式の文法特性は照応先の先行形式のそれと一致するもので

ある。仮に，動詞表現に照応する形式として用いられる「V de（O）」が，杉村氏の言うように，名詞句構造の「VO的」から派生し，「V de（O）」自身もまた名詞句構造であるとするなら，照応先（＝動詞表現）と照応形式（＝名詞表現）の文法特性は異なることになり，言語の一般性から言えば，かなり特異な現象の成立を認めることになる。「"的"前移」説はこうした特異性に対しても納得の行く説明を用意しなければならない。

　以上のように，杉村氏の照応形式説と「"的"前移」説は，言語事実の面から見ても，理論的一般性という観点から見ても，なおいくつかの課題を残しており，"的"構文の構造的な成り立ちに対して必ずしも十全な説明を提示し得てはいない。

3　「名詞述語文」説について

　「"的"前移」説では，"的"構文の de が，一般の名詞句構造に用いられる構造助詞の"的"と同一の形式と見なされているが，両者の間の意味機能上の異同に関しては積極的な考察がなされていない。"他买的车很贵。"［彼が買った車はとても高い。］において"的"が担う意味と，"的"構文の"他在西单买的车。"［彼は西单で車を買ったのです。］において de が担う意味とは，果たして同一のものなのか異なるものなのか。「"的"前移」説ではその点が明確に論じられていない。

　小野 2001 は，「"的"前移」説のこの点に関する不備を衝き，de と"的"との意味的関連を明らかにすべく，独自の考察を行っている。

　小野氏の論旨の核心は，"的"構文における de の文法的意味と文法機能を，一般の名詞句構造における"的"のそれと何ら異なるものではないと考える点にある。"的"構文における de の意味機能は，"他买的车很贵。"や"他的车"［彼の車］における"的"と同様に，事物に対する分類の意味を担うものである；「V de（O）」は，"他买的车很贵。"や"他的车"と同様，連体修飾語と主要語からなる名詞句である；"的"

構文は，名詞句である「V de（O）」を述語とする「名詞述語文」であり，その構文的意味は，コンテクストにおいて存在が確認されている特定の「事物」に対して「分類」を行うことにある，というのが小野論文の主張である．

"他在西単买的车."を例に採ると，小野氏によれば，この文は，構造上は，"他"を主語とし，名詞句"在西単买的车"［西単で買った車］を述語とし，意味上は，コンテクストにおいて存在が既に何らかのかたちで確認されている"车"に対して，"在西単买的"［西単で買ったもの］という分類的限定を加えている，ということになる．

小野氏の分析は，de を構造助詞の"的"と同一視する点においては朱德熙1978等と一致し，「V de（O）」全体を1つの名詞句と見なす点においては杉村氏と一致するが，「V de（O）」を，「V的」が「O」を修飾する連体修飾構造であると見なす点においては，従来の諸家のいずれの分析とも異なっている．"的"構文の表層構造により則した小野氏の分析は，極めてシンプルであり，そして，なによりも，一般の名詞句を構成する"的"と，"的"構文における de の機能が統一的に説明され得る可能性を追求しているという点において興味深いものと言える．しかし，杉村論文の難点を克服すべく試みられた小野氏の提案も，次に見るようにいくつかの弱点を抱えている．

まず，「V de（O）」という構造を"他的车"と同じく名詞性の連体修飾構造と見なすという小野氏の分析は，冒頭の(3)のように疑問詞がOの位置に用いられるかたちの"的"構文に対して妥当性をもたない．小野氏の解釈によれば，(3)における"都买的"は"什么"を分類的に限定していることになるが，そもそも正体の明らかでない事物に対して分類的限定が加えられているという説明は，"*你拿着的是小王的什么呢？"［*あなたが手にもっているの王くんのなにですか？］という表現の不適切さを想起するまでもなく，不合理である．

次に，分類という意味に関わる構文全体の意味構造に関する解釈にも問題が残る．小野氏によれば，「SV de（O）」のVがOを伴う二項動

詞である場合には，Oの表す事物が分類の対象となり，VがOを伴わない一項動詞である場合には，Sの表す事物が分類の対象となる。(19)と(20)の例で言えば，(19)では"北京"が，(20)では"小王"がそれぞれ分類対象となるということである。

(19) 小王　　什么时候　　到的　　　北京？
　　 王くん　　いつ　　　着く-de　　北京
　　 ［王くんはいつ北京に着いたのですか？］

(20) 小王　　什么时候　　来的？
　　 王くん　　いつ　　　来る-de
　　 ［王くんはいつ来たのですか？］

この解釈によれば，二項動詞からなる「SV de O」と一項動詞からなる「SV de」とでは，文の指向する分類対象がそれぞれ異なり，構文としての意味構造が互いに異なるということになる。しかし，(19)と(20)が，ともに特定の地点への到着という行為の既実現を前提としつつ，その到着日時を焦点化する表現であることは明らかであり，その点において2つの文は共通の構文的意味をもつものと考えられる。同じ構文的意味を表す2つの文が，一方はO（＝動作対象）を分類し，一方はS（＝動作者）を分類するというように，異なる意味構造をもつと考えなければならない理由は果たしてどこにあるのか。小野氏の解釈は言語直観的にも構文論的にも根拠に乏しいと言わざるを得ない。

　最後に，"的"構文を名詞述語文として位置づける提案も意味論的根拠に乏しい。確かに中国語には名詞（句）が述語となるタイプの構文は存在するが，それらは何らかの意味で，述語に立つ名詞（句）が主語の表す事物の特性を記述するかたちで成立する。例えば(21)の"大大的眼睛"［大きな目］は主語"这孩子"［この子ども］の形状特性を記述し，(22)の"三个女儿"［3人の娘］は主語"小王"［王くん］の所有特性を記述するといった具合である。

(21) 这孩子　　大大的　　眼睛。
　　 この子ども　大きい　　目
　　 ［この子は大きな目（をしている）。］

(22) 小王　　三个　　女儿。
　　 王くん　3人　　娘
　　 ［王くんは三人娘です。］

それに対して，"小王前天到的北京。"［王くんはおととい北京に着いたのです。］という"的"構文においては，いかなる意味においても「"前天到的北京"［おととい着いた北京］という名詞句が"小王"の特性を記述している」という説明は受け入れ難い。"的"構文を名詞述語文であると位置づける小野氏の主張は，主語名詞と述語名詞（句）の間にいかなる意味関係が取り結ばれているかを明確に規定しない限り，十分な説明力をもち得ない。

4　de の機能と"的"構文の意味

4.1　「動作区分機能」と属性措定

　前節に見た小野 2001 は，"的"構文における de と，名詞句を構成する構造助詞"的"の間に意味機能上の関連を見いだそうとし，それらに統一的な説明を与えようとした点において有意義であり，啓発的でもある。しかしながら，de の意味機能を事物の分類的限定に働く"的"と同一視し，「Ｖe（O）」が指向する分類対象を「事物」と見なしたところに，上に述べたようないくつかの困難を伴っている。

　小野論文と杉村論文に残されたいくつかの課題を克服し，なおかつ de と構造助詞"的"の意味機能上の連関を明らかにするために最も適切であると考えられるのは，de が，構造助詞"的"からの拡張として「動作行為を区分限定する機能」を獲得していると解釈することであろう。すなわち，「事物」を区分限定する機能から「動作」を区分限定する機能への拡張という解釈である。本論は，de の意味機能を事物の区分で

はなく動作行為の区分にあると考え，これを「動作区分機能」と名付けて，次のように特徴づける：

（ア）de は，特定の既存の動作行為に対して，区分的限定を加えるための文法形式である。

周知のとおり，構造助詞の"的"は，存在が前提とされている特定の事物に対して何らかの基準をもって区分的限定を加え，その事物の属性を規定するという働きをもつ。例えば"小李的车"［李くんの車］や"我的车"［私の車］における"小李的"［李くんの］や"我的"［私の］には，"车"［車］の存在を前提としつつ，それに対して「所有者」という基準から区分的限定を加えるという意味が読み取れる。同様に，"白的花"［白い花］や"红的花"［赤い花］における"白的"［白いの］や"红的"［赤いの］には，"花"の存在を前提としつつ，それに対して「色彩」という基準から区分的限定を加えるという意味が読み取れる。それは恰も，既にある"车"や"花"に，「私のもの」「白いもの」というラベルを貼り付けるようなものであり，既存の事物に対する属性表示の一種とも言える。"的"はこのように，事物を対象とし，事物を区分する働きをもつ。"的"構文における de の動作区分機能は，"的"のこのような「事物区分機能」から拡張したものであると本論は考える。

さらに，本論は，動詞が de を伴って成立する"的"構文の構文的意味を次のようなものと考える：

（イ）"的"構文の構文的意味は，既に実現したことが前提とされている特定の動作行為に対して，その動作行為に関与する何らかの関与項を基準に区分的限定を加え，当該の動作行為の属性を措定しようするものである。

ここでいう「関与項」とは，具体的には，動作者，受動者，地点，時点，道具，手段，受給者，共同者等々を指す。"的"構文とは，一言で言えば，既存の動作行為に対して区分的な属性措定を行うための構文で

あるということである。仮に"小王在西単买的车。"［王くんは西単で車を買ったのです。］という"的"構文を例に採るなら，この文では，"小王"の自動車購入という行為の既実現を前提としたうえで，その行為に対して，「それはどういう類いの行為かといえば"西単"において行われた類いの行為である——すなわち，"小王"が"买车"したというその行為は，"西単"においての"买车"である；"小王"は"西単"において"买车"したのである」という，〈地点〉を基準にした区分限定がなされており，そのことによって"买车"という行為の属性が特徴づけられていると読み取ることができる。喩えて言えば，それは，「"小王"が"买车"した」という既存の行為を対象に，「西単にて」というラベルを新たに貼り付けるというようなものである。

　ここでの"在西単"［西単で］と"买车"［車を買う］の関係は，前者が区分基準（すなわちラベル）の役割を担い，後者が区分対象の役割を担うという意味において，"我的车"［私の車］における"我"［私］と"车"［車］の関係に並行するものと見ることができる。違いは，"我的车"が事物に対する属性規定の表現であり，それ全体が名詞句であるのに対して，"在西単买的车"は動作行為に対する属性規定の表現であり，それ全体は動詞句であるという点にある。"的"構文における"买的车"（「V de (O)」）は名詞句ではなく動詞句であり，それはあくまでも動作表現として区分的限定の対象になっているということである。

　"我的车"と"在西単买的车"のもう一つの大きな違いは，事物に対する限定を表す前者においては，"的"が区分基準を表す表現（"我"）の後ろに置かれ，動作行為に対する限定を表す後者においては，de が区分対象を表す動詞（"买"）の後ろに付加されるという点にある。これについては，意味機能の拡張に伴う文法カテゴリの転移という解釈が可能である。すなわち，de が（"的"からの拡張として）獲得している動作区分機能は，動作行為に対する属性措定を目的とするものであり，その意味において，de は動作行為の特徴づけに寄与する形式であると言える。この点において，de の意味的性格は，動作行為のアスペクト的

属性を特徴づける一連の動詞接辞（"了，着"）や，動作行為の結果的様態を特徴づけるために用いられる動詞接辞"得"（"写得很大"［書き方がとても大きい：とても大きく書いてある］）などと類縁的であり，そのことがde の統語的位置を動機づけていると考えられる。de は構造助詞の"的"が典型的に有する区分機能を受け継ぐものであり，"的"本来の事物に向けての区分機能から，動作行為に向けての区分機能を拡張的に獲得するに伴い，統語機能上も動詞接辞の一種に転移しつつあると考えることができる。

ただし，de はアスペクトやテンスを担う動詞接辞と見るべきではなく，その点で，本論は，de を過去時を表す接辞と見なす宋玉柱1981などとは見解を異にする。李讷・安珊笛・张伯江1998も指摘するとおり，"的"構文は出来事を報告する（"报导一件事件"）いわゆる「報告文」もしくは「物語り文」ではない。"的"構文は既然の動作行為に対してその属性を措定する文であり，それは動詞述語文でありながら，意味的にはむしろ判断文に近い。"的"構文がしばしば判断詞の"是"［～だ；～である］と共起可能であるという事実が，なによりもそのことを物語っている。

(23) 小王　　不　　　是　　　在　　东单　　买的　　车，　是　　　在
　　　王くん　NEG　～である　～で　東単　　買う-de　車　　～である　～で
　　西单　　买的　　车。
　　西単　　買う-de　車
　　［王くんは東単で車を買ったのではなくて，西単で車を買ったのです。］

動詞接辞の"了"や"过"を用いた動詞に対応する否定表現には"没有"が用いられるという事実については第7章の2.2.2で述べたとおりだが，V de（O）のde は，"了"や"过"とは異なり，否定詞の"没有"と共起して否定文や正反疑問文を構成することができない。例えば，「王くんは東単で車を買ったのではない」の意味では(24)は成立せず，また，「王くんは東単で車を買ったのですか？」の意味で(25)は成立しない。

(24) *小王　　没有　　在　　东单　　买的　　车。
　　　王くん　NEG　　〜で　東単　　買う-de　車

(25) *小王　　在　　东单　　买的　　车　　没有？
　　　王くん　〜で　東単　　買う-de　車　　NEG

　この点においても，de それ自身が既然のアスペクトや過去時のテンスを担う形式であるという解釈は成立しない。
　本論は，de は，やはり，当該動詞の表す動作行為が区分的限定の対象であり，属性措定の対象であることを示す標識であると考える。ちなみに，状態補語を導く動詞に後接される接辞の"得"もまた，属性措定の対象であり，かつ，既実現であることが前提とされている動作行為をマークする標識であった（杉村 1982）。de は，アスペクト接辞の"了，着"よりも，むしろ"得"に近い性格の動詞接辞として位置づけられるのが妥当であると考えられる。

4.2　意味とかたちに基づく検証

　以上，拡張という観点から de の意味機能を捉え，"的"構文の構文的意味に関する特徴づけを試みた。de と"的"構文に対する上のような特徴づけは，"的"構文に特有のいくつかの文法的現象と意味的現象に対して合理的な説明を与えることができる。以下そのことを検証する。

4.2.1　既然性に関して

(26)の対話における"小王的车"のような事物に対する区分限定の表現は，通常"车"の存在を前提とするものと考えられる。

(26) 甲："这　　是　　谁　的　车？"
　　　　これ　〜である　誰　の　車
　　　　［これは誰の車ですか？］

　　　乙："小王　的　车。"
　　　　　王くん　の　車
　　　　　［王くんの車。］

そもそも対象を区分し，その属性を特徴づけるという行為は，当該対象の既存を前提にしてこそ可能なものである。してみれば，de が特定の動作行為を対象に区分的限定を加え，その属性を措定するために用いられる形式であるならば，当該の動作行為もまた，その確たる存在が前提となっていて然るべきである。確たる存在が前提とされている動作行為とは，まさしく既存の動作行為，すなわち既然の動作行為にほかならない。

"的"構文が常に既然の動作行為に言及するのも，「V de (O)」が先行する既然の動詞表現との間に照応関係を結ぶのも，de それ自体が既然や過去の意味を担う形式だからではなく，また「V de (O)」が照応形式だからでもない。すべては，"的"構文が特定の動作行為を対象として，それに区分的限定を与え，その属性を措定するための構文だからである。杉村氏の指摘する「V de (O)」の照応現象は，de の本質的な意味機能であるところの区分限定機能がもたらす語用論的結果にすぎない。さらに言えば，de が動詞に後接するのは，既然義を表すにふさわしい構造を形成するためではなく，当該の動作行為が区分的限定の対象としてのそれであることを示すためであり，すなわち de 自身が区分機能を担う形式だからである。

4.2.2 焦点化に関して

区分基準に問答の焦点が当てられている先の(26)の対話の自然さに対して，区分対象が焦点化されている(27)の対話は，通常の会話としては明らかに不自然に感じられる。

(27) 甲："这　　是　　小王　的　　什么？"
　　　　これ ～である 王くん の　 なに
　　　　［これは王くんの何ですか？］

　　乙："小王　的　　车。"
　　　　王くん の　 車
　　　　［王くんの車。］

(26)と(27)の許容度の差は，事物に対する区分限定の表現においては，通常，存在が前提とされている区分対象のほうが旧情報となり，区分基準のほうが新情報として焦点化されるものであることを示している。

"的"構文が，動作行為に関わる何らかの関与項を基準として，既然の動作行為に区分的限定を加える構文であるとすれば，この種の構文が必ずいずれか1つの関与項を焦点対象として有するという事実も，容易に納得される。

4.2.3　動詞接辞との非共起性に関して

先に2.1で(c)として示した杉村氏の指摘にもあるとおり，"的"構文の述語動詞は"了，着，過"いずれの動詞接辞とも共起しない。第6章で取り上げた北京官話の動詞接辞と同様，これらの接辞は，いずれも動作行為の実現のあり様を伝えるものであり，動作行為の時間的もしくは空間的な実存性を主張する形式である。"的"構文が，動作行為の実現を「主張」する構文ではなく，動作行為の実現を「前提」とする構文であるならば，それが，ことさらに動作行為の実存性を主張するための一連の動詞接辞となじまないのも，至極当然のことと理解される。"的"構文における de と他の動詞接辞の非共起の理由は，ここに求められる。

4.2.4　関与項の既知性に関して

2.1で(e)として示したように，"的"構文には不定目的語が用いられない。杉村氏の指摘にあるとおり，「王くんが去年の年末に1台の車を買ったのです。」という日本語を，"的"構文を用いて(28)のように表現することはできない。

(28) ＊小王　　去年　　年底　　买的　　一　　辆　　车。
　　 王くん　去年　　年末　　買う-de　1　　台　　車

この事実は，平叙文の区分限定表現においては，話し手と聞き手の双方にとって，区分基準と区分対象のいずれもが既知性を保証されていなければならないという意味的現象に起因すると考えられる。

事物を区分限定する場合，⑵⑼や⑶⑽のように，区分基準と区分対象のいずれか一方に不定の名詞表現が用いられると，しばしば情報の伝達に支障を来す。

⑵⑼ ??我　的　一　本　书　不　见　了。你　知道　在
　　　私　の　1　冊　本　NEG　見える　SFP　あなた　知っている　ある
　　　哪儿　吗？
　　　どこ　　SFP
　　　[??私の1冊の本がなくなりました。どこにあるか知りませんか？]

⑶⑽ ??我　找　一　个　人　的　车。你　知道　在　哪儿
　　　私　探す　1　個　人　の　車　あなた　知っている　ある　どこ
　　　吗？
　　　SFP
　　　[??1人の人の車を探しています。どこにあるか知りませんか？]

　対象を区分限定するという行為は，既存の対象に対して情報を付加し，その属性を規定し，対象の外延を絞り込むことにほかならない。区分された対象が，なお不定の事物であったり，不定の基準を用いて区分をしたりしていては，区分限定としての意味を成さない。⑵⑼や⑶⑽の不自然さは，そこに起因する。

　動作行為の区分限定についても同様のことが言える。⑵⑻の"*小王去年年底买的一辆车。"が，仮に〈受動者〉（＝"一辆车"）を区分基準として当該の動作行為に区分的限定を加えている文であるとしたら——つまり，王くんが昨年末に車を購入したというその行為は，"一辆车"［（ある）1台の車］を動作対象とした"买车"［自動車購入］であるという，〈受動者〉を基準にした区分限定の文であるとしたら——，この文は区分基準に不定表現（＝"一辆车"）を用いていることになり，⑶⑽と同様に，伝達上，不適格な表現となる。一方，この文が，〈時点〉（＝"去年年底"）を基準に動作行為を区分限定する意味で用いられているとしたら，この文では，不定の受動者を伴う動作表現に対して区分限定を行っていることになる。事物の場合がそうであったように，動作行為の

場合にも，区分限定の対象となる動作行為には応分の（話し手，聞き手双方にとっての）既知性が必要であり，不定の事物を受動者とする"买一辆车"［（ある）1台の車を買う］のような動作行為には，区分対象として扱われるに足るだけの（とりわけ聞き手にとっての）既知性が未だ十分に具わっていないと考えられる。(28)の"*小王去年年底买的一辆车。"が不適格になるもう一つの理由は，ここにあると考えられる。VO構造が"的"構文の述語にふさわしい既知性を得るには，目的語が，"小王去年年底买的<u>这辆车</u>。"［王くんは去年の年末に<u>この車</u>を買ったのです。］のように定的表現であるか，あるいは"小王去年年底买的<u>车</u>。"［王くんは去年の年末に<u>車</u>を買ったのです。］のように総称表現でなければならない。

次の乙の発話は不定目的語を伴ってはいないが，甲の発話に対する質問文としては明らかに不自然である。

(31) 甲："有　　人　　告诉　　我　　一　　个　　好　　消息。"
　　　　　ある　人　　告げる　　私　　1　　個　　よい　　知らせ
　　　　［ある人が私に1つのいい知らせを伝えてくれました。］

　　　乙："#谁　　告诉的　　你？"
　　　　　　誰　　告げる-de　あなた
　　　　　［誰があなたに伝えたのですか？］

「V de (O)」が単に照応形式であるなら，乙は"的"構文を用いてもよいはずであるが，現実には不適格である。この不適格さの原因は，やはり対象となる動作行為の既知性の欠如にあると考えられる。乙にとっての未知の動作者（＝「ある人」）による未知の受動者（＝「1つのいい知らせ」）を対象とする動作行為は，乙にとっては，区分限定の対象として扱うに十分な既知性を未だ具えてはいない。にもかかわらず"的"構文を用いるところに，語用論的な不適格さが生じていると考えられる。

4.2.5　数量表現との非共起性に関して

先の(9)や次の(32)の不自然さが示すように，"的"構文においては，動

作の回数や動作量を表す数量表現を焦点対象にすることができない。

⑶² *我　喝的　　三　杯。
　　 私　飲む-de　3　杯

　中国語では，周知のとおり，事物の数量を数えるために用いる数量詞は"的"を伴って名詞を修飾することができない。「3杯の酒」は"三杯酒"であって，"*三杯的酒"とは言えない。なぜなら，数量は，通常，事物を区分限定するための基準にはなり得ないからである。事物を数え上げるという行為は，それ自体が事物の存在を認識し，主張するものであって，特定の事物の存在を前提にしたうえで，それについて区分的限定を加えるという性格のものではない。そのことは，"我的书"［私の本］と"他的书"［彼の本］の対立が意味するところと，"三本书"［本3冊］と"五本书"［本5冊］の対立が意味するところの違いを考えれば明らかであるし，また，眼前にある複数の本を対象に，"这是我的书，这是我妹妹的书。"［これは私の本で，これは妹の本です。］と言うことはあっても，"这是三本书，这是五本书。"［これは3冊の本で，これは5冊の本です。］とは言わないという事実を考えてみても明らかである。事物を数え上げるための数量表現とは，その事物に対する区分限定の基準にはなり得ないということである。

　同様のことが動作行為についても言える。事物の数量を数える数量表現が区分限定の基準になり得ないように，動作行為を数えるための回数表現もまた区分限定の基準にはなり得ない。"的"構文において数量表現が焦点対象となり得ない一つの理由はここにある。数量表現は"的"とdeのいずれとも相いれない。

　"的"構文において数量表現が焦点対象になり得ないもう一つの理由としては，動作行為を区分限定するための基準には，〈人〉〈もの〉〈地点〉〈時点〉など離散的な関与項がふさわしく，〈量〉という非離散的な概念はそれにはふさわしくないということが考えられる。区分基準に適する項目というものは，〈我、你、他、小王、老李……〉や〈东单、西单、王府井、白石桥……〉のように，各メンバーが対立項として互いに対立

しつつ一つの範疇を構成しているというような，離散的な成員であることが望ましく，離散的であってこそ対立的であり，対立的であってこそ限定性をもち得る。"三本"［3 冊］か"五本"［5 冊］か，"三个小时"［3 時間］か"五个小时"［5 時間］かといった差は質量的な多寡の差であって，離散的な項目間の対立とは認識されにくい。動作区分の基準に適するのは，やはり〈人〉〈もの〉〈地点〉〈時点〉など離散的な対立を喚起しやすい表現——すなわち典型的には名詞表現——から構成される関与項である。

4.2.6 〈様態〉表現および〈原因〉表現との非共起性に関して

離散的で対立的な項目を喚起しにくいという点では，〈様態〉表現や〈原因〉表現もまた同様である。様態表現が典型的には形容詞成分から構成され，原因表現が典型的には述詞成分や節から構成されるということからも明らかなように，それらの表現はいずれも〈モノ＝entity〉的でなく，むしろ〈コト＝event〉的であり，したがって，離散性に乏しく，名詞表現のように対立項が想定しにくく，限定性を欠く。そのため，動作行為の区分基準には適さない。"的"構文が先の⑽や次の㉝のように原因表現や様態表現（下線部）を焦点対象とできない理由はここにあると考えられる。

㉝ ＊小王　<u>高高兴兴地</u>　跳的　桑巴舞。
　　　王くん　うきうきと　踊る-de　サンバ

以上のように，de を，動作行為の区分限定に働く接辞的な形式と見なし，"的"構文の意味を（イ）のように理解することによって，"的"構文に関わる意味的および構文的現象は，より合理的な説明を得ることができる。

5　むすび

"的"構文の de の解釈をめぐる従来の研究は，大きく 2 つの立場に

別れる。1つは，deと，名詞句を構成するための構造助詞"的"を同一の形式と見なす立場（朱徳煕1978, 杉村1982, 同1983, 同1995, 同1999, 石毓智2000, 小野2001など）であり，もう1つは，deと"的"を機能の異なる2つの形式と見なす立場（宋玉柱1981, 史有為1999, 李讷・安珊笛・张伯江1998など）である。前者は，deと"的"の間に存在する文法的および意味的相違を合理的に説明することが難しく，後者は，deと"的"の間にいかなる機能的および意味的関連が存在するかを明確に説明し得ていない。

　本論は，事物区分機能を担う構造助詞"的"からの拡張の結果として，deが動作区分機能を担っていると考える。事物めあての区分機能から，動作めあての区分機能へと拡張が生じているという解釈である。

　他の言語同様，中国語においても，事物指向の表現形式が動作指向の表現形式に拡張するという現象は珍しくない。事物の空間的所在を表す動詞"在"（例えば"他在厨房呢。[彼は台所にいる。]"）が，動作そのものの実在を示す副詞"在"（例えば"他在做饭呢。[彼は料理を作っているところだ。]"）へと拡張すること，事物の授与を表す動詞"给"（例えば"我给她一百块钱。[私は彼女に100元の金をやった。]"）が，動作の受益者を導く前置詞"给"（"我给她当翻译。[私は彼女に通訳をしてやった。]"）へと拡張すること等々が，それに該当する。本論が指摘する，事物指向の構造助詞"的"から動作指向のdeへの拡張という現象も，その1つであると考えられる。

第11章

二重主語文の意味と構造

1　はじめに

　中国語の文構造には，（Ⅰ）と（Ⅱ）に示されるように，2つの名詞句（または名詞相当句）がいかなる格標識も伴わずにいわゆる直格名詞句として一つの述詞に結び付くかたちが2種類存在する。
　（Ⅰ）$NP_1 + V + NP_2$
　（Ⅱ）$NP_1 + NP_2 + V$
　（Ⅰ）は，次の例(1)に代表される「主語＋動詞＋目的語」の構造，すなわちSVOの構造である。
　(1) 小王 打 小李。（＝SVO）
　　　［王くんが李さんを殴る。］
　（Ⅱ）にはいくつかのタイプの構文が含まれるが，最も典型的なものとしては例(2)に代表されるいわゆる「二重主語文」，すなわちSSVの構造が挙げられる。
　(2) 小李 肚子 疼。（＝SSV）
　　　［李さんがおなかが痛い。］
　上の2つの例が示すように，中国語はSVO構造とSSV構造の両方をもち合わせる言語であり，この点で，英語のように，SVO構造はもつがSSV構造はもたない言語や，日本語のように，SSV構造はもつがSVO構造はもたない言語とはタイプが異なる。
　本章では，（Ⅱ）のタイプに属する二重主語文について考える。すなわち，2つの直格名詞句からなる中国語の2種類の文構造のうち，名詞句

が2つとも述詞の前に置かれる二重主語文を取り上げ，その構造上の特徴と，それが成り立つ意味論的な状況を，対応する事態の認知的なタイプとの関連において明らかにすることが本論の目的である。

中国語の二重主語文は，〈変化〉〈状態〉〈属性〉といった類いの事態を表し，その点では，基本的に日本語の二重主語文と共通した性格をもつ。しかし，双方の二重主語文の構造的な成り立ちと，それらが対応する事態のタイプの内実は必ずしも一致しない。SVO言語の中国語とSOV言語の日本語とでは，それぞれの二重主語文のあり方にいくつかの相違点が認められる。本論はこの点に関心を寄せ，日本語二重主語文との対照的な視点から，中国語二重主語文の意味と構造を特徴づけてみたい。

本論が扱う文構造は，中国語学の分野では，従来"主谓谓语句"（主述述語文）と呼ばれているが，ここでは「二重主語文」という用語を用いることにする。また，以下では，特に断らない限り「二重主語文」という用語は「中国語の二重主語文」を指すものとし，随時 S_1S_2V の記号をこれに充てることとする。

なお，ここで取り上げる二重主語文とは，基本語順として「NP_1 + NP_2 + V」のかたちをとる文構造のみを対象とするものである。例えば，次の2つの文は，それぞれ，基本語順としてはSVO構造（"狗 咬 小王。"［犬が王くんをかむ。］）のOの位置にあるべき名詞句（"小王"［王くん］）が，主題化によって文頭に繰り上げられたり（(3)の例），対比化によって動詞の直前に繰り上げられたりしているもの（(4)の例）であり，いずれも有標の語順であって，基本語順としての「NP_1 + NP_2 + V」ではない。

(3) 小王 狗 咬 了。
　　［王くんは犬がかんだ。］

(4) 狗 小王 咬 了（, 小李 却 没 咬）。
　　［犬は王くんはかんだ（が，李さんはかまなかった）。］

この種の構造の文頭にある名詞句（NP_1）が，いずれも主題（topic）であって，基本語順の主語（subject）でないことは，この位置に疑問

詞を用いることができないという構文的事実からも明らかである。

(3)′ *谁 狗 咬 了？

　　［*誰は犬がかんだの？］

(4)′ *哪条狗 小王 咬 了？

　　［*どの犬は王くんはかんだの？］

　本論が以下で取り上げる二重主語文は，(5)や(6)の例のように，NP$_1$の位置に疑問詞を用いることが文法上可能であり，(3)や(4)の構文とは明らかに構造が異なる。

(5) 谁 肚子 疼？

　　［誰がおなかが痛いの？］

(6) 哪个屋子 窗户 小？

　　［どの部屋が窓が小さいの？］

　中国国内の研究者の多くは，(3)や(4)のタイプの構造も「主述述語文」すなわち二重主語文に含めているが（朱徳熙1982，刘月华・潘文娱・故韡1983など），本論では，いわゆる「題述文」であるそれらの構造を二重主語文とは区別し，考察の対象には含めない。

2　二重主語文の分類

　中国語の二重主語文は，この種の構文が対応する事態のタイプによって大きく2つに分かれる。1つは，感覚，知覚，心的状況（感情）といった人間の内的な経験を述べるタイプであり，感覚，知覚，感情の感じ手すなわち〈経験者〉がS$_1$の位置に立つタイプである。先の(2)や次の(7)がこれに該当する。

(7) 我 心理 很 高兴。

　　［私は（*心が）とてもうれしい。］

　このように人間の心身における内的経験を表すために用いられる二重主語文を，ここでは「経験的事態を表すタイプの二重主語文」と呼び，これを「A類二重主語文」とする。

もう1つのタイプは，次の例のように，特定の人や事物について，その形状や性質に関する特性を述べるために用いられるものである。

(8) 小王 眼睛 很 大。
　　［王くんは目がとても大きい。］
(9) 小王 家里 很 穷。
　　［王くんは家がとても貧しい。］

このタイプの二重主語文は，述詞（V）の叙述の直接の対象（theme）が S_2 の位置に立つ。ここでは，この種の二重主語文を「属性的事態を表すタイプの二重主語文」と呼び，これを「B類二重主語文」とする。

まずは経験的事態と二重主語文に関する状況から見ていくことにする。

3　経験的事態と二重主語文の成立

A類二重主語文は，主体の身体的もしくは心的な経験を表すが，あらゆる種類の経験的事態がこの種の構文に適合可能なわけではない。二重主語文に適合する経験的事態は，以下に述べる数種類のものに限られている。

3.1　〈温感〉について

〈熱い〉〈寒い〉などといった温度感覚には，身体の一部または全体がモノに触れることによって感受される接触性のものと，特定のモノに接触することなく，身体の一部または全体で感受される非接触性のものがある。

接触性の温度感覚の場合は，典型的には，熱源としてのモノの存在が明確であり，そのモノが人間の側に何らかの身体的感覚を引き起こす〈刺激体〉として意識されやすい。一方，非接触性の温度感覚の場合は，〈刺激体〉の存在が不明確であったり，あるいは全く意識されることなく，単に〈経験者〉の存在のみが意識され（あるいは前景化され），そこに

何らかの身体的な感覚が生じるといったかたちで事態が認識されがちである。

いずれにせよ，温度感覚とは，本来的に人間の側で身体的に感受される経験的事態であり，その意味で，〈経験者〉の存在を前提として成立する事態であると考えられる。中国語にはこの種の事態を語彙化したものとして，いわゆる温感形容詞という語類がある。"热 [熱い；暑い；(体の一部や，ものが) あたたかい]，冷 [寒い]，暖和 [暖かい]，涼快 [涼しい]，涼 [冷たい；涼しい]，烫 [(体の一部や，ものが) やけどしそうに熱い]" などがそれである。

温感形容詞は，次の例のように，〈刺激体〉〈経験者〉〈経験者の身体部位〉のいずれかを主語にとり，ＳＶ構造を構成する。

(10) 这个 热水袋 不 热。
　　　[この湯たんぽはあたたかくない。]
(11) 屋里 挺 涼快。
　　　[部屋のなかはとても涼しい。]
(12) 我 挺 暖和。
　　　[私はとてもあたたかい。]
(13) 手 热 了（，脚 还 涼）。
　　　[手はあたたかくなった（，足はまだ冷たい）。]

(10)は接触性の温感表現であり，〈刺激体〉であるモノとしての"这个热水袋"[この湯たんぽ] が主語に立っている。場所表現が主語に立つ(11)は，(10)のような典型的な接触性の温感からはやや逸脱しているが，やはり"屋里"[部屋のなか]という空間が〈刺激体〉と見なされているものと理解される。"外边 很 冷。"[そとは寒い。]なども同じタイプの構文である。「天；宇宙空間」を意味する"天"が主語に立つ(14)に至っては，空間が最大限に捉えられ，ほとんど無制限とも言える空間に〈刺激体〉としての熱源が求められていると言える。

(14) 天 太 热，我 睡不着。　　　　　　　　（林希《丑末寅初一》）
　　　[（天が）熱すぎて，私は寝つけない。]

⑽や⑾が〈刺激体〉を主語に立てた例であるのに対して，⑿は温度の感じ手すなわち〈経験者〉が主語に立つ例であり，⒀は〈経験者〉自身の身体部位が主語に立つ例である[1]。そして，⒀のタイプの構造に〈経験者〉が加わると，問題の二重主語文が成立する[2]。

⒂ 阿宝心头一热，泪水在眼眶里直打转。　　　　（李国文《危楼记事》）
　　［阿宝は胸がかっと熱くなり，涙が目にあふれた。］

⒃　我　身体　挺　暖和。
　　［私は体がとてもあたたかい。］

温感を表す二重主語文は，上の２例のように，〔S₁〈経験者〉-S₂〈経験者の身体部位〉-V〕のかたちでのみ成立する。〈経験者〉と〈刺激体〉が共起するかたちや，〈経験者〉の身体部位と〈刺激体〉が共起するかたちでは成立しない。日本語でも〈経験者〉の身体部位と〈刺激体〉が共起する⒄は，かなり不自然に感じられるが，〈経験者〉と〈刺激体〉が共起する(18a)や(19a)については，それほど不自然には感じられない。中国語では，それらに対応する(17b)(18b)(19b)がすべて不自然に感じられる。

⒄ a.　*足が湯たんぽがすごく暖かい。
　　b.　*脚　热水袋　挺　热。
⒅ a.　私は君が湯たんぽが熱いことは知っていた。
　　b.　*我　注意到　你　热水袋　挺　烫。
　　　　私　　気付く　あなた　湯たんぽ　とても　熱い
⒆ a.　私は部屋のなかが涼しい。
　　b.　*我　屋里　凉快。
　　　　私　部屋のなか　涼しい

---

[1] 発話者が自らの手足に触れ，その手があたたかく，足が冷たいという意味で，"手热了，脚还凉。"と表現した場合の"手"や"脚"は無論〈刺激体〉である。本文⒀の例はそのような接触性の温度感覚を表すものではなく，発話者自身が自らの手足に内発的に感じる非接触的な温度感覚を述べた例として理解されたい。

[2] "我的手热了。"［私の手はあたたかくなった。］のように，感覚の〈経験者〉(="我")を身体部位(="手")の連体修飾語として用いることも可能ではあるが，この種の構文は二重主語文に該当しないため，ここでは取り上げないでおく。

中国語では，温感の〈刺激体〉は，(10)や(11)のようにSV構造の主語に立つことはできるが，〈経験者〉や〈経験者〉の身体部位と共起するかたちで二重主語文のなかに取り込まれることはないということである。

3.2 〈疲労感〉について

〈疲労〉の感覚についても二重主語文が成立する。〈疲れる；くたびれる；しんどい〉といった〈疲労感〉を表す形容詞 "累" は，温感形容詞と同じく，〈刺激体〉〈経験者〉〈経験者〉の身体部位のいずれかを主語にとってSV構造を構成する。

(20) 这活儿　很　累。
　　　［この仕事はくたびれる。］
(21) 爸爸　累　了。
　　　［お父さんは疲れた。］
(22) 眼睛　累　了。
　　　［目が疲れた。］

さらに〈経験者〉を S_1 にとり，〈経験者〉の身体部位を S_2 にとって二重主語文を構成する。

(23) 我　眼睛　累　了。
　　　［私は目が疲れた。］

ここでも〈刺激体〉を取り込んだかたちの二重主語文の成立は難しく，「私は畑仕事がくたびれた」の意味で，次のように表現するのは明らかに不自然である。

(24) *我　　庄稼活儿　　累　　了。
　　　私　　畑仕事　　疲れる　SFP
　　　［私は畑仕事がくたびれた。］

ただし，"累" は，一回的な個別の出来事としての〈疲労〉ではなく，恒常的な状況としての〈疲労〉を述べる場合に限って，次のように〔S_1〈経験者〉-S_2〈経験者の身体部位〉-V〕とは異なるかたちの二重主語文を成立させる。

(25) 我爸爸 工作 很 累。
　　［私の父は仕事がとてもきつい。］

(25)の成立から，〈疲労感〉には一見〈温感〉とは異なる概念化が成立し得るようにも見受けられるが，実はそうではない。(25)の文は，"我爸爸"［私の父］についてその属性を特徴づけるためのB類二重主語文であって，A類のそれとして"我爸爸"の内的経験を述べた文ではない。これについては，後ほどB類に関する議論のなかで取り上げることにする。

3.3 〈痛痒覚〉について

〈痛い〉〈かゆい〉〈くすぐったい〉などといった感覚にも，温感と同様，接触性のものと非接触性のものがある。つまり，感覚の〈刺激体〉の存在が意識されやすいものと意識されにくいものがあると考えられる。しかし，中国語でこれらの感覚の表現に用いられる形容詞は，温感形容詞とは異なり，〈刺激体〉を主語にとることができない。「やかんが熱い」と同様に，「靴が痛い」や「注射が痛い」が問題なく成立する日本語に対して，中国語は「靴が痛い」に対応するSV構造をもたない。"鞋"［靴］を主語とし，"疼"［痛い］を述語とする"*鞋疼。"は明らかに不自然である。

〈痛痒覚〉を表す述詞は，このように〈刺激体〉を主語にとることができず，〈経験者〉か〈経験者〉の身体部位のみを主語にとることができる。すなわち，感覚の感じ手と，感覚の生じる場所のみが共起可能となる。

(26) 我 疼。
　　［私は痛い。］
(27) 两只耳朵 又 痒起来 了。　　　　　　　（蒋子龙《赤橙黄绿青紫蓝》）
　　［両耳がまたかゆくなり出した。］

そして，二重主語文もまた〔S_1〈経験者〉-S_2〈経験者の身体部位〉-V〕のかたちでのみ成立し，〈刺激体〉を含むかたちでは成立しない。この点は温感の表現と共通する。

第11章　二重主語文の意味と構造　273

(28)　我　脚背　疼。
　　　［私は足の甲が痛い。］
(29)　小王　肚子　疼。
　　　［王くんはおなかが痛い。］
(30)　*我　　鞋　　疼。
　　　　私　　靴　　痛い

　ちなみに，痛みの〈刺激体〉については，それを文に取り込む方策の1つとして，他動性結果構文の主語に用いるという方法がある。例えば次のような例である。

(31)　脚背　被　鞋　磨疼了。
　　　［*足の甲が靴に擦り痛められた。］
(32)　棺头的两个"善"，"贞"金字，（显得耀眼，）刺疼了刘街人的眼目。
　　　　　　　　　　　　　　　　　　　　　　（阎连科《寻找土地》）
　　　［*棺桶のうえの「善」「貞」という2つの金文字が（まぶしく映え），劉街の人たちの目を刺し痛めた。］

　(31)は「足の甲が靴で擦れて痛い」という事態を受け身文（＝受影文）で表現したものであり，(32)は「2つの金文字が劉街の人たちの目に痛い」という事態を能動文で表現したものであるが，いずれも他動詞（"磨"［擦る］と"刺"［刺す］）が形容詞"疼"［痛い］を結果補語として伴うかたちの結果構文を構成している。これらの文は"椅子　被　小李　踢倒了。"［椅子が李さんに蹴り倒された。］や"小李　踢倒了　椅子。"［李さんが椅子を蹴り倒した。］と同じタイプの構文であり，要するに，ここでの"鞋"と"金字"は，他動詞構文の〈動作主〉と同様の構文的扱いを受けていることになる。中国語においては，痛みの〈刺激体〉は，〈動作主〉として捉え得る性格をもつものであることがうかがえる。日本語では，(31)や(32)の日本語訳が不自然であることからもうかがえるように，痛みの〈刺激体〉が〈動作主〉として扱われるという現象は一般には成立しない。

3.4 〈味覚・嗅覚〉について

〈温感〉や〈痛痒覚〉と並んで，典型的な感覚の一種と考えられるものに〈味覚〉と〈嗅覚〉がある。興味深いことに，この〈味覚〉および〈嗅覚〉の成立は，中国語においては，〈温感〉や〈痛痒覚〉とは異なったかたちで構文化される。

〈味覚〉の表現に用いられる"甜［甘い］，咸［塩辛い］，酸［酸っぱい］，辣［辛い］"や，〈嗅覚〉の表現に用いられる"香［芳しい］，臭［臭い］"などは，温感形容詞と同じく，そして痛痒覚形容詞とは異なって，すべて〈刺激体〉を主語にとることができる。

(33) 这 西瓜 很 甜。
　　　［このすいかはとても甘い。］

しかし，これらの味覚形容詞や嗅覚形容詞は，〈経験者〉の身体部位を主語にとりにくく，その点で温感形容詞と痛痒覚形容詞のいずれとも異なる。

(34) ?*嘴里　　　　很　　　甜。
　　　口のなか　とても　甘い

さらに，二重主語文については，(35)と(36)がともに不自然であることからも明らかなように，〔S_1〈経験者〉-S_2〈経験者の身体部位〉-V〕と〔S_1〈経験者〉-S_2〈刺激体〉-V〕のいずれのかたちも不自然に感じられ，この点でも〔S_1〈経験者〉-S_2〈経験者の身体部位〉-V〕のかたちが成立する温感形容詞や痛痒覚形容詞とは異なる。

(35) *我　　嘴里　　　　很　　　甜。
　　　私　　口のなか　とても　甘い

(36) *小李　　这西瓜　　　　很　　　甜。
　　　李さん　このすいか　とても　甘い

〈味覚・嗅覚〉の形容詞が，このように〈経験者〉や〈経験者〉の身体部位と共起し得ないという事実は，この種の形容詞が，人間の側において生じる感覚を表すものではなく，刺激体としてのモノの側に具わる

属性を表すものであることを示している。〈痛痒覚〉の述詞が，〔S〈刺激体〉-V〕のかたちの主述構造を構成し得ず，〈経験者〉もしくはその身体部位とのみ主述構造を構成し得た事実とは対照的である。中国語においては，〈味〉や〈匂い〉は常にモノの側に宿る属性として認識され，〈痛み〉や〈かゆみ〉は常に人間の側に生じる感覚として認識される。

　ただし，〈味覚〉のなかにも例外的に，二重主語文による表現が不自然に感じられないものがある。〈苦み〉の表現がそれである。"苦"は，㊲の例のように，他の味覚形容詞と同じく〈刺激体〉を主語にとることができるが，加えて㊳のように〔S_1〈経験者〉-S_2〈経験者の身体部位〉-V〕のかたちの二重主語文をも構成し得る。例えば，薬を服用したあとの感覚を述べるものとして，㊳の発話は問題なく成立するというのが，複数のインフォマントの直観である。

　㊲　这　中药　很　苦。
　　　〔この漢方薬は苦い。〕
　㊳　我　嘴里　有点儿　苦。
　　　〔私は口のなかが少し苦い。〕

　味覚形容詞のなかで"苦"だけが〈経験者〉と共起し得るという事実は，この種の味覚が〈痛覚〉に接近する性格をもつものであることをうかがわせる。"苦痛"や"痛苦"といった語が存在する中国語であってみれば，〈苦み〉が〈痛み〉に通じる感覚として認識されることも十分にあり得ると考えられる。

　以上のように，味覚と嗅覚は，温感や痛痒覚とは異なって，一般に二重主語文を構成し得ないが，〈苦み〉だけは例外的に二重主語文を構成し得る。〈苦み〉は，味覚と痛覚という2つのカテゴリの中間に位置するものと考えられる。

3.5　〈飢飽感〉と〈快感〉について

　〈ひもじい〉〈満腹である〉といった飢飽感や，〈心地よい〉〈具合がよい〉〈不快である〉といった快（不快）感も，〈痛痒覚〉と同じタイプの

構造で表現される。つまり，飢飽感や快感を表す形容詞は，〈経験者〉か〈経験者〉の身体部位のいずれかを主語にとってSV構造を構成し，二重主語文については〔S₁〈経験者〉-S₂〈経験者の身体部位〉-V〕のかたちで実現する。

(39) 他 不 舒服。
　　　［彼は具合がよくない。］
(40) 肚子 饿 了。
　　　［おなかがひもじくなった。］
(41) 我 肚子 饿 了。
　　　［私はおなかがひもじくなった。］
(42) 甲："你 哪儿 不 舒服？"
　　　　　［あなたはどこが具合が悪いの？］
　　　乙："我 肚子 有点儿 不 舒服。"
　　　　　［私はおなかが少し具合が悪い。］

日本語では「氷枕が心地よい」や「太郎は氷枕が心地よかった」が無理なく成立するが，中国語では快感の〈刺激体〉を主語にとるSV構造や二重主語文は成立しにくい。

(43) *冰枕头　挺　　舒服。
　　　氷枕　　とても　心地よい
(44) *小李　冰枕头　挺　　舒服。
　　　李さん　氷枕　とても　心地よい

3.6 〈悲喜感〉について

既に大河内1991の指摘にあるように，中国語では，〈うれしい〉や〈悲しい〉といった悲喜の感情を表す形容詞類は，〈刺激体〉を主語にとることができない。つまり日本語の「彼の手紙がうれしかった」に相当する〔S〈刺激体〉-V〕のかたちの主述構造が成立しない。

(45) *他的信　　很　　　高兴。
　　　彼の手紙　とても　うれしい

これに連動して,「私は彼の手紙がうれしかった」に相当する二重主語文も成立しない。

(46) *我　他的信　　很　　高兴。
　　　私　彼の手紙　とても　うれしい

ここでも,〔S₁〈経験者〉-S₂〈刺激体〉-V〕のかたちの二重主語文は成り立たない。ただし,この種の感情形容詞については,(47)の例のように,使役構文を用いて〈経験者〉と〈刺激体〉の共起を図ることが可能であり,この点が他の形容詞にない感情形容詞独自の特徴として注目に値する（木村 1984）。

(47) 他的信 使 我 很 高兴。
　　　［彼の手紙が私をうれしがらせた。］

被使役者を導く準動詞"使"を用いて「NP₁＋"使"＋NP₂＋V」のかたちで構成されるこの種の誘発使役文は,第8章で述べたように,Vに専ら形容詞か非対格動詞が用いられるという点に特徴があり,「NP₂に何らかの状態または変化が生じる状況をNP₁が誘発する」という事態を述べる構文である。

(48) 这个噩梦 使 他 老了 许多。　　　　（老舍《骆驼祥子》）
　　　［この悪夢が彼をずいぶんと老け込ませた。］

(49) 饥饿、寒冷 使 她 发了 高烧。　　　（王浙滨《生为女人》）
　　　［飢えと寒さが彼女に高熱を出させた。］

この種の使役構文は,意志的な使役行為には適さず,したがって,欲求表現や命令表現には用いられない。やはり第8章で述べたことではあるが,日本語では「私は彼を寝つけられなくさせたい」という欲求表現も,「君はできるかぎり彼女を喜ばせなさい！」という命令表現も不自然ではないが,それに対応する表現は中国語の誘発使役文では成立しない。(50)や(51)は明らかに不自然である。

(50) *我　　想　　　使　他　睡不着觉。
　　　私　〜したい　shi　彼　寝つけない

⑸1 *你　　　 尽量　　 使　她　　高兴　　吧！
　　あなた　できるかぎり　shi　彼女　うれしい　SFP

　要するに，"使"を用いる使役構文の主語（NP₁）は，特定の対象に直接的，積極的に働きかける意図的な使役者ではなく，むしろ〈原因〉に近い，より間接的で無意志的な〈誘発者〉としての意味役割を担うものである。⑷7の例のように，〈悲喜〉の感情の刺激体がこの種の使役構文の主語に用いられるという事実は，とりもなおさず，中国語では〈悲喜〉の感情が，無意志的な〈誘発者〉の引き起こす間接的な使役的事態として概念化されているということを示すものである。先に見たように，接触性が高く，より即時的とも言える〈痛み〉の刺激体が，他動性結果構文の主語に用いられ，〈動作者〉として構造化され得た現象とは対照的である。感情と感覚のそれぞれの成立のあり方の差異が，ドラスティックに反映されていて興味深い。

　本題に立ち返って，問題の二重主語文であるが，〈悲喜〉の感情についても，〔S₁〈経験者〉-S₂〈経験者の身体部位〉-V〕のかたちの二重主語文が成立する。

　中国語の〈悲喜感〉を表す形容詞類は，先にも述べたとおり，〈刺激体〉を主語にとることはできないが，〈経験者〉を主語にとることは可能であり，

⑸2 他　很　高兴。
　　［彼はうれしかった。］

　さらに，〈経験者〉の身体部位である"心里"［心；心のなか］を主語に立てて，日本語では不自然に感じられる「*心（のなか）がうれしい」のような〔S〈経験者の身体部位〉-V〕のかたちのSV構造をも構成し得る。

⑸3 心里　很　高兴。
　　［*心（のなか）がうれしかった。］

　そして，〈経験者〉と"心里"［心；心のなか］の共起によって二重主語文も成立する。

⑸4 他 心里 很 高兴。
　　［*彼は心（のなか）がうれしかった。］
　悲喜の感情の表現も，このように，これまでに述べたいくつかの感覚の表現と同様，〔S_1〈経験者〉-S_2〈経験者の身体部位〉-V〕のかたちでのみ二重主語文が成立する。

3.7 〈視聴覚〉について

　〈見える〉や〈聞こえる〉という〈視聴覚〉の表現は，日本語では，「私は目が見える」や「太郎は星が見えなかった」のように，〈温感〉や〈痛痒覚〉の表現と同様，〔S_1〈経験者〉-S_2〈経験者の身体部位〉-V〕と〔S_1〈経験者〉-S_2〈刺激体〉-V〕の2通りのかたちで二重主語文が成立するが，中国語ではやはり〔S_1〈経験者〉-S_2〈経験者の身体部位〉-V〕のかたちでしか成立しない。
　中国語で，〈見える〉や〈聞こえる〉といった視聴覚の表現を担う述詞は，大きく2つのタイプに分かれる。1つは，動詞が結果補語を伴って構成されるタイプの複合動詞（"看见［(見て見える→) 見える］，听见［(聞いて聞こえる→) 聞こえる］"）であり，1つは，動詞がいわゆる可能補語を伴って構成されるタイプの複合動詞（"看得见［(見て見え得る→) 見える］，听不见［(聞いて聞こえ得ない→) 聞こえない］"など）である。前者は単に視聴覚作用の実現を意味し，「目にする」「耳にする」の意であり，後者は視聴覚作用の実現の可能性を意味し，「見え得る」「聞こえ得ない」といった意味を表す。問題の二重主語文は，可能性を意味する後者のタイプに成立する。例えば次のような例である。
⑸5 我爷爷 眼睛 看得见，耳朵 听不见。
　　［祖父は目が見えて，耳が聞こえない。］
　可能補語を伴うこの種の視聴覚複合動詞は，温感形容詞と同様，〈経験者〉と〈経験者〉の身体部位のほかに，〈刺激体〉を主語にとってSV構造を構成することも可能である。
⑸6 星星 都 看不见。

〔星がすべて見えない。〕
　しかし，〈刺激体〉を主語の位置に据えたままで〈経験者〉を文に取り込むことはできない。つまり，〔S₁〈経験者〉-S₂〈刺激体〉-V〕のかたちの二重主語文は成立しない。㋑は単文としては明らかに不自然である。

　㋑　*我　　星星　　看不見。
　　　　私　　星　　　見えない

　ただし，㋑の不成立を補って，㋒のようなＳＶＯ構造が成立するところに，この種の複合動詞の特徴がある。

　㋒　我　看不見　星星。
　　　〔私は星が見えない。〕

　視聴覚を表す複合動詞は，このように〈刺激体〉を目的語にとることができ，それによって〈経験者〉と〈刺激体〉の共起を実現し得るという点において，これまでに取り上げた感覚形容詞や感情形容詞とは異なった特徴を示す。

　ところで，視聴覚の〈刺激体〉が，このように自動詞文の主語にもなり，また他動詞文の目的語にもなるという事実は，日本語との対照においても興味深い。日本語の「見える」「見えない」の〈刺激体〉は，「（今夜は）星が見えない」「太郎は星が見えない」のように，〈経験者〉が前景化するしないにかかわらず，常に「が」格をとって主語の位置を占める。それに対して，中国語の視聴覚の〈刺激体〉は，〈経験者〉が前景化しない場合にのみ主語の位置を占め得，ひとたび〈経験者〉が前景化すると，たちまち目的語の位置へと降格配置を強いられ，主語の位置に留まることができなくなる。このことは，すなわち，中国語においては，〈経験者〉が前景化されるかたちで認識されるときの視聴覚的事態は，常に対〈対象〉的な活動能力として概念化される――言い換えれば，知覚主体（＝動作主）による知覚対象（＝動作対象）に向けての〈活動〉能力の実現（または非実現）として認識される――ということを示している。中国語は，視聴覚の成立の主たる要因を，〈刺激体〉よりも〈経

験者〉（すなわち人間）のほうにあると見なすタイプの言語であり，視聴覚的事態に関して人間主導型の事態把握を行うタイプの言語であると言えそうである．

　A類二重主語文に適合する経験的事態は，概ね，上に述べた数種のタイプに限られる．そして，それらはすべて〔S_1〈経験者〉-S_2〈経験者の身体部位〉-V〕のかたちで成立する．つまるところ，経験的事態を表すA類二重主語文とは，〈感じ手〉が〈どの部分（箇所）〉において〈感覚〉し，あるいは〈知覚〉するかを述べるために用意された構文にほかならない．次の例が示すように，S_2の位置に用いられる疑問詞が"哪儿"［どこ］であって，"什么"［なに］でないという事実は，感覚部位が〈箇所＝場所〉として空間的に捉えられていることを示している．

(59)　(＝(42))　甲："你 哪儿 不 舒服？"
　　　　　　　［あなたはどこが具合が悪いの？］
　　　　　　乙："我 肚子 有点儿 不 舒服．"
　　　　　　　［私はおなかが少し具合が悪い．］

　感じ手すなわち感覚母体と，身体部位すなわち感覚部位の関係は，典型的な譲渡不可能所有の関係であって，互いに独立した存在ではない．日本語では，温感表現（例えば(18a)）や視聴覚表現（例えば「太郎が星が見えること」）がそうであったように，一定の範囲において〈経験者〉と〈刺激体〉がともに「〜が」を伴って一つの文に同時に現れることが許されるが，中国語では，そのように意味役割の異なる互いに独立した2つの関与者が同時に主語に立つかたちの二重主語文は成立しない．A類二重主語文は，常に，感覚母体と感覚部位という譲渡不可能の存在のみを主語にとって成立する．

3.8　その他の経験的事態について

3.8.1　〈受動的可能〉〈能動的可能〉〈好悪〉〈欲求〉について

　構造形態として〔S_1〈経験者〉-S_2〈経験者の身体部位〉-V〕のほかに〔S_1〈経験者〉-S_2〈刺激体〉-V〕のタイプも具えている日本語の二

重主語文は，上で述べた数種のタイプの感覚や感情のほかにも，〈好悪〉や〈欲求〉など，さらに多くのタイプの経験的事態を表すことができるが，〔S₁〈経験者〉-S₂〈刺激体〉-V〕のタイプを欠く中国語では日本語ほど多様には二重主語文が成立し得ない[3]。例えば，身体的な能力や知的な能力に言及する〈可能性〉の表現は，(60a)の下線部に代表される受動的可能（passive potential）と，(61a)に代表される能動的可能（active potential）両方を含めて[4]，日本語では二重主語文が成立するが，中国語ではそれらに相当する二重主語文が成立しない。

(60) a. 私は母がきのこが食べられないわけを知っている。
　　 b. *我　　知道　　我妈妈　　蘑菇　　不　　能　　吃　　的　　缘故。
　　　　 私　知っている　私の母　　きのこ　NEG　できる　食べる　PART　理由

(61) a. 私は誰がピアノが弾けるか知りません。
　　 b. *我　　不　　知道　　谁　　钢琴　　会　　弹。
　　　　 私　NEG　知っている　誰　ピアノ　できる　弾く

さらに，「好きだ；嫌いだ」に代表される〈好悪〉の感情や，「ほしい；～（し）たい」に代表される〈欲求〉の感情もしくは感覚についても，日本語では二重主語文が成立するが，中国語では成立しない。

(62) a. 君が上海が好きだとは思いもよらなかった。
　　 b. *没想到　　　　你　　上海　　喜欢。
　　　　思いもよらない　あなた　上海　　好む

(63) a. 君が酒が飲みたいとは思いもよらなかった。
　　 b. *没想到　　　　你　　酒　　想　　　喝。
　　　　思いもよらない　あなた　酒　～したい　飲む

(60a)-(63a)の日本語に対応する中国語の表現は，次のように，すべてSVO構造のかたちで実現される。

(64) 我　知道　我妈妈　不　能　吃　蘑菇　的　缘故。

---

3) 日本語の二重主語文の詳細については尾上 1998，尾上・木村・西村 1998 参照。
4) 受動的可能と能動的可能の区別については寺村 1982 参照。

("能"は受動的可能を表す助動詞)
⑹⑸ 我 不 知道 谁 会 弹 钢琴。
　　("会"は能動的可能を表す助動詞)
⑹⑹ 没想到 你 喜欢 上海。
⑹⑺ 没想到 你 想 喝 酒。
　　("想"は欲求を表す助動詞)

3.8.2 〈受動的可能〉の非対格性

　〈受動的可能〉〈能動的可能〉〈好悪〉〈欲求〉という4つのタイプの事態が，このようにSVO構造で実現されるという事実は，この種の事態が，中国語においては，すべて，〈動作主〉から〈動作対象〉に向けての働きかけをプロトタイプとする，他動的な概念構造のカテゴリに取り込まれるかたちで捉えられているということを示している。〈受動的可能〉を除いて，他の3つのタイプの事態には，そもそも〈動作対象〉を主語とするSV構造が成立しない。先に見た視聴覚の実現可能性を表す"看得见"［見える］や"听不见"［聞こえない］などの複合動詞が，SVO構造のほかに，SV構造をも構成し得た事実とは対照的である（例えば⑹⑹⑹⑻)。
　ただし，興味深いことに，〈受動的可能〉にだけは⑹⑻の例のような非対格構造が成立する。
⑹⑻ 我 知道 这种蘑菇 能 吃。
　　［この種のきのこが食べられることを私は知っている。］
　先の⑹⑷のSVO構造が，特定の〈経験者〉に，行為の実現に関わる受動的な可能性が具わっているか否かを問題にしていたのに対して，⑹⑻の非対格構造は，行為の対象のほうに，内在的な属性としての可能性，すなわち「可食性」という可能性が具わっていることを表している。
　行為の実現の可能性というものは，常に特定の経験者に固有のものであるとは限らない。可能性は任意不特定の経験者に開かれている場合もあり得る。仮に行為の実現可能性が任意の経験者に開かれているもので

あるならば——すなわち，生態学的知覚論で言うところの「観察点の公共性」(Gibson 1979)が成立する性格のものであるならば——その種の可能性は，人を選ばない，言わば公共の可能性として捉え得るものとなる。そして，公共の可能性は，それが成立する主たる要因を，経験者の側よりも対象の側に見て取るといった認識の仕方を可能にする。誰彼を問わず誰もが「食べられる」きのこは，きのこそれ自体に「食べられる」という可食性が具わっているのだという認識が成り立ち得るということである。⑹⑻の非対格構造の成立は，まさにそうした認識の言語的反映であると理解される[5]。それとは対照的に，経験者個人の積極的な働きかけがあって初めて成立する能動的可能については，可能性の公共化という認識が成立しにくく，可能性の実現の主たる要因を対象の側に見て取るという認識も成り立ちにくい。したがって，対象を主語に立てるかたちの非対格構造も成立しない。受動的可能は，二重主語文こそ構成し得ないが，⑹⑻のように，属性表現としての非対格構造を容易に構成し得るという点において，能動的可能とは一線を画している。

　ここにおいて，先の視聴覚の表現も含めて，〈可能性〉を意味する表現形式の3つのタイプの表現形式の間に，一定の段階性を認めることができる。すなわち，視聴覚作用の実現可能性を表す"看得見"の類いの複合動詞は，(SVO構造に加えて) SV構造と二重主語文がともに成立する (例えば⑸⑸⑹) という点で温感形容詞につながる性格をもち，受動的可能を表す「"能"＋動詞」の句構造タイプは，(SVO構造と，非対格構造としてのSV構造は成立するものの) 二重主語文が成立し得ないという点で，温感形容詞をはじめとする感覚形容詞や感情形容詞とはいくぶん距離が隔たり，能動的可能を表す「"会"＋動詞」の句構造タイプに至っては，非対格構造も二重主語文も成立し得ず，専らSVO構造のかたちでのみ成立するという点で，形容詞からは最も遠い位置にあるということである。"看得見"［見える］，"能 吃"［食べられる］，"会 弾"［弾

---

[5]「観察点の公共性」の言語的反映については本多1997参照。

ける」は，いずれも人間の内的経験に関わる可能性に言及する形式でありながら，3つのタイプの間には，このように，感覚形容詞および感情形容詞との隔たりに段階的な差異が観察される。

　ちなみに，日本語の「見える」「食べられる」「弾ける」の間にも，非対格性の強弱の度合いに一定の段階差が存在する。「見える」は，「私は星を見える」が成立不可能であり，典型的な非対格動詞であると言えるが，「母はきのこを食べられる」は「私は星を見える」よりは許容度が高く，その点で「食べられる」は典型的な非対格動詞からはやや逸脱する。「私はピアノを弾ける」に至っては，さらに許容度が上がり，「弾ける」は対格動詞により接近していると見られる。このように，日本語においても，視聴覚と受動的可能と能動的可能の間には非対格性の濃淡に差異が観察され，その段階差は，中国語の"看得見"と"能 吃"と"会 弾"の間に観察された，感覚および感情形容詞との近接性に関する段階差と平行している。

　以上，経験的事態に対応する二重主語文の成立状況を，それらが関連する周辺の状況も含めて考察した。観察の結果は【表Ⅰ】のように要約される。

4　属性的事態と二重主語文の成立

　二重主語文のもう1つのタイプであるB類二重主語文は，属性的事態を表す構文，すなわち，人や事物について何らかの性質や特性を述べるための構文である。主述構造 S_2V によって1つの事態（命題）を述べ，そのことによって S_1 の属性を語る。B類二重主語文とは，そういった意味をもつ構文である。

　経験的事態を表すA類においては，S_1 が，述詞（V）の意味する感覚や感情の直接の感じ手すなわち〈経験者〉であり，述詞にとっての直接の項であったのに対して，B類は，(69)の例が典型的に示すように，S_1 が一般に述詞の直接的な項とは見なし難いという特徴をもつ。

【表Ⅰ　経験的事態と諸構文の対応関係】

事態 \ 構文	a S(刺)-V (主述文)	b S(経)-S(身)-V (二重主語文)	c S(経)-V-O(刺) (他動詞構文)	d S(刺)-VR-O(身) (他動性結果構文)	e S(刺)-使-O(経)-V (使役構文)
1　味覚・嗅覚 "甜" "苦"	＋	－ (＋)	－	－	－
2　痛痒覚 "痒" "疼"	－	＋	－	－ (＋)	－
3　飢飽覚 "饿"	－	＋	－	－	－
4　快感 "舒服"	－	＋	－	－	－
5　悲喜感 "高兴"	－	＋	－	－	＋
6　温感 "热"	＋	＋	－	－	－
7　視聴覚 "看得见"	＋	＋	＋	－	－
8　受動的可能 "能吃"	＋	－	＋	－	－
9　能動的可能 "会弹"	－	－	＋	－	－
10　好悪 "喜欢"	－	－	＋	－	－
11　欲求 "想喝"	－	－	＋	－	－

(1)　(　)内の「刺」「経」「身」はそれぞれ〈刺激体〉〈経験者〉〈身体部位〉の略。
2)　b列1段の(＋)は，味覚のうちの"苦"については，二重主語文が成立することを示す。
3)　d列2段の(＋)は，痛痒覚のうちの痛覚については，刺激体を主語にとるかたちで他動性結果構文が成立することを示す。)

⑹⁹ 这个屋子 窗户 小。
　　［この部屋は窓が小さい］

　"这个屋子 窗户 小。"と言えば,「小さい」のは"窗户"［窓］であって,"这个屋子"［この部屋］ではない。述詞"小"の叙述の直接の対象（theme）はS_2であって,S_1ではない。B類二重主語文とは,特定の対象について,その属性を1つの述詞によって述べようとするのではなく,1つの命題をもって語ろうとするものである。

　そこでのS_1は,S_2Vが表す一定の意味的充足性を具えた内容の全体に,何らかの関連性をもって結び付く（Vにとっては非直接的な）関与者であり,A類のS_1がVにとっての直接的な関与者であったのとは対照的である。文頭の名詞句と述詞の間に直接的な主述の関係が成立しないという点では,"蛇肉 广东人 吃。"［蛇肉は広東人が食べる。］のような題述文にも繋がる一面をもち合わせているとも考えられる[6]。A類のS_1が言わば「直接的主語」であるのに対して,B類のS_1は「間接的主語」とでも呼ぶべき性格をもつ[7]。そして,機能論的な観点から捉え直せば,その間接的な項S_1と主述構造S_2Vの間に何らかの有意味な関連性が読み取られることによって,この種の二重主語文は適切な構文的機能を果たすことになる。B類二重主語文の成立の可否は,ひとえに,S_1とS_2Vの関連性の質と度合いに懸かっていると言ってよい。

6）"小李身体健康。"［李さんは体が健康だ。］の例のように,述詞（"健康"）がいわゆる語彙的編入（lexical incorporation）によって,S_2の意味する内容（"身体"）を,それ自身の内部に義務的に含み込んでいるタイプのものに限っては,S_1とそれとの間に直接的な主述関係（"小李健康。"［李さんは健康だ。］）が成立し得る。

7）A類とB類とでは,前者のS_1とS_2Vの間には,"也"［同様に］や"又"［また］などの副詞を用いることが可能であり（"小李也肚子疼。"［李さんも同様におなかが痛い。］）,後者のS_1とS_2Vの間には,それらの副詞を用いることができない（"?*小李也眼睛大。"［李さんも同様に目が大きい。］）といった構造上の差異も存在する。なお"也"や"又"は,通常の主述構造においては主語と述語の間に用いられ,文頭すなわち主語の前には用いられない。

4.1　Ｂ類二重主語文の下位分類

　Ｂ類二重主語文は，述詞の意味的な性格の違いから２つのタイプに分けられる。１つは，(69)のように，人や事物の性質や形状についての状況を述べるタイプであり，１つは，(70)のように，人や事物の多寡を述べるタイプである。仮に前者を〈性状〉タイプ，後者を〈多寡〉タイプと呼ぶ。

(70)　苏州　桥　多。

　　　［蘇州は橋が多い。］

〈性状〉タイプと〈多寡〉タイプとでは，述詞の意味的特徴を反映して，S_1とS_2の関連性の質が異なり，それに対応して文の成立条件も異なる。以下，２つのタイプについて，それぞれの意味的特徴と成立条件を見てゆく。

4.2　〈性状〉タイプについて

　〈性状〉タイプは，S_1と不可分に存在する事物S_2の形状や性質に関する特性を述べ，そのことによって対象S_1の属性を語ろうとするものである。具体的には，(69)や(71)のように，〈部分〉ないしは〈側面〉の特性を述べることによって〈全体〉の属性を伝えるか，(72)のように，〈組織〉ないしは〈所属先〉の特性を述べることによって〈成員〉の属性を伝えるか，あるいは(73)のように，〈活動〉の特性を述べることによって〈活動体〉の属性を伝えるかのいずれかである。

(71)　小李　眼睛　大。

　　　（S_1＝〈全体〉　S_2＝〈部分〉）

　　　［李さんは目が大きい。］

(72)　小李　家里　穷。

　　　（S_1＝〈成員〉　S_2＝〈組織〉）

　　　［李さんは家が貧しい。］

(73) 小李　说话　很　快。

　　（S$_1$＝〈活動体〉　S$_2$＝〈活動〉）

　　[李さんは話すのがとても速い。]

　先に3.2で触れた"我爸爸　工作　很　累。"[父は仕事がとてもきつい。]の例も，(73)と同タイプの構文に属すると考えられる。そこでは，「仕事が疲れる；仕事がきつい」と述べることで「父」の〈活動〉が特徴づけられ，そのことによって，活動主体である「父」が「辛苦の人である」という属性が語られている。

　〈性状〉タイプにおけるS$_1$とS$_2$の関係は，このように，譲渡不可能な結び付きとしての〈全体〉と〈部分（側面）〉の関係か，〈成員〉と〈組織（所属先）〉の関係か，あるいは〈活動体〉と〈活動〉の関係をプロトタイプとし，これらから逸脱するものは文の許容度が相対的に低下する。日本語との対照で興味深いのは，身体部位と並んで譲渡不可能所有の関係に属する親族関係の名詞が，この種の構文には適合しにくいという事実である。日本語では「李さんはお祖父さんが偉い」のような表現が無理なく成立するが，中国語では"??小李　爷爷　了不起。"は相当不自然に感じられる。

　日本語では「林くんがきのうお母さんが亡くなられたそうだ」のように，対象に密接に関わる親族についての何らかの叙述が，同時に対象自身に降りかかる1つの事態の叙述として機能し得るということが，二重主語文という構文においてかなりの程度可能であるが，中国語の二重主語文はそれほどに柔軟ではない。"??听说　小林　昨天　父亲　去世了。"はかなり不自然に感じられる。中国語では，形容詞や自動詞による1人の人物の状況に関する叙述は，あくまでもその人物のみにとどまるものであって，それを，たとえ親族とはいえ別個の人格である他の人物にまで及ぶ事態として読み込ませるだけの機能は，単文としての二重

主語文には具わっていないということである[8]。

さらに日本語との対照で言えば、日本語では、「林先生はネクタイがすごく派手だ」のように、S_1とS_2の間に一定の認知的な〈近接性〉が読み取れれば、譲渡可能な関係にある事物であっても二重主語文が無理なく成立するが、中国語では、人とネクタイのような譲渡可能な事物を二重主語文のかたちで結び付けることは難しい。(74)は独立文としては極めて座りが悪い。

(74) ??林老師　領帯　特　花哨。
　　　林先生　ネクタイ　とても　派手である

日本語の〈性状〉タイプは、S_1とS_2の間に一定の〈近接性〉が満たされれば成立可能であるのに対して、中国語のそれは、S_1とS_2の間に、より限定的な〈不可分性（一体性）〉が要求される。ここでもまた、中国語の二重主語文は、日本語のそれよりも成立の幅が制約されている。

4.3 〈多寡〉タイプについて

事物が「多い、少ない」という認識は、本来的に〈容器〉を基準にして成立するものと考えられる。ここで言う〈容器〉とは、具体的には〈場所〉または〈所有者〉を指す。やや抽象的に〈場〉と言い換えてもよい。バスの乗客が100人であれば「多い」と感じ、サッカー・スタジアムの観客総数が同じく100人であれば「少ない」と感じるのは、ひとえに〈容器（場）〉の問題である。事物の〈多寡〉を述べる表現は、常に〈容器（場）〉の存在を前提とするものであり、その意味で一種の存在表現であると言える。(75)のように、動詞"有"［ある；いる］を述語に用いて事物の存在

---

[8] 親族名詞に関わるこの種の制約は、間接受身文においても観察される。中国語の間接受身文では、身体部位に代表される譲渡不可能な〈部分〉を直接受動者とする(a)のタイプの表現は成立可能であるが、親族を直接受動者とする(b)のタイプは不自然に感じられる。
　(a) 　小王　被　地痞　打折了　腿。［王くんはごろつきに足を折られた。］
　(b) ?*小王　被　地痞　打死了　父親。［王くんはごろつきにお父さんを殺された。］

そのものを言い立てようとする,いわゆる「存在文」の構造（〔S〈場〉-V-O〈存在物〉〕の構造）が,「狭義の存在表現」であるとするなら,先の(70)や(76)のように,事物の存在を前提としたうえで,その数量の〈多寡〉を述べようとする〈多寡〉タイプの二重主語文は,「広義の存在表現」と見ることができる。

(75) 村头 有 一座 桥。

　　［村外れに1本の橋がある。］

(76) 老王 朋友 不 多。

　　［王さんは友達が多くない。］

〈多寡〉タイプのB類二重主語文とは,つまりは,人や事物についての属性を語る構文であると同時に,存在表現としての側面をも併せもつ構文であるということである。そして,存在表現的であるがゆえに,このタイプでは,S_1とS_2の間に〈容器（場）〉と〈内容物（存在物）〉の関係（より具体的には〈場所〉と〈存在物〉の関係,ないしは〈所有者〉と〈所有物〉の関係）が読み取れることが,文成立のための必要条件となる。〈場所〉と〈存在物〉や,〈所有者〉と〈所有物〉の関係は,必ずしも不可分の関係に縛られないため,(77)の例のように,S_1にとって譲渡可能な事物がS_2の位置に用いられることも十分にあり得る。この点が〈性状〉タイプとは異なる。

(77) 小李 衣裳 多, 钱 少。

　　［李さんは服が多くて,金が少ない。］

とはいえ,単にものの存在を言い立てるためだけの表現ではなく,何らかの意味でS_1についての〈属性〉を語るための二重主語文である以上,S_2Vの部分は,属性表現としての読みにふさわしいものでなければならない。(78)は,李さんが蔵書家であるとか,読書家であるといった読みを容易に引き出せることによって属性的事態を述べる文としての機能を果たし得るが,そのような〈属性〉読みが成立しにくい(79)は許容度がかなり低くなる。

(78) 小李 书 很 多。

［李さんは本が多い。］
(79) ⁇小李　沙锅　很　多。
　　　［李さんは土鍋が多い。］

(79)は，厨房器具の収集家のことが話題にされているようなコンテクストであれば許容度は上がるが，そのようなコンテクストを離れて，談話の冒頭にいきなり発せられたりすると明らかに不自然に感じられる。この点，動詞の"有"を用いた存在表現とは対照的である。例えば(80)のように"有"を用いた存在文による発話が談話の冒頭に切り出されたとしても別段不自然には感じられない。

(80) 小李　有　很　多　沙锅，你　知道　吗？
　　　［李さんが土鍋をたくさんもってるって，君知ってる？］

　先にも述べたとおり，もとより主述構造 S_2V のそとにある間接的な関与者（S_1）を取り込んで形成される B 類二重主語文が，十全な構文機能を果たすには，何らかのかたちで S_1 と S_2V の間に有意味な関連性が保証されなければならない。語彙的な意味を手掛かりとして，その間の有意味な関連性が想起されにくいものについては，おのずとコンテクストに依存する度合いが強くなる。いきおい，B 類二重主語文の成立の可否は，A 類二重主語文の場合よりもコンテクストに左右される度合いが大きくなり，文としての許容性も多分に相対的な性格を帯びてくる。

5　もう一つの「NP_1+NP_2+V」構造と二重主語文の位置づけ

　最後に，A 類二重主語文にも B 類二重主語文にも属さないもう一つの「NP_1+NP_2+V」の構造について，簡単に触れておきたい。それは次のようなタイプの構造である。

(81) 小李　工作　很　认真。
　　　［李さんは仕事がとてもまじめだ。］
(82) 小李　校対　很　仔細。
　　　［李さんは校正がとても注意深い。］

(83) 小李 做事 很 細心。
　　　［李さんは事に当たるに周到だ。］

　いずれの文も，ある行為に取り組む上での"小李"の姿勢，態度あるいは振る舞い方といったものを述べており，構造的には，NP$_1$に人を表す名詞を用い，NP$_2$には行為名詞または動目型の動名詞句を用い，Vには形容詞を用いるというかたちで構成される。この種の構文をここでは仮に「態度叙述文」と呼んでおく。態度叙述文に用いられる形容詞としては，ほかに"勤奮［勤勉である］，积极［熱心だ］，刻苦［骨惜しみをしない］，慎重［慎重である］"などが挙げられる。

　態度叙述文も，NP$_1$が表す人物についての何らかの〈属性〉を語るものであり，その点ではB類二重主語文と一致するが，本論では従来の説に反して，これを二重主語文とは見なさず，考察の対象から除外した。理由は，この種の構文に用いられる形容詞は，そもそも行為名詞を主語に立てて主述構造（SV構造）を構成することができないという事実にある。"小李的工作"［李さんの仕事］を主語とし，"很认真"［とてもまじめだ］を述語とする(84)も，"小李的校对"［李さんの校正］を主語とし，"很仔细"［とても注意深い］を述語とする(85)も，ともに極めて不自然である。

(84) ＊小李的工作 很 认真。
(85) ＊小李的校对 很 仔细。[9]

　"小李的弟弟很认真。"［李さんの弟はとてもまじめだ。］という表現が無理なく成立することからも明らかなように，人を表す名詞句と"认真"の間には主述の関係が容易に成立するが，上の2例のように，行為を表

---

[9] (81)から(84)へのパラフレーズや，(82)から(85)へのパラフレーズが成立しないという事実を，最初に指摘したのは奥田1982である。ただし，奥田1982は，(81)や(82)を従来どおり「主述述語文」すなわち二重主語文と見なしている。なお，A類二重主語文とB類二重主語文については，次のようなパラフレーズが可能である。
　(41) 我 肚子 饿 了。→ (41)' 我 的 肚子 饿 了。
　　　　　　　　　　　　　　　［私のおなかがひもじくなった。］
　(71) 小李 眼睛 大。 → (71)' 小李 的 眼睛 大。
　　　　　　　　　　　　　　　［李さんの目が大きい。］

す名詞句と"认真"の間には主述の関係が成立しない。だとすれば，"小李工作很认真"という態度叙述文の構造においても，NP_2（"工作"）とVが主述の関係で結び付いているとは考え難い。したがって，これを二重主語文と見なすことはできないという当然の結論に達する。では，いかなる構造と見るべきか。本論では，この種の構文を一般の主述文と見なし，NP_2については，これを一種の状況語（連用修飾語）と見る。

この種の構文に用いられる形容詞は，"认真"をはじめとして，いずれも何らかの行為における姿勢や態度のあり方を意味するものであり，その意味で，それぞれの形容詞は，それ自身の内部に，〈行為〉という概念的意味を定数的要素として含みもっていると考えられる。そして，その〈行為〉がいかなるタイプの行為であるかを明示的に特定化（specify）したものとしてあるのが，「NP_1＋NP_2＋V」のかたちをした態度叙述文であると考えられる。態度叙述文とは，要するに，問題の人物が，いかなるタイプの行為において，いかなる姿勢や態度を示す人物であるかを述べるための構文である。注目すべきは，ここでの〈行為〉という概念が，〈もの〉や〈こと〉としてではなく，〈方面〉や〈領域〉という，広義に空間的なカテゴリで捉えられているという事実である。そのことは，次の２つの構文的事象によって確認される。１つは，NP_2の位置に適する疑問詞表現が"什么"［なに］ではなく"哪个方面"［どの面］であること，

⒃ 小李 哪个方面 认真？

　　［李さんはどの面でまじめですか？］

もう１つは，奥田1982の指摘にあるように，NP_2が，"在NP_2上"［NP_2において；NP_2の面で］という空間表現の前置詞句にパラフレーズできるということである[10]。

⑻ 小李 工作 很 认真。

　→ ⑻' 小李 在 工作上 很 认真。

　　　　［李さんは仕事においてとてもまじめだ。］

この２つの事実は，"认真"の類いが意味する属性的事態においては，

〈行為〉が1つの〈場〉として——すなわち当該属性が発現する〈場〉として——概念化されているということを示している。

ここで思い起こされるのは，場所を表す名詞句が，前置詞を伴わずに単独で動詞の前に用いられる次のような構文である。

(87) 甲："你们 哪儿 下？"
　　　　［「あなたたちはどこで（バスを）降りますか？」］
　　乙："我 前门 下。他 王府井 下。"
　　　　［「私は前門で降ります。彼は王府井で降ります。」］

(88) "不算好，班长。"我心里说。　　　　　　（叶楠《祝你运气好》）
　　　［「よいとは言えませんよ，班長。」と，私は心のなかでつぶやいた。］

動作が行れる場所を表す状況語には通常，場所名詞が前置詞の"在"に伴われるかたちの前置詞句が用いられるとされるが，上の例のように場所名詞のみが単独で用いられることも珍しくない。場所名詞には元来——"昨天"［きのう］や"今天"［今年］などの時間名詞がそうであるように——それ自体に単独で状況語となり得る文法特性が具わっていると考えてよい。

このように，もとより動作の実現する〈場〉を表す名詞表現が，それ自身で状況語となり得る中国語であってみれば，属性の発現する〈場〉を表す名詞表現もまた，それ自身が状況語となり得る可能性は十分にあ

---

10) この種のパラフレーズは，奥田1982の指摘にあるとおり，NP$_2$が行為名詞である場合にのみ可能であり，NP$_2$が"做事"［事に当たること］のような動目型の動名詞句である場合には，"小李做事很细心"を"*小李在做事上很细心"に言い換えることはできない。その理由は，奥田1982では明らかにされていないが，動目型の動名詞句が被る一般的な統語的制約によるものと考えてよい。すなわち，動目型の動名詞句は，"在"に限らず，一般に前置詞の目的語になることが難しく，その点で"工作"などの行為名詞とは統語特性が異なる。例えば，"从工作上考虑"［仕事の面から考える］や"对校对有用"［校正に役立つ］は問題なく成立するのに対して，"*从做买卖上考虑"［商売をする面から考える］や"*对写小说有用"［小説を書くことに役立つ］などは不自然である。問題のパラフレーズの不成立も，"*在做事上"という前置詞句そのものが，動目型動名詞句の一般的な統語制約に抵触するところから生じるものと考えられる。

ると考えられる。"你们哪儿下？"の"哪儿"が状況語とされるなら，"小李工作认真"の"工作"を状況語とする解釈も，決して ad hoc なものではないと考えられる。本論が，態度叙述文の構造を，NP_1を主語とし，$NP_2 V$を述部とする主述文と見なし，NP_2については，これを述部に含まれる状況語と見ることの根拠はここにある。

ところで，NP_2が空間的であるという特徴は，経験者の身体部位がNP_2の位置に立つ，A類二重主語文の特徴でもあった。また，NP_1がVにとっての直接的な項であり，NP_1とVの間に直接的な主述関係が成立するという点でも，A類二重主語文は態度叙述文と共通する特徴をもつ。A類二重主語文ではさらにNP_2とVの間にも主述関係が成立し，その点が態度叙述文と異なるものの，その一点を除けば，2つの構文は構造的に近似していると言える。A類二重主語文は態度叙述文とほぼ隣り合わせの位置にあるということであり，言い換えれば，A類二重主語文は，広義に空間的なNP_2を状況語とする態度叙述文を介して，一般的な主述文に連続する構造的特徴を具えているということでもある。一方，B類二重主語文は，既に第4節で述べたとおり，文頭のNP_1と述詞のVが直接的な主述の関係で結ばれていないという点で，題述文に繋がる一面をもつものであった。してみると，二重主語文というカテゴリを形成する2つの類——A類とB類——は，構造上，一方が主述文に近接し，一方が題述文に近接していることになる。視点を換えれば，主述文から題述文へと繋がる連続性のなかで，NP_2を状況語とする「$NP_1 + NP_2 + V$」構造と，NP_1を主題とする題述文としての「$NP_1 + NP_2 + V$」構造の間に位置し，過渡的な意味と構造をもつ「$NP_1 + NP_2 + V$」構造，それこそが中国語の二重主語文であるといった捉え方も可能になる。

第11章　二重主語文の意味と構造　297

題述文	二重主語文		主述文		
蛇肉　广东人　吃。	小李　书　很多。（B類）	小李　心里　很高兴。（A類）	小李　工作　很认真。	小李　心里　说。	小李　昨天　说。

第12章

"有"構文における「時空間存在文」の特性
―― 所有と存在 ――

1 はじめに ――「存在文」の特立に関わる問題点――

　中国語の存在表現を担う基本的な構文は、"有"を述語動詞とし、存在対象を目的語の位置に置くかたちで構成される。それを、ここでは劉月華・潘文娯・故韡 1983 にならって「"有"構文」と呼ぶ。"有"構文は、具象的・可視的な対象の存在から抽象的・概念的な対象の存在まで、さまざまな意味での〈存在〉を表す。例えば(1)は特定の空間における具象物の可視的な存在を表し、(2)はある種の行為に内在する質的属性の存在を表し、(3)は特定の事物に内在する量的属性の存在を表している。

(1) 花盆旁边儿　有　　一　　块　　石头。
　　植木鉢-そば　ある　1　　CLF[1]　石
　　［植木鉢のそばに石が1つあります。］

(2) 吸烟　　有　　很多　　坏处。
　　喫煙　　ある　たくさん　弊害
　　［喫煙には多くの弊害があります。］

(3) 他　有　一　米　八。
　　彼　ある　1　CLF　8
　　［彼は（身長が）1メートル80あります。］

　3つの文が表す事柄をより自然な日本語文で表そうとするなら、それぞれの文に付した日本語訳がそうであるように、いずれも「ある」を述語動詞としながらも、構文のかたちは「XにYがある」「XにはYがある」

---

1) CLF は「量詞：助数詞：類別詞」（classifier）を示す。

「XはYある」の 3 通りに分かれる。つまり，3 つの文が表す〈存在〉は，日本語においてはそれぞれ異なるタイプの〈存在〉として概念化されており，その相違が構文のかたちに反映されていると考えられる。しかし，中国語においては，いずれも「名詞（または名詞相当句）＋"有"＋名詞（または名詞相当句）」という，少なくとも見かけ上は同型の構文によって表現される。

このように多様な〈存在〉を表す"有"構文のなかにあって，他の"有"構文のタイプとは区別され，特別な名称を与えられている構文がある。いわゆる「存在文」（"存在句"）である。「存在文」とは，一般には，次のような特徴をもつ構文として記述されている[2]。

「存在文」に関する一般的理解
　　意味的特徴：特定の時空間における事物の存在を表す。
　　構造的特徴：（ⅰ）場所詞（句）または時間詞（句）が主語の位置に立つ。
　　　　　　　　（ⅱ）存在対象が目的語の位置に立つ。
　　　　　　　　（ⅲ）目的語は通常，不定（indefinite）名詞句。一般に（数）量詞を伴い，裸名詞は不可。

すなわち，「存在文」とは，特定の空間もしくは時間において何らかの事物が存在することを表す構文であり，構造的には 2 つの項をもつ二項文である：2 項のうちの 1 項は，場所詞（句）からなる空間表現もしくは時間詞（句）からなる時間表現であり，もう 1 項は名詞句からなる存在対象である；時空間の項を担う場所詞（句）または時間詞（句）は主語の位置に置かれ，存在対象の項を担う名詞句は目的語の位置に置かれる；目的語の名詞句は，通常，数量詞または量詞を伴う不定（indefi-

---

[2]　広義の「存在文」には，"墙上挂着一副画儿。"［壁に一枚の絵が掛かっている］のように，述語動詞が「一般動詞＋"着"」のかたちからなる，描写性の高いタイプの構文も含まれるが，本稿では，「存在文」の基本形として"有"を述語動詞とするタイプの構文のみを扱う。

nite）名詞句であり，数量詞も量詞も伴わないいわゆる裸名詞や定（definite）名詞句であってはならない。現行の多くのテキストや主要な文法書の記述に見られる「存在文」の特性に関する一般的な理解は，およそこのようなものであり，先の(1)や次の(4)(5)のような例がその典型とされる。

(4) 铁笼子里　有　一　只　熊猫。
　　おり-なか　ある　1　CLF　パンダ
　［おりのなかにパンダが1頭います。］

(5) 从前　有　座　山，山上住着一群土匪。有一天，……
　　かつて　ある　CLF　山
　［昔，ある山がありまして，山には匪賊が住んでいました。ある日，…］

冒頭にも述べたとおり，"有"構文は存在対象を目的語の位置に置くかたちで構成される構文であり，したがって，先に示した，「存在文」に関する一般的理解における構造的特徴のうちの(ⅱ)は"有"構文全般に共通する特徴であって，「存在文」に限ったものではない。「存在文」を他の"有"構文と画して顕著に特徴づけているのは(ⅰ)と(ⅲ)，すなわち主語と目的語に関わる制約である。

まず主語について言えば，「存在文」の主語は一般名詞（句）ではなく，必ず場所詞（句）または時間詞（句）でなければならない[3]。仮に(4)の主語の"铁笼子里"［おりのなか］から方位詞の"里"［なか］を削除し，一般名詞の"铁笼子"［おり］に置き換えると，たちまち非文となる。(4)'は明らかに不自然である。

(4)'*铁笼子　有　一　只　熊猫。

---

[3] 「存在文」の範囲をより広く捉え，(2)や(3)のように場所詞や時間詞を主語とはしないタイプの"有"構文も広く「存在文」と見なす立場もあるが，現行のテキストや主要な文法書を見るかぎり，(1)や(4)や(5)のように，場所詞あるいは時間詞を主語とするタイプの"有"構文のみを「存在文」と呼ぶ立場がより一般的である。例えば，刘月华・潘文娱・故韡 1983：436 でも「存在文」の構造は「处所词语／时间词语＋"有"＋名词（表示存在的事物）」と記述されており，場所詞や時間詞が主語に立つものだけが「存在文」と規定されている。

このように，「存在文」の主語は一般名詞（句）であってはならない。他の"有"構文の主語は，(2)の"吸烟"や(3)の"他"がそうであるように，一般名詞（句）であって何ら問題はない。まずこの点において「存在文」は特殊であるとされる。

　もっとも，「存在文」と呼ばれる構文が，意味的特徴として「特定の時空間に何らかの事物が存在することを表す」ものであるなら，時空間を示す表現が必須の項としてその構成要素になることはむしろ当然のことであり，言わば意味的必然であると言える。そして，一方の必須項である存在対象が目的語の位置に立つことが"有"構文一般の構造特性であるなら，いま一つの必須項である時空間表現が主語の位置に納まるという現象それ自体は，少なくとも共時論の観点から現代中国語の構文論を考える上では，特段に「特殊」な現象とも考えられない。特定の時空間について存在の状況を語ろうとする文の主語が時間詞（句）もしくは場所詞（句）であることと，例えば人の発話行為を述べようとする文の主語が人間名詞（句）であることの間に，取り立てて述べるほどの差はないということである。

　それに対して，目的語の特徴のほうはにわかには説明が得難く，「特殊」であることの度合いは主語の場合よりも大きい。まず言語事実として，先の(4)の目的語を固有名詞の"陵陵"に置き換えた(6)は明らかに不自然であり，また，数量詞を伴わない"熊猫"に置き換えた(7)も独立文としては座りが悪く感じられる。時空間表現が主語に立つ"有"構文の目的語は，確かに「通常，数量詞または量詞を伴う不定名詞句」であり，定名詞句や裸名詞とは相性が悪い。

(6) *铁笼子里　有　陵陵。
　　おり-なか　ある　リンリン
　　［おりのなかにリンリンがいます。］

(7) ??铁笼子里　有　熊猫。
　　おり-なか　ある　パンダ
　　［おりのなかにパンダがいます。］

この種の構文的制約は，他の"有"構文の目的語には必ずしも働かない。(8)は先の(2)の目的語を定名詞句（"这些坏处"）に置き換えたものであり，(9)はいわゆる所有の関係を表す"有"構文が裸名詞（"电脑"）を目的語に取る例であるが，いずれも極めて自然な表現として成立する。してみると，「存在文」は"有"構文のなかにあって確かに「特殊」なタイプであると言える。

(8)　吸烟　有　这些　坏处。
　　　喫煙　ある　これら　弊害
　　　[喫煙にはこれだけの弊害があります。]
(9)　(你放心吧!) 我　有　　电脑。
　　　　　　　　　　私　ある　コンピューター
　　　[(安心して!) 私にはパソコンがあります/私はパソコンをもっています。]

　問題は，このように，"有"構文のなかにあって「特殊」とされる「存在文」の目的語の特性が，主語の場合とは異なり，「存在文」自身の構文的意味からの当然の帰結とは理解し難いという点にある。すなわち，存在対象を表す目的語が「通常，数量詞または量詞を伴う不定名詞句」であることは，文が「特定の時空間に何らかの事物が存在することを表す」ことの意味的必然とは考えにくいということである。現に，日本語の存在表現においては，次の例のように，存在対象が定名詞で表される場合も，裸名詞で表される場合も，どちらも無理なく成立する。

⑽　おりのなかにリンリンがいます。
⑾　おりのなかにパンダがいます。

　日本語では⑽も⑾も無理なく成立するのに対して，中国語の(6)と(7)が不自然とされるのはなぜか。中国語においては，なにゆえ，時空間詞（句）が主語に立つタイプの"有"構文に限って，存在表現が「通常，数量詞または量詞を伴う不定名詞句」でなければならないのか。その意味論的根拠を明らかにすることが本稿の目的の一つである。

　上の問いに対してあらかじめ想定されるのは，中国語の「存在文」とはそもそも不定の事物——すなわち，「あるなにか」あるいは「ある誰

第12章 "有"構文における「時空間存在文」の特性　303

か」——の存在を述べるための構文であり，したがって，存在対象が不定名詞句であるのは当然のことであるといった趣旨の解答である。この解答が妥当であるなら，もはやこれ以上の議論は必要ではなくなる。しかし，事実はそれほど単純ではない。なぜなら，「存在文」の目的語に関する従来の記述は，先の「存在文」に関する一般的理解の(ⅲ)にあるように，「通常，数量詞または量詞を伴う不定名詞句」であって，「必ず，数量詞または量詞を伴う不定名詞句」ではないからである。劉月華・潘文娛・故韡1983は堅実かつ慎重な記述で知られるが，そこでも「存在文の目的語は多くは不定であり，かつ，一般に裸名詞であってはならない（"存在句的宾语多为无定的，而且一般不能是单个名词"）。」（劉月華・潘文娛・故韡1983：458）と記されている。「多くは不定」であり，「一般に裸名詞」であるという記述は，裏返せば，時空間（句）が主語に立つ"有"構文であっても，存在対象を表す目的語が定名詞（句）である場合や裸名詞である場合もあり得ることを含意する。事実，現実のコーパスには，そのような例が少なからず観察される。次の4例は主語（二重波線部）がすべて特定の空間を示す場所詞（句）からなり，文全体は事物の存在を述べているが，⑿では定名詞句の"我爱人"が，⒀では固有名詞の"何冰，王奇，彭剛"が，⒁と⒂では裸名詞の"水"と"四不像"がそれぞれ目的語に用いられている。

⑿ 家里　　情况　　挺　　好　　的，有　一　老人，有　我
　　いえ-なか　状況　とっても　よい　PART　ある　1　年寄り　ある　私
　　爱人，有　两　个　小孩儿。　　（《当代北京口语语料 东城》）
　　妻　ある　2　CLF　子ども
　　［家のなかはうまく行っていて，年寄りが1人いて，女房がいて，子どもが2人いた。］

⒀ 清华历史系　　　有　何冰、王奇、彭剛。
　　清華大学歴史学科　ある　何冰　王奇　彭剛
　　［清華大学歴史学科には何冰と王奇と彭剛がいます。］

⒁（乌鸦看见一个瓶子。）瓶子里　有　水。　　　　　　（《小学语文》）
　　　　　　　　　　　　瓶-なか　ある　水
　　［（からすには１本の瓶が見えた。）瓶のなかには水があった。］

⒂　中国　有　四不像。
　　中国　ある　シフゾウ
　　［中国にはシフゾウがいます。］

　先の(6)と(7)については不自然だと反応した複数のインフォマントも，上の４例については不自然さを感じないという。いずれも時空間詞（句）を主語とし，事物の存在を表す文でありながら，(6)と(7)は不自然であり，⑿−⒂の４例は自然だという事実をどう理解すればよいのか。劉月華・潘文娯・故韡1983も含めて従来の論考や文法書は，その点を明確にしていない。「通常，数量詞または量詞を伴う不定名詞句」とされる「存在文」の目的語は，いかなる場合に定名詞（句）や裸名詞であってもよいのか。そのことを明らかにすることが本稿のもう一つの目的である。

　以上述べた「存在文」の目的語に関する従来の記述の問題点を要約すると，次のようになる。

　問題点その１——"有"構文のなかにあって，時空間詞（句）が主語に立つタイプの"有"構文（すなわち「存在文」）に限り，存在対象を表す目的語が「通常，数量詞または量詞を伴う不定名詞句」であるのはなぜか？
　問題点その２——時空間詞（句）が主語に立つタイプの"有"構文（すなわち「存在文」）は，いかなる場合に目的語が定名詞（句）であってもよいのか？また，いかなる場合に裸名詞であってもよいのか？

　本稿は，この２つの問いに対して妥当な解を求めることを目的とする。併せて，「存在文」に対する従来の一般的な理解を"有"構文全体のなかで見直し，新たに「時空間存在文」という構文カテゴリを「存在文」のサブ・カテゴリとして設定することを提案する。

2 "有"構文が表す〈存在〉の諸相

　前節の最後で示した2つの問題点は，「あり得る状況」として，少なくとも2つの可能性を示唆していると考えられる。1つは，「存在文」の目的語は，基本的には「数量詞または量詞を伴う不定名詞句」であるが，何らかの条件——機能論的な条件や語用論的な条件など——が加わることによって，定名詞（句）や裸名詞が用いられることも可能になるという状況である。言い換えれば，何らかの意味で有標の「存在文」においては，目的語が定名詞（句）や裸名詞であることも可能になるということである。いま1つは，これまで「存在文」として一括りにされてきた構文には，実は，典型的な「存在文」と非典型的な「存在文」という複数のカテゴリが存在し，典型的な「存在文」の目的語は必ず「数量詞または量詞を伴う不定名詞句」であるが，非典型的な「存在文」の目的語は定名詞（句）や裸名詞であってもよいという状況である。

　仮に後者の状況が事実だとするなら，従来「存在文」と呼ばれてきた構文の一部は，主語が時空間詞（句）であるという一点を除けば，「存在文」以外の"有"構文との間に特段の相違が認められなくなる。もしも，そのようなタイプの"有"構文——すなわち，時空間上の事物の存在を表しつつも，目的語の特徴は「存在文」以外の"有"構文と共通するという，そのようなタイプの"有"構文——が存在するとするなら，それはいかなる意味的特徴を有する構文であるのか。そして，それはいかなる点で「存在文」以外の"有"構文と近似し，また，いかなる点で典型的な「存在文」と相違するのか。「存在文」の内実をより精確に把握するには，それらの点を明らかにすることが必須の課題となるはずである。つまるところ，"有"構文全体のなかで改めて「存在文」の特質を見直し，見極めるという作業が必要になるということである。

　本節では，"有"構文の全体像とそのなかでの「存在文」の位置取りを明らかにすべく，二項文としての"有"構文全般を対象にしたタイプ分けを行う。分類に当たっては，従来の「存在文」の枠組みからはひと

まず離れて,これまで等閑視されてきたいくつかの意味的要因を考慮し,主として存在対象の意味的特性と〈存在〉のあり方に着目する。以下,二項文としての"有"構文を8つのタイプに分類し,それぞれの特徴について見ていく。

2.1 【特定の時空間におけるリアルな具体物の存在】を表すタイプ（＝タイプＡ）

"有"構文には,冒頭でも述べたとおり,優れて具象的な,可視性の高い〈存在〉を表すタイプがある。すなわち,特定の時空間におけるリアルな具体物の実体的存在を表すタイプである。先に挙げた(1)(4)(5)(14),さらには(20)(21)(22)(23)などの例がこれに該当する。

(16) (＝(1)) 花盆旁边儿　有　一　块　石头。
　　　　　　植木鉢-そば　ある　1　CLF　石
　　　　［植木鉢のそばに石が1つあります。］

(17) (＝(4)) 铁笼子里　有　一　只　熊猫。
　　　　　　おり-なか　ある　1　CLF　パンダ
　　　　［おりのなかにパンダが1頭います。］

(18) (＝(5)) 从前　有　座　山，山上住着一群土匪。有一天，……
　　　　　　かつて　ある　CLF　山
　　　　［昔,ある山がありまして,山には匪賊が住んでいました。ある日,…］

(19) (＝(14)) 乌鸦看见一个瓶子。瓶子里　有　水。
　　　　　　　　　　　　　　　瓶-なか　ある　水
　　　　［からすには1本の瓶が見えた。瓶のなかに水がある。］

(20) 乌鸦看见旁边　有　许多　小石子，想出了一个办法。
　　　　　　　　そば　ある　たくさん　小石
　　　　［からすはそばにたくさんの石ころがあるのを見て,ある方法を思いついた。］

(21) 从前　有　个　小朋友，他的眼睛里面起麦粒肿了，于是他去医
　　　　かつて　ある　CLF　子ども
　　　　院动手术，……
　　　　［以前ある坊やがいて,目にものもらいができたので,病院に手術に行っ

たところ…]
⑵ 脑门上　　有　　几　　条　　很　　深　　的　　皱纹。
　　額-表面　　ある　いくつか　CLF　とても　深い　PART　しわ
　　[額に何本か深いしわがあります。]
⑵ 墙上　　有　　一　　道　　缝儿。
　　壁-表面　ある　１　　CLF　ひび
　　[壁にひびが一本あります。]

　話し手にとっての〈今，ここ〉あるいは〈その時，その場〉というリアルな特定の時空間を仮に「実-時空間」と呼ぶなら，上に挙げた８つの"有"構文はいずれも，実-時空間にリアルな個体としての物や人が実体として存在することを表しており，その意味で，〈現場性〉の強い，〈知覚性〉に富んだ〈存在〉を表すタイプの構文ということができる。ここではこのようなタイプの"有"構文をタイプＡと呼ぶことにする。
　なお，⑵と⑵では，当該の空間から独立しては存在し得ない不可分な（inalienable）な対象の存在が述べられており，空間から独立した可分（alienable）な対象の存在を述べている⑯や⑰とはいささか状況が異なっている。「しわ」も「ひび」も，「壁」や「額(ひたい)」から分離して自律的に存在するということが不可能な対象である。ここでは，「額(ひたい)」と「しわ」，あるいは「壁」と「ひび」という，「地」と「図」の関係をもって不可分に存在する２つの事物が，空間存在の構図になぞらえて捉えられている。⑯や⑰が典型的な空間存在の表現だとするなら，⑵や⑵はメタフォリックな空間存在の表現であると言える。ともあれ，両文とも，リアルな空間にリアルな対象が存在するという具象的，知覚的な〈存在〉を語る構文であるという点においては⑯や⑰と等しく，いずれもタイプＡの一種と見ることができる。

2.2　【特定の時空間におけるリアルな状況の存在】を表すタイプ（＝タイプＢ）

　タイプＡがいわゆるモノ——物と人を含めてのモノ——の存在を表

すタイプであるのに対して，コトの存在，すなわち状況の存在を表すタイプの"有"構文がある。次の例のように，特定の時空間において，リアルな——多くは自然発生的な——状況が存在することを述べるタイプである。仮にタイプBと呼ぶ。

(24) 外边　有　雨。一只巨大的苍蝇飞进阳台来躲雨。
　　　そと　ある　雨
　　［そとは雨。一匹の大きなはえが雨宿りをしにバルコニーのなかに入ってきた。］

(25) 下班出去的时候才发现外面　有　雪。
　　　　　　　　　　　　　　そと　ある　雪
　　［仕事を終えてそとに出た時に初めてそとが雪だということに気付いた。］

(26) 今天　有　雨夹雪。
　　　今日　ある　みぞれ
　　［今日はみぞれが降る。］

(27) 火车站　有　情况。
　　　駅　　ある　異状
　　［駅に異状が発生した。］

いずれの文も実-時空間における知覚的な状況を述べているという点において，タイプAと共通する。ただし，〈今，ここ〉限りの，あるいは〈その時，その場〉限りの一回性の事象を述べているという点において，タイプBは〈出来事性〉が一際高いと言える。

2.3 【構造体における構成部品の存在】を表すタイプ（＝タイプC）

タイプAとタイプBは，時空間とモノ，および時空間とコトの関係を述べるタイプであったが，"有"構文のなかには，時空間を項にもたずに，2つのモノを項として，モノ対モノの関係を述べるタイプもある。例えば，次の例のように，構造物の総体（X）とその構成要素（Y）の関係を捉え，「XにはYがある」という意味での〈存在〉を表すタイプがその1つである。これをタイプCと呼ぶことにする。

⑻ 这　　把　　伞　　有　　42　　支　　伞骨。
　　これ　CLF　傘　ある　42　CLF　傘の骨
　　［この傘（*に/）には42本の骨があります。］

⑼ 袋鼠　　　　有　　一　　対　　大　　而　　圓　　的　　耳朵。
　　カンガルー　ある　1　CLF　大きい　かつ　丸い　PART　耳
　　［カンガルー（*に/）には大きくて丸い耳があります。］

⑽ 他　　有　　那　　个　　高高的　　鷹鉤鼻子，让人觉得难以接近。
　　彼　　ある　あれ　CLF　高い　　　わし鼻
　　［彼（*に/）にはあのとがったわし鼻があるから，近づき難い感じがします。］

　「傘」と「骨」，「カンガルー」と「耳」，「彼」と「鼻」。それぞれの関係は，不可分に存在する「地」と「図」の関係と見立てることも可能であり，その点では，タイプAに属する⑵と⑶の「額」と「しわ」あるいは「壁」と「ひび」の関係に類似する。しかし，タイプAでの「額」や「壁」がいずれも場所詞（"上"）を伴い空間化されているのに対して，タイプCでの「傘」「カンガルー」「彼」はいずれも一般名詞であり，あくまでもモノとして扱われている。また，「骨」「耳」「鼻」はいずれも具象的なモノであり，その点でもタイプAの存在対象に類似するが，構文全体の意味としては，それぞれ「傘」「カンガルー」「彼」の恒常的な特性を語るものであり，その意味ではむしろ属性表現に近く，この点でも，出来事性の高い空間イベントを語るタイプAとは明確に異なる。事物の特性を語るには，それが特性であるという認識に至るまでの一定期間の観察や情報の獲得，さらには判断の過程というものが必要であり，事物の特性を語る属性表現とは，それらの過程を経た後に形成された話し手の「知識」の言語化にほかならない。タイプAやタイプBが「知覚」の表現であるのに対して，タイプCは「知識」の表現であると言える[4]。

---

4) 「知覚」対「知識」という対立の着想は，定延2001をはじめとする「体感」と「知識」に関する定延利之氏の一連の議論に多くを負うている。

2.4 【範疇における成員の存在】を表すタイプ（＝タイプD）

タイプC以上に「知識」表現としての性格が顕著にうかがえるのが，次のような，特定の範疇における成員の存在を述べるタイプである。タイプDと呼ぶことにする。

(31) 豆浆　有　咸　的　和　甜　的。
　　　豆乳　ある　塩辛い　PART　〜と　甘い　PART
　　　［豆乳（*に/）には塩辛いのと甘いのがあります。］

(32) 京剧　的　旦　有　花旦、老旦、武旦。
　　　京劇　PART　女形　ある　花旦　老旦　武旦
　　　［京劇の女形（*に/）には「花旦」「老旦」「武旦」があります。］

いずれの文も，特定の範疇——"豆浆"［豆乳］と"京剧的旦"［京劇の女形］——に関して，それを構成する成員として複数の下位範疇が存在することを述べている。タイプCと同様に，モノとモノの関係が述べられてはいるものの，モノの抽象度がタイプCよりもはるかに高く，構文全体の意味は恒常的かつ概念的な事柄を述べており，実-時空間性や知覚性からは程遠い典型的な「知識」の表現であると言える。

上の2文では上位と下位のカテゴリ間の関係が述べられているため，成員である存在対象は個体としてのモノではなく，類としてのモノが示されているが，範疇の成員は必ずしも類であるとは限らない。成員としての存在対象が個体である場合もある。例えば次のような例である。

(33) 那天　在　你家　的　只　有　你　和　张大雷，
　　　あの日　居る　あなた　家　PART　ただ　ある　あなた　〜と　張大雷
　　　并无他人了吧？　　　　　　　　　　　　　　　（王朔《枉然不供》）
　　　［あの日あなたの家に居たの（*に/*には/）はあなたと張大雷だけ（がいて），他の人はもういなくなってたでしょう？］

この文では，"那天在你家的"［あの日あなたの家に居たもの］という主語名詞句によって問題の集合体すなわち範疇が提示され，述語において，その集合体を構成する複数の成員（"你和张大雷"［あなたと張大雷］）の

存在が述べられている。「リスト」もしくは「一覧表」が主語で示され，それに該当する「メンバー」もしくは「項目」が述語で示されていると言い換えてもよい[5]。存在対象である個々のメンバーは個体としてのモノであり，類ではないが，構文全体の意味として，特定の範疇における複数の成員の存在を述べているという点においては，㉝も㉛や㉜と同じタイプに属すると考えられる。

㉝では，主語名詞句の字義どおりの意味によってリストそのものが明示的に提示されているが，リストが明示的ではない次のような例もある。

㉞（＝⑫）家里情况挺好的，<u>有一老人，有我爱人，有两个小孩儿</u>。
　　　　　［家のなかはうまく行っていて，<u>年寄りが１人いて，妻がいて，子どもが２人いた</u>。］

ここでは，"家里"［家のなか］という，字義どおりに受け取れば「家のなか」という空間を表す場所詞句が主語に用いられているが，構文全体の意味としては，その空間表現"家里"が換喩として暗示する「家族」というリストのなかに「年寄り１人，私の妻，子ども２人」という複数のメンバーが存在するという事柄が述べられている。

㉞は，場所詞句が主語であり，存在対象も具象的であるという点において，一見，タイプＡと同類のようにも見受けられる。現に，従来の記述は，このようなタイプの"有"構文を，タイプＡと区別することなく一括して「存在文」と呼んできた。しかし，この文は，"情况挺好的"［状況はたいへん良好である］という叙述からも明らかなように，家庭の経常的な状況を語ることを意図し，その一端として「家族」構成を述べるものであって，実-空間としての「家のなか」という即物的空間についての現場的，知覚的な存在イベントを述べるものではない。その点でタイ

5）　英語の there 構文にも同様の意味を表すタイプのものがあり，Rand & Napoli 1978 では "'list' *there*-sentence" と呼ばれている。"'list' *there*-sentence" は，
　　Q. Who all has been in this room since closing time?
　　A. There's only <u>the night-watchman</u>.　　　　　（Rand & Napoli 1978：301）
　のように，定名詞句も生起し得るという特徴をもつ。

プAとは異なるタイプの構文であり，やはり「知識」を語る構文の一種であると言える。同様のことは次の(35)についても言える。

(35) (=(13)) 清华历史系　　　　有　　何冰、王奇、彭刚。
　　　　　　清華大学歴史学科　ある　何冰　王奇　彭剛
　　　　[清華大学歴史学科（*に/）には何冰と王奇と彭剛がいます。]

"清华历史系"は，前置詞の"在"や"到"の目的語になることが可能であることからも明らかなように，品詞としては場所詞句に属するが，ここではリアルな物理的空間としての「清華大学歴史学科」ではなく，「組織」としてのそれを意味している。そして，構文全体は，組織としての"清华历史系"が換喩する「教員リスト」において，当該の人物たちがそれを構成する「メンバー」として存在するという事柄を述べている。留意すべきは，ここでの"何冰""王奇""彭刚"といった固有名詞は，生身の人間としての"何冰"たちを指すのではなく，リスト項目としての名称を示しているということである。そのことは，(35)の発話者が視点を置く〈今〉あるいは〈その時〉現在において，仮に"何冰"本人たちが"清华历史系"に不在であり，上海に出かけていたとしても，(35)の発話は虚偽にはならないという事実からも裏付けられる。(35)は，組織という集合体の人員構成を述べる「知識」の表現であり，タイプAのように，リアルな時空間における現場的，知覚的な存在イベントを述べる構文とは性格が異なる。

(34)や(35)では，問題のリストの枠組みは，主語に用いられる語句の語彙的意味から推論が可能になるが，次の例のように，リストの枠組みが語用論的な了解に基づいて推論される場合もある。

(36) 甲："澳大利亚　　　　有　　考拉。"
　　　　オーストラリア　ある　コアラ
　　　　[オーストラリア（*に/）にはコアラがいます。]

　　　乙："中国　有　四不像。"
　　　　　中国　ある　シフゾウ
　　　　[中国（*に/）にはシフゾウがいます。]

㊱では，珍獣談義とでも呼ぶべき談話の脈略において，「珍獣リスト」なるものが，対話者双方に共有される談話空間に設定され，そのリストに該当する項目として「オーストラリアにはコアラが存在」し，「中国にはシフゾウが存在する」といった情報交換がなされている。

問題の２文は，"澳大利亚"と"中国"という場所詞が主語に立ち，動物を表す名詞が目的語に用いられており，一見，タイプＡの⒄と同型の「存在文」とも見受けられるが，ここでの"考拉"と"四不像"はともに総称としての「コアラ」と「シフゾウ」であり，⒄の"一只熊猫"のように，個別の具象的な実体としての「コアラ」や「シフゾウ」ではない。抽象化されたカテゴリとしての「コアラ」であり「シフゾウ」である。そして，その抽象的なカテゴリとしての「コアラ」や「シフゾウ」に対応する「オーストラリア」や「中国」も，当然のことながら，知覚的に捉えられたリアルな現場としての具象的な空間ではあり得ない。ここでの"澳大利亚"と"中国"は，珍獣リストの範囲を限定する〈抽象領域〉としての「オーストラリア」であり「中国」であって，⒄の具象的な実-空間としての"铁笼子里"［おりのなか］とは性格が明確に異なる。㊱の"有"構文は，場所詞を主語としながらも，構文全体の意味としては，先の㉛や㉜と同様に，恒常的，概念的な事柄を述べるものであり，他のタイプＤの構文と同じく話し手があらかじめ獲得している「知識」を述べる構文である。

2.5 【事物における相対的関係者の存在】を表すタイプ（＝タイプＥ）

タイプＣやタイプＤと同様に，知覚的な時空間イベントしての存在を語らず，知識的な概念的存在を語るタイプの"有"構文としては，さらに次のようなものもある。

㊲ 他　以前　有　李宁　这　个　竞争对手，还比较卖力。
　　彼　かつて　ある　李寧　これ　CLF　ライバル
　［彼（*に/）にはかつてこの李寧というライバルがいたので，わりと頑張っ

ていました。]

(38) 我　有　三　个　表哥。
　　　私　ある　3　CLF　従兄
　　　[私（*に/）には3人の従兄(いとこ)がいます。]

(39) 太阳　有　八大行星。
　　　太陽　ある　八大惑星
　　　[太陽（*に/）には8つの惑星があります。]

"竞争对手"［ライバル］，"表哥"［従兄］，"行星"［惑星］は，いずれも参照点なくしては存在し得ない非自律的な相対的関係者を表す語彙であり，上の3文はいずれも，主語名詞が表す事物Xについて，何らかの相対的な関係にある事物Yが存在するという事柄を述べている。存在対象の"李宁这个竞争对手""三个表哥""八大行星"は，それぞれ事実としては具象的な人や物に対応しているが，構文全体の意味としては，事物Xを対象に，事物間の関係性に着目した恒常的，概念的な特性を語るものであり，その意味において，このタイプもまた「知識」の表現であり，属性表現の一種であると言える。これをタイプEと呼んでおく。

2.6　【所有物としての存在】を表すタイプ（＝タイプF）

いわゆる〈所有〉を表す次のようなタイプの"有"構文も，タイプEと同様，時空間イベントしての存在を語らないタイプの1つである。

(40) 爸爸　有　两　台　电脑。
　　　お父さん　ある　2　CLF　パソコン
　　　[お父さん（*に/）にはパソコンが2台あります（お父さんはパソコンを2台もっています）。]

(41) 我　有　这　本　词典。你有吗？
　　　私　ある　これ　CLF　辞書
　　　[私（*に/）にはこの辞書があります（私はこの辞書をもっています）。君はありますか？]

上の2文はともに，具体物が特定の人物の所有下に存在するという事

柄を述べている。従来から〈所有〉を表す構文と呼ばれているこの種の"有"構文を，ここではタイプFと呼ぶことにする。

タイプFは，英語のhave構文とは異なり，意志性のある行為としての〈所有〉を表しにくい。欲求文としての(42)や命令文としての(43)が不自然であることからもうかがえるように，"有"構文が表す〈所有〉は，「行為」としてのそれではなく，持続的もしくは経常的な「状況」としてのそれと理解されるべきである。

(42) *我　　很　　願意　　有　　電脳。
　　　私　とても　〜したい　ある　パソコン
　　［*私にパソコンがありたい。］

(43) *你　　尽量　　　早些　　有　　電脳！
　　　あなた　できるかぎり　早めに　ある　パソコン
　　［*あなたになるべく早くパソコンがありなさい！］

先の(41)の例では，たまたま話し手の発話現場に位置する「この辞書」が存在対象として扱われているが，構文全体の意味としては，発話現場において知覚された即時的な存在イベントが語られているのではなく，「私」と「この辞書」の間に所有関係が成立しているという概念的な事柄が述べられている。なにかが誰かに〈所有〉されているという事実の認定は，事物の特性の認定と同じく，一定期間の観察や知的根拠に支えられた「知識」の発現にほかならず，(41)のような例も含めて，〈所有〉を表すタイプの"有"構文はすべて「知識」の表現であると言える。

2.7 【事物における質的属性の存在】を表すタイプ（＝タイプG）

実-時空間における知覚的な具象物の存在を語らないタイプの"有"構文としては，さらに次のようなタイプのものもある。次の2文は，主語名詞の表す事物に，何らかの恒常的な性質や特性が存在するという事柄を述べている。

(44) 吸烟　　有　　这些　　坏处。
　　　喫煙　　ある　これら　弊害
　　　［喫煙（*に/）にはこれだけの弊害があります。］

(45) 他　　有　　酗酒　　　的　　　毛病。
　　　彼　　ある　泥酔する　PART　悪習
　　　［彼（*に/）には泥酔する悪い癖があります。］

特定の事物についての質的属性の存在を述べるこの種の"有"構文を，仮にタイプGと呼ぶ。タイプGは文字どおりの属性表現であり，言うまでもなく「知識」の表現である。

2.8 【事物における量的属性の存在】を表すタイプ（＝タイプH）

タイプGの質的属性に対して，仮にタイプHと呼ぶ次のタイプは，特定の事物に内在する量的属性の存在を述べるタイプと言える。

(46) (=(3)) 他　　有　　一　　米　　八。
　　　　　　彼　　ある　1　　CLF　 8
　　　　　　［彼は（*に/*には）は1メートル80（*が）あります。］

(47) 长江　　有　　6211　　公里。
　　　長江　　ある　6211　　キロメートル
　　　［長江（*に/*には）は6211キロメートル（*が）あります。］

(48) 一年　　有　　十二　　个　　月。
　　　一年　　ある　12　　CLF　月
　　　［1年（*に/*には）は12か月（*が）あります。］

(49) 他　　有　　七十　　多　　岁。
　　　彼　　ある　70　　余り　CLF
　　　［彼は70余歳です。］

数量的限定の表現を項（argument）と認めることの是非については議論の余地もあり得るが，ここでは量的属性を抽象性の極めて高い存在対象と見なし，この種の構文をひとまず，2項からなる"有"構文のうちの1つのタイプと数えておく。いずれにせよ，このタイプがタイプGと同様，典型的な属性表現であり，「知識」の表現であることは言を俟

たない。

　以上，2項からなる"有"構文を，主として意味論的な観点から8つのタイプに分類し，それぞれの特徴を観察した。今，当面の関心事である存在対象の定性（definiteness）の問題に着目して，これら8つのタイプを振り返ってみると，タイプA，B，Hを除く他の5つのタイプにはすべて目的語に定名詞句が用いられてもよいという事実が明らかになる。タイプCの(30)，Dの(33)(34)(35)，Eの(37)，Fの(41)，Gの(44)には，それぞれ指示詞，代名詞，固有名詞のいずれかから構成される定名詞句が目的語に用いられ，それぞれの存在対象を示している。つまり，タイプCからタイプGの5つのタイプは，談話環境に応じて，定的な事物の存在を述べることも，不定の事物の存在を述べることも可能だということである。
　それに対して，タイプA，B，Hでは，談話環境のいかんにかかわらず，存在対象を表す目的語に定表現を用いることは常に不自然に感じられる。このうち，そもそも定不定の対立が有意性をもち得ない量的属性を目的語とするタイプHを別にすれば，当面の議論の対象になり得るのはタイプAとタイプBの2タイプのみとなるが，この2タイプは常に不定の対象の存在を語るものでなければならない。先に挙げた(16)－(27)の例の目的語を定名詞句に置き換えた文はすべて非文となる。既に第1節でも触れたが，仮に今，話し手にとって既知の対象である"陵陵"［リンリン］が，話し手の眼前の「おりのなか」というリアルな空間において寝そべっていることを知覚したからといって"*铁笼子里有陵陵。"と発話することは不自然であり，また，「私の靴」が眼前の「植木鉢のそば」というリアルな空間に転がっていることを知覚したからといって"*花盆旁边儿有我的皮鞋。"と発話することは不自然だということである。従来の，「存在文」の目的語は不定名詞句でなければならないという指摘が当てはまるのは，まさしく，この，タイプAとタイプBの2タイプにほかならない。これまで「存在文」として一括されてきた時空間詞（句）

を主語とするタイプの"有"構文のうち，目的語が常に不定表現でなければならないのは，リアルな時空間におけるリアルなモノもしくはリアルなコトの存在を述べる知覚的な存在表現のタイプのみということである。一方，リアルな時空間を場とする知覚的な存在イベントを語らないタイプ，すなわち「知識」の表現に属するタイプの「存在文」については，例えばタイプＤの(34)や(35)のように，定表現が目的語に用いられることも可能だということである。

　このように，タイプＡとタイプＢは，談話環境のいかんにかかわらず，存在対象を表す目的語が常に不定表現でなければならないという点において，「特殊」な"有"構文であり，「特殊」な「存在文」であると言える。この，真に「特殊」な２つのタイプの"有"構文を，他の「存在文」――すなわち，他の"有"構文と同様に「知識」の表現に属するタイプの「存在文」――とは区別して，特に「時空間存在文」と呼ぶことにする。

　リアルな時空間における知覚的な存在イベントを語る時空間存在文は，存在対象を表す名詞句に数量詞の付加を求める度合いが著しく高い。これまで明確な指摘を見ないが，総称として存在対象に言及する場合は，時空間詞（句）を主語とする"有"構文であっても――すなわち，従来の枠組みで言うところの「存在文」であっても――，裸名詞が目的語に用いられることは，タイプＤの(36)がそうであるように，何ら問題はない。逆に，リアルな時空間における具象的な個別の事物の実体的存在を語る時空間存在文では，抽象的な総称としての事物が扱われる余地はなく，したがって，裸名詞による総称表現が目的語に用いられることはあり得ない。いきおい，数量詞を伴う名詞句が用いられる頻度が高くなる。

　とはいえ，タイプＡの(19)やタイプＢの(24)のように，時空間存在文にも裸名詞が用いられる例が現実には存在する。この点も含めて，次節では，時空間存在文の特性についてより明確な特徴づけを行いたい。

3 「時空間存在文」の特性

3.1 非既知性について

　目的語が常に不定表現でなければならないというその構文的特徴を踏まえて，時空間存在文の意味機能を捉え直すならば，それは「実‐時空間におけるリアルな〈非既知〉的事物の実体的存在を言い立てる文」であると特徴づけることができる。話し手（または聞き手）の脳裏には特定の事物——人，物，事——が既知の対象として数多く存在する。すなわち，既知的事物が知識として登録されている。そのあらゆる既知の事物のいずれとも一致同定（identification）が成り立たず，したがって，話し手（または聞き手）にとっては「どこの誰」とも「どこのなに」とも「誰のなに」とも同定できない非既知の「誰か」あるいは非既知の「なにか」——すなわち未知なる対象——が，とにもかくにも実体として「存在する」ということを述べ立てる文，それこそが時空間存在文である。

　先の(24)のような気象現象の表現は，時空間存在文における存在対象の非既知性を，最も象徴的に反映していると言える。話し手が〈今，ここ〉あるいは〈その時，その場〉において知覚し，言語化しようとする「雨」は，話し手にとっては初めて遭遇する非既知の「雨」でしかあり得ない。〈今，ここ〉に，あるいは〈その時，その場〉に降る雨は，先ほど降ったその雨と同一の雨ではあり得ず，前日に降ったあの雨と同一の雨でもあり得ない。雨や雪や風は，知覚者にとっては常に一期一会の存在であり，その意味で，〈今，ここ〉あるいは〈その時，その場〉に降る雨は，話し手にとって常に未知なる対象であると言える。その，話し手の知識のなかに登録されている「その雨」や「あの雨」のうちのどれとも一致同定しない非既知の「雨」の存在を述べているのが，(24)の時空間存在文である。

　このように，話し手（または聞き手）が，〈今，ここ〉で，あるいは〈その時，その場〉で初めて遭遇する個別の対象について，その実体の〈存

在〉を主張することそれ自体を目的とする時空間存在文は，当然のことながら，〈存在する〉ことが既に了解済みの事物，すなわち話し手（または聞き手）の知識のなかにその存在が既に登録済みである既知的事物とは相いれない。定表現で述べられる事物とは，〈存在する〉ことが既に了解されているその事物にほかならない。「（〈存在する〉ことを既に知っている）その事物が〈存在する〉」と述べることは，明らかにトートロジーであり，不自然である。"*铁笼子里有陵陵。"や"*花盆旁边儿有我的皮鞋。"が不自然な表現として許容されないのは，当然のことである。

一方，「知識」の表現に属するタイプDの(34)や(35)のような「存在文」においては，実体としての〈存在〉が了解済みである既知の事物が存在対象となることも可能である。(34)や(35)では，談話内に設定された「家族リスト」や「教員リスト」といった特定の限定的な概念カテゴリのなかに，そのメンバーとして誰が〈存在〉するかが語られている。「（〈存在する〉ことを既に知っている）その事物が，特定のリストのなかに〈メンバーとして存在する〉」と述べることは，トートロジーではなく，有意な情報であり，したがって，既知の人物が取り上げられても何ら問題はない。時空間存在文が主張する事物それ自体の実体的な〈存在〉と，他の「存在文」が主張する特定の範疇における概念的な〈存在〉とでは，〈存在〉の意味が本質的に異なる。従来の「存在文」の不定性に関する記述の不明確さは，こうした視点の欠如に起因すると考えられる。

3.2 「所在文」との相違

仮に今，眼前のおりのなかに一頭のパンダが寝そべる姿を目撃したとする。中国語の話し手は，そのパンダが，自らの知識内に登録されているすべての既知のパンダのいずれと一致するかを瞬時にサーチし，もし，いずれの既知のパンダとも一致同定が成り立たないと判断すれば，時空間存在文を用いて"铁笼子里有一只熊猫。"と表現する。

では，同定が成立すればどうか。眼前のパンダが，かつて新聞報道で

その存在を知った"陵陵"［リンリン］であると同定できれば，そのときは，話し手は⑸のように表現する。

⑸ 陵陵　　在　铁笼子里。
　　リンリン　居る　おり-なか
　　［リンリンがおりのなかにいます。］

⑸は，"陵陵"を主語とし，動詞句"在铁笼子里"を述語とする，いわゆる「所在文」である。所在文とは，一般の動詞述語文と同様に，「主語－述語」の語順で構成され，〈存在する〉ことを話し手（または聞き手）が既に了解している既知の事物について，それが「特定の空間に定位している」あるいは「特定の空間に位置している」という状態を述べるための構文である。所在文が意味するところは，主体として主語に立てた既知の事物について，それがいかなる運動をし，あるいはいかなる変化を起こし，あるいはいかなる状態にあるかを述べる一般の動詞述語文のそれと同類である。つまり，事物が既知のものであれば，中国語では，それを状況の主体として捉え，それを主語に立て，述語によってその状況を述べるという構文形式をもって事物と空間との関係を語ろうとする。

一方，〈今，ここ〉で，あるいは〈その時，その場〉で初めてそのものの〈存在〉を知り得た事物，すなわち非既知の事物については，周知のとおり，所在文を用いることはできない。"*一只熊猫在铁笼子里。"は非文である。非既知の事物については，"有"構文に属する時空間存在文を用いる。この点が，事物の既知・非既知の対立にかかわらず，⑽と⑾のように同一の構文を用いることのできる日本語とは決定的に異なる。中国語では，非既知の対象の〈存在〉を語るための構文が，時空間存在文という，所在文とは異なるかたちで用意されている。中国語は，非既知の対象の〈存在〉と，既知の対象の〈空間所在〉を，構文上，差異化する言語であり，日本語は差異化しない言語である。

時空間存在文と所在文の相違を一言で言えば，前者は，「これまで（あるいは，それまで）存在することを知らなかったある事物が存在する」

ということを述べる構文であり，後者は「存在することを既に知っている特定の事物が，特定の空間に定位している」ということを述べる構文である，と言える。2つの構文は本質的に意味機能を異にする。

3.3　数量詞の付加について

　第2節の最後でも述べたように，総称表現に対応する抽象的な類的事物の存在を述べる場合は，「存在文」であっても，裸名詞が目的語に用いられて何ら問題はない。一方，具象的な個別の事物の実体的存在を述べる場合は，事物の個別性を明示する必要から，時空間存在文に限らず，"有"構文一般に，数量詞が目的語名詞に付加される傾向が強くなる。㉞の"两个小孩儿"や㊵の"两台电脑"の例がそれである。数量詞が担う個別化もしくは個体化（individualization）の機能については，つとに大河内1985が指摘するとおりである。もとよりリアルな時空間における具象的な個別の事物の実体的存在を語る時空間存在文においては，おのずと数量詞付加の度合いが高くなる。加えて，時空間存在文については，以下に述べる機能論的な特性によっても，個別化の明示が一際強く求められる。

　時空間存在文が現実に運用されるコンテクストを，機能論的な観点から観察してみると，主として2つの用法をもつことが見て取れる。1つは，聞き手（あるいは読み手）の視覚的なイメージに訴えつつ，リアルな時空間上における場の情景を具象的に叙述しようとする，いわゆる叙景的な用法である。典型例として，次のような例が挙げられる。

　(51)　……瓶子里水不多，瓶口又小，乌鸦喝不着水。怎么办呢？乌鸦看
　　　　见　旁边　有　许多　小石子，想出了一个办法。　（《小学语文》）
　　　　　　そば　ある　たくさん　小石

　　　［…瓶のなかは水が少なく，瓶の口も小さくて，からすは水を口にすることができない。さてどうしたものか？からすはそばにたくさんの石ころがあるのを見て，ある方法を思いついた。］

　下線部の時空間存在文は，"乌鸦"［からす］の視覚が捉えたリアルな

眼前の情景を叙述している。叙景的用法の成立は，表現対象の視覚性もしくは形象性をよりどころとするものであり，その視覚性もしくは形象性を補完し，保証する上で，当該の存在対象に個別的実体としての輪郭を与えることは有効な方略となる。数量詞による個体化機能は，その輪郭化（profiling）に大きく貢献する。逆に，数量詞を伴わない裸名詞は，存在対象の個別的実体としての輪郭に乏しく，視覚性や形象性が保証されなくなる。⑸の下線部から数量詞の"许多"を落とすことは極めて難しい。同様の理由で，"小龙"が部屋に入った瞬間に目の当たりにする情景を語る次の例では，"电脑"が数量詞の"一台"を伴わない(52a)のほうが，(52b)に比べて明らかに許容度が低くなる。数量詞の個体化機能は，時空間存在文の叙景的用法の成立に大きく与っていると考えられる。

(52) a. ??小龙一进门就看到饭桌上有电脑。
　　 b. 小龙一进门就看到饭桌上　有　　一　台　　电脑。
　　　　　　　　　　　　　　食卓上　ある　1　CLF　パソコン
　　　［シアオロンが中に入ると，食卓のうえに一台のパソコンがあった。］

時空間存在文のもう1つの代表的な用法は，話し手（または聞き手）にとって非既知の事物を談話のなかに新規に導入し，後に続く叙述の主題に据えるという用法である。仮に「新規主題設定」の用法と呼ぶことにする。とりわけ時間詞（句）を主語とするタイプの時空間存在文は，ほとんどの場合がこの用法で用いられる。先に挙げた⑳はその典型的な一例と言える。

(21) 从前有个小朋友，他的眼睛里面起麦粒肿了，于是他去医院动手术，……

⑳の下線部は，先の⑸の下線部のように特定の場の情景を叙述しようとするものではない。⑳では，聞き手（または読み手）にとって非既知の対象である「1人の少年」（"（一）个小朋友"）が，下線部の時空間存在文によって談話内に新規に導入され，後続の"他的眼睛里面起麦粒肿了"以下で，その少年を主題とする一連の叙述が展開されている。談話

内に新たに導入され，同時に，後続叙述の主題として卓立させられる対象にとって，それを輪郭化することは，対象を焦点化する上で重要な作業であり，ここでも数量詞による個体化機能が有効に機能している。試みに(21)の時空間存在文の目的語を，裸名詞の"小朋友"に置き換えた(21)'は，明らかに不自然である。

(21)' ??从前有小朋友，他的眼睛里面起麦粒肿了，于是他去医院动手术，……

数量詞は，自らの個体化機能によって存在対象の卓立化を促す効果をもち，時空間存在文の新規主題設定の用法にも重要な役割を担っている。

このように，時空間存在文の目的語名詞が極めて高い頻度で数量詞を伴うという現象には，主として２つの機能論的な用法が関与していると考えられる。なお，急ぎ付け加えるべきは，上に述べた事柄は，当該の存在対象が限界的（bounded）もしくは離散的（discrete）な非連続体としての事物である場合にのみ該当するものであり，非限界的，非離散的な連続体の事物についてはその限りではない，ということである。次の(53)は《小学语文》からの引用であり，先の(51)で省略した前段部分（＝(19)）を復元したものであるが，注目すべきは，"旁边有许多小石子"の"小石子"とは対照的に，"瓶子里有水"の"水"には数量詞が付加されていないという点である。

(53) 乌鸦看见一个瓶子，瓶子里有水。可是，瓶子里水不多，瓶口又小，乌鸦喝不着水。怎么办呢？乌鸦看见旁边有许多小石子，想出了一个办法。　　　　　　　　　　　　　　　　　　(《小学语文》)

　　［からすには１本の瓶が見えた。瓶のなかに水がある。だけど，瓶のなかは水が少なく，瓶の口も小さくて，からすは水を口にすることができない。さてどうしたものか？からすはそばにたくさんの石ころがあるのを見て，ある方法を思いついた。］

"旁边有许多小石子"と同様に，叙景的用法で用いられている"瓶子里有水"ではあるが，存在対象が非離散的な連続体である"水"であれば，このように裸名詞であっても別段不自然には感じられない。同様の

ことは、⑳の"雨"や㉕の"雪"についても言える。時空間存在文であっても、存在対象が離散性や限界性に乏しい連続体であれば、数量詞の付加は必ずしも必要とされない——つまり裸名詞であることも許容される——ということである。

最後にもう一点付言すれば、叙景的用法と新規主題設定の用法のどちらでもなく時空間存在文が用いられる場合は、たとえ存在対象が限界的、離散的な非連続体の事物であっても、数量詞の付加を必要としない。例えば次のような場合である。

㊴ 候车室里　　有　　电脑。你可以过去上网查查看。
　　待合室-なか　　ある　パソコン
　　［駅の待合室にパソコンがあるから、ネットで調べてくるといい。］

ここでの時空間存在文は、いわゆる報告文であり、聞き手にとって非既知のパソコンが駅の待合室に存在するという状況を、単に事実として聞き手に伝えることを目的とするものである。当該のパソコンを新たな主題に据えて、さらなる叙述を後続文において展開しようとするものでもなければ、聞き手の視覚的イメージに訴えて、待合室の情景を具象的に叙述しようとするものでもない。このように叙景的用法と新規主題設定の用法のどちらでもなく、単なる報告文として用いられる場合の時空間存在文については、存在対象が限界的、離散的な非連続体の事物であっても、数量詞による個別化の明示を必ずしも必要とはしない。すなわち、裸名詞であってもよいということである。

以上、本節では、存在対象の非既知性とそれに関わる目的語名詞の不定性に関する問題、および目的語名詞の数量詞付加に関する問題の２点に焦点を当てつつ、時空間存在文の特性を、意味と機能の面から考察した。時空間存在文は、話し手（または聞き手）にとって非既知であるリアルな事物の実-時空間における実体的存在を述べるという、それ自身の構文的意味を反映して、その目的語には常に不定表現が用いられる。一方、目的語における数量詞付加の必要性は、機能論的な要因に左右さ

れる傾向が強く，時空間存在文であれば目的語は常に数量詞を伴うというものではない。一般に，叙景的用法と新規主題設定の用法で用いられる時空間存在文において，離散的，限界的な事物の存在が述べられる場合には，数量詞付加の要求度は高くなる。

4　むすび

　従来，一部の"有"構文は，一般名詞ではなく時空間詞（句）が主語の位置に立ち，加えて，目的語が一般に数量詞を伴う不定表現から構成されるという2点を根拠に，「特殊」な構文として位置づけられ，「存在文」の名称のもとに一括されてきた。本稿は，その「存在文」の特徴を，2項からなる"有"構文全体のなかで見直し，目的語が常に不定表現であるという特徴は，一部の「存在文」，すなわち，実-時空間におけるリアルな非既知的事物の存在を言い立てるタイプの「存在文」にのみ限られた特徴であることを明らかにした。加えて，その，リアルな時空間における個別的実体の存在を語るタイプの「存在文」を，「時空間存在文」と名付け，その意味的および機能論的特性を明らかにした。

　第2節での観察からもうかがえるように，概ね"有"構文の主語と目的語に配置される2つの項の間には，程度の差を含みつつも，一定の支配関係を見て取ることができる。主語の位置に据えられる項がより支配者的であり，目的語の位置に置かれる項がより被支配者的である。前者が主体的であり，後者が非主体的であると言い換えてもよい。タイプFにおける所有者と被所有物の関係はその典型と言えるが，他のタイプについても，属性主と属性の関係や，構造物の総体と構成部位の関係，上位カテゴリと下位カテゴリの関係，リストと項目の関係など，濃淡の差こそあれ，いずれも広義に〈一方が一方を所有する〉という支配者と被支配者の関係，もしくは主体と非主体の関係で捉えることが可能なものと考えられる。言い換えれば，"有"構文という二項文は，タイプFを典型として，より典型的なタイプからより周辺的なタイプまでを取り込

みつつ，広く〈所有〉の意味で捉えられる事態を表す構文カテゴリであると理解することもできる。

　そして，問題の時空間存在文もまた，目的語の不定性においてやや「特殊」であるとはいえ，構造的には"有"構文のなかの一つのタイプにほかならない。そのことは，中国語においては，非既知の事物は，存在イベントの主体としてではなく，時空間に広義に〈所有〉される――言い換えれば，広義に支配される――非主体的な対象として概念化されているということを意味するとも考えられる。既知の事物が所在文の主語に立ち，イベントの主体として概念化されることとは対照的である。大西 2011 によれば，上古前期の漢語においては"有"構文は専ら〈所有〉を表し，現代語の時空間存在文に相当する〈存在〉の用法は，上古後期以降に〈所有〉の用法から拡張したものであるとされる。〈存在〉が〈所有〉に帰属する（もしくは由来する）という状況は，現代中国語においても同様と見てよい。

参 考 文 献

[日本語]

相原茂 1976.「構造助詞"de"の省略可能性」『漢文學會々報』No.35：1-13.

相原茂 1990.「『这』『这个』および『这块』など」『中国語』No.362：26-29.

相原茂・石田知子・戸沼市子 1996.『Why?にこたえるはじめての中国語の文法書』同学社.

荒川清秀 1977.「中国語における『命令』の間接化について」『中国語研究』第16号：41-64.

荒川清秀 1992.「日本語名詞のトコロ（空間）性」『日本語と中国語の対照研究論文集(上)』：72-94. くろしお出版.

泉敏弘 1985.「北方『给』使役・被動用法の来源」『中国語学』232：33-43.

岩田憲幸 1983.「"使","令"と使役構文」『中国語学』230：44-51.

大河内康憲 1967.「複句における分句の連接関係」『中国語学』176：1-12（大河内康憲『中国語の諸相』白帝社，1997：86-106に再録）

大河内康憲 1970.「"走了进来"について」『中国語学論集』（伊地智善継編，科研論文集）：83-94（大河内康憲『中国語の諸相』白帝社，1997：161-174に再録）

大河内康憲 1974.「被動が成立する基礎」『中国語学』220：1-12.（大河内康憲『中国語の諸相』白帝社，1997：115-134に再録）

大河内康憲 1977.「『第一，第二，上，下』など」『中国語』No.212：16-17.

大河内康憲 1981.「这，那，同」『中国語』No.253：9.

大河内康憲 1985.「量詞の個体化機能」『中国語学』232：1-13.（大河内康憲『中国語の諸相』白帝社，1997：53-74に再録）

大河内康憲 1991.「感情表現と使役構文」『中国語』No.382：32-35.（大河内康憲『中国語の諸相』白帝社，1997：149-160に再録）

太田辰夫 1972.「中国における敬語の問題」『言語生活』249号：44-49.

大西克也 2011.「所有から存在へ――上古中国語における『有』の拡張――」『汉语与汉语教学研究』第2期：16-31.

岡村和江 1972.「代名詞とは何か」『品詞別日本文法講座』2：79-121. 明治書院.

奥田寛 1982.「论现代汉语形容词的强制性联系和非强制性联系」『南开学报』第3期：67-74.

小野秀樹 2001.「"的"の『モノ化』機能」『現代中國語研究』No.3：146-158.

尾上圭介 1998.「文法を考える 4―主語(4)」『日本語学』17(3)：96-103.
尾上圭介・木村英樹・西村義樹 1998.「二重主語とその周辺―日中英対照」『月刊言語』Vol.27, No.11：90-108.
木村英樹 1976.「『吃了大餅』と『开了大門』」『アジア・アフリカ語の計数研究』6：43-50.
木村英樹 1981a.「『付着』の"着/zhe/"と『消失』の"了/le/"」『中国語』No.258：24-28.
木村英樹 1981b.「被動と『結果』」『日本語と中国語の対照研究』5：27-46.
木村英樹 1982a.「テンス・アスペクト：中国語」『講座日本語学』11：19-39. 明治書院.
木村英樹 1982b.『日本語・中国語対応表現用例集Ⅲ――指示詞――』昭和 56 年度科学研究費補助金（総合研究 A）研究成果報告書.
木村英樹 1984.「"他很高兴"」『中国語』No.294：34.（相原茂・木村英樹・杉村博文・中川正之『中国語学習 Q&A101』大修館書店，1991：42-43 に再録）
木村英樹 1986.「『その時計』と『この時計』」『中国語』No.319：32.
木村英樹 1987.「中国語の敬語」『月刊言語』Vol.16, No.8：38-44.
木村英樹 1988.「"这是什么？"」『中国語』No.347：34.
木村英樹 1992.「BEI 受身文の意味と構造」『中国語』No.389：10-15.
木村英樹 1996.『中国語はじめの一歩』筑摩書房.
木村英樹 2000.「"给"が使えない『ために』」『中国語』No.489：32.
木村英樹 2004.「中国語における無テンス性と実存化の問題」日本中国語学会関東支部第 5 回例会発表資料.
金水敏 1989.「代名詞と人称」『講座　日本語と日本語教育　第 4 巻　日本語の文法・文体(上)』：98-116. 明治書院.
工藤真由美 1995.『アスペクト・テンス体系とテクスト』ひつじ書房.
久野暲 1977.「英語圏における敬語」『岩波講座　日本語 4 敬語』：301-331. 岩波書店.
輿水優 1977.「中国語における敬語」『岩波講座　日本語 4 敬語』：271-300. 岩波書店.
佐久間鼎 1957.『現代日本語の表現と語法』厚生閣.
佐々木勲人 1997.「中国語における使役と受動の曖昧性」『ヴォイスに関する比較言語学的研究』：133-160. 三修社.

定延利之 2001.「情報のアクセスポイント」『月刊言語』Vol.30, No.13:64-70.
讃井唯允 1988.「中国語指示代名詞の語用論的再検討」『東京都立大学人文学報』198号:1-19.
正保勇 1981.「『コソア』の体系」『日本語の指示詞』:51-122. 国立国語研究所.
杉村博文 1982.「中国語における動詞の承前形式」『日本語と中国語の対照研究』第6号:43-62.
杉村博文 1983.「"的"前移せよ」『伊地智善継・辻本春彦両教授退官記念 中国語学・文学論集』:465-484. 東方書店.
杉村博文 1992.「現代中国語における『むこう』と『こちら』の諸相」『日本語と中国語の対照研究論文集(上)』:153-180. くろしお出版.
杉村博文 1994.『中国語文法教室』大修館書店.
杉村博文 1995.「中国語における動詞句・形容詞句の承前形式」『語学研究大会論集3』51-66. 大東文化大学語学教育研究所.
高木一広 1989.「中国語と日本語の指示詞について」昭和63年度大阪外国語大学提出卒業論文.
田窪行則 1989.「名詞句のモダリティ」『日本語のモダリティ』:211-233. くろしお出版.
田窪行則・木村英樹 1992.「中国語,日本語,英語,フランス語における三人称代名詞の対照研究」『日本語と中国語の対照研究論文集(上)』:137-152. くろしお出版.
田中智子 1998.「現代中国語の『给』について」東京大学大学院人文社会系研究科修士論文.
寺村秀夫 1976.「連体修飾のシンタクスと意味 2」『日本語・日本文化』No.5:29-78. 大阪外国語大学留学生別科.
寺村秀夫 1982.『日本語のシンタクスと意味Ⅰ』くろしお出版.
伝田章 1981.「元雑劇のせりふ」『中国の古典文学』:253-263. 東京大学出版会.
原由起子 1994.「"V了O動量"と"V了O."」『中国語学』214:89-99.
本多啓 1997.「世界の知覚と自己知覚」『英語青年』142巻12号:658-660.
三宅登之 2005.「表示动态的"V着"的实际使用情况考察」『言語情報学研究報告』7:127-145. 東京外国語大学大学院地域文化研究科.
山田忠司 1998.「北京語における『给』の発達について」『大阪産業大学論集 人文科学編』96号:51-61.
楊凱栄 1989.『日本語と中国語の使役表現に関する対照研究』くろしお出版.

楊凱栄 1991.「現代中国語における人称代名詞《人家》について――三人称代名詞《他》との比較を通じて――」『対照研究――指示語について』:34-50. 筑波大学つくば言語文化フォーラム.

梁慧 1986.「『コ・ソ・ア』と『这・那』」『都立大学方言学会会報』第 116 号:9-21.

盧濤 1993.「『給』の機能語について」『中国語学』240:60-69.

[中国語]

陈松岑 1986.「北京话"你""您"使用规律初探」『语文研究』第 3 期:24-31.

陈锡梧 1966.「台山方言特殊变调初探」『中国语文』第 1 期:34-36.

丁声树等 1979.『现代汉语语法讲话』北京:商务印书馆.

董少文 1955.『语音常识』北京:文化教育出版社.

范方莲 1963.「存在句」『中国语文』第 5 期:386-395.

古川裕 2000.「有关"为"类词的认知解释」『语法研究和探索(十)』:31-48. 北京:商务印书馆.

何洪峰・程明安 1996.「黄冈方言的"把"字句」『语言研究』第 2 期:81-87.

平田昌司 1997.「休宁方言的动词谓语」『动词谓语句』:84-104. 广州:暨南大学出版社.

平田昌司 1998.『徽州方言研究』好文出版.

胡明杨 1987.「问候语的文化心理背景」『世界汉语教学』第 2 期:30-33.

黄伯荣 1996.『汉语方言语法类编』青岛:青岛出版社.

黄群建 1995.『阳新方言志』武汉:武汉大学出版社.

江蓝生 1999.「汉语使役与被动兼用探源」*Studies on Chinese : Historical Syntax and Morphology*. EHESS. 57-72.

蒋绍愚 2002.「"给"字句、"教"字句表被动的来源――兼谈语法化、类推和功能扩展」『語言學論叢』26:159-177.

竟成 1993.「动态助词"了"的语法意义及其实现」『中国对外汉语教学学会第四次学术讨论会论文选』:91-116. 北京:北京语言学院出版社.

木村英樹 1997a.「'变化'和'动作'」『橋本萬太郎紀念中国語学論集』:185-197. 内山書店.

木村英樹 1997b.「漢語被動句的意義特徵及其結構上之反映」*CLAO*. Vol.26, No.1:21-35.

孔令达 1994.「影响汉语句子自足的语言形式」『中国语文』第 6 期:434-440.

李讷・安珊笛・张伯江 1998.「从话语角度论证语气词"的"」『中国语文』第 2 期：93-102.

李维琦 1998.『祁阳方言研究』长沙：湖南教育出版社.

李新魁等 1998.『广州方言研究』广州：广东人民出版社.

李永明 1988.『临武方言』长沙：湖南人民出版社.

刘勋宁 1988.「现代汉语词尾"了"的语法意义」『中国语文』第 5 期：321-330.

刘一之 2001.『北京话中的"着(·zhe)"字新探』北京：北京大学出版社.

刘月华・潘文娱・故桦 1983.『实用现代汉语语法』北京：外语教学与研究出版社.

吕叔湘编 1980.『现代汉语八百词』北京：商务印书馆.

吕叔湘 1985.『近代汉语指代词』上海：学林出版社.

马希文 1987.「北京方言里的"着"」『方言』1：17-22.

大西克也 2004.「施受同辭芻議」, in Ken-ichi Takashima and Jiang Shaoyu (eds.), *Meaning and Form: Essay in Pre-Modern Chinese Grammar*, Lincom Europa, 375-394.

钱乃荣 1992.『杭州方言志』好文出版.

钱曾怡 1993.『博山方言研究』北京：社会科学文献出版社.

石汝杰 1997.「高淳方言的动词谓语句」『动词谓语句』21-38. 广州：暨南大学出版社.

石毓智 1992.「论现代汉语的"体"范畴」『中国社会科学』6：183-201.

石毓智 2000.『语法的认知语义基础』南昌：江西教育出版社.

史秀菊 1996.「临猗方言中的"叫"字句」『首届晋方言国际学术研讨会论文集』：183-187. 太原：山西高校联合出版社.

史有为 1992a.「说"哪儿上的"及其"的"」『呼唤柔性』：90-110. 海口：海南出版社.

史有为 1992b.「续《说"哪儿上的"及其"的"》」『呼唤柔性』：111-121. 海口：海南出版社.

史有为 1999.「"的"字三辨」『现代中国语研究论集』453-480. 中国书店.

史有为 2000.「"V 的 N"的"体貌"问题」『语法研究和探索(十)』190-202. 北京：商务印书馆.

宋玉柱 1981.「关于时间助词"的"和"来着"」『中国语文』第 4 期：271-276.

杉村博文 1999.「"的"字结构、承指与分类」『汉语现状与历史的研究』, 江蓝生・侯精一主编,：47-66. 中国社会科学出版社.

王辅世・王德光 1982.「贵州威宁苗语的方位词」『民族语文』第 4 期：20-34, 5.

王还 1983.「英语和汉语的被动句」『中国语文』第 6 期：409-418.
王还 1990.「再谈现代汉语词尾"了"的语法意义」『中国语文』第 3 期：180-181.
王力 1954.『中国语法理论』北京：中华书局.
卫志强 1987.「川沙方言男女语言使用上的某些差异」日本中国語学会関東支部例会口頭発表資料（1987 年 8 月）.
伍云姬 1998.『湖南方言的介词』长沙：湖南师范大学出版社.
徐丹 1988.「浅谈这／那的不对称性」『中国语文』第 2 期：128-130.
徐丹 1992.「北京话中的语法标记词"给"」『方言』第 1 期：54-60.
楊樹達 1924.「古書疑義挙例續補」『古書疑義挙例五種』185-249. 北京：中華書局（1956）.
张伯江 1998.「论汉语"把"字句的句法隐喻」首届汉语语言国际学术讨论会提交论文.
张国宪 1995.「现代汉语的动态形容词」『中国语文』第 3 期：221-228.
張洪年 1972.『香港粵語語法的研究』香港：香港中文大學出版社.
张双庆 1997.「香港粤语的动词谓语句」『动词谓语句』：247-262. 广州：暨南大学出版社.
周口地区地方史编纂办公室 1993.『周口地区志』郑州：中州古籍出版社.
周一民 1998.『北京口语语法（词法卷）』北京：语文出版社.
朱德熙 1978.「"的"字结构和判断句」『中国语文』第 1 期：23-27，第 2 期：104-109.
朱德熙 1982.『语法讲义』北京：商务印书馆.

[英語・ロシア語]
Bolinger, Dwight 1967. Adjectives in English. *Lingua*. Vol.18 No.1 : 1-34.
Chao, Yuen Ren. 1968. *A Grammar of Spoken Chinese*. Berkeley and Los Angeles : University of California Press.
Comrie, B. 1976. *Aspect*. Cambridge : Cambridge University Press.
Gibson, James J. 1979. *The Ecological Approach to Visual Perception*. Boston, MA.：Houghton Mifflin.
Givón, T. 1984. *Syntax volume I*. Amsterdam : John Benjamins.
Halliday, M. A. K. 1976. *Cohesion in English*. London : Longman.
Hashimoto, Mantaro 1988. The structure and typology of the Chinese passive

construction. In Masayoshi Shibatani(ed.), *Passive and Voice*. Amsterdam : John Benjamins. 329-354.

Jaxontov, Sergej E. 1957. *Kategorija glagola v kitajskom jazyke*. Leningrad : Izdatel'stvo Leningradskogo Universiteta.

Langacker, Ronald, W. 1991. *Concept, Image, and Symbol*. Berlin : Mouton de Gruyter.

Leech, G. N. 1983. *Principles of Pragmatics*. London : Longman.

Li, Charles N. and Thompson, Sandra A. 1981. *Mandarin Chinese:A Functional Reference Grammar*. Berkeley and Los Angeles : University of California Press.

Lyons, John. 1975. Deixis as the Source of reference. In Keenan, E. L., (ed.), *Formal Semantics of Natural Language*. London & New York : Cambridge University Press. 61-83.

Newman, John 1993. The Semantics of Giving in Mandarin. In Richard A. Geiger(eds.), *Conceptualizations and Mental Processing in Language*. Berlin : Mouton de Gruyter, 433-486.

Rand, Emmily and Donnal Jo Napoli 1978. Definities in *There-sentences*. *Language* 54 : 300-313.

Simmons, Richard VanNess 1992. *The Hangzhou Dialect*. Ph. D. dissertation, University of Washington.

Wu, Yunji 1999. An Etymological Study of Disposal and Passive Markers in Hunan Dialects. *Journal of Chinese Linguistics*. Vol.27, No.2, 90-123.

Xu, Dan 1994. The Status of Marker GEI in Mandarin Chinese. *Journal of Chinese Linguistics*. Vol.22, No.2, 363-394.

あ と が き

　朱徳熙先生と言葉を交わしている。あろうことか，私は中国語の母語話者に引けをとらない完璧な語感を具え，よどむことなく滔々と朱先生に語りかけている。不惑の歳にさしかかる頃まで，そんな夢を真夜中によく見た。大抵は原稿を抱えて行き詰まっている時だったが，そうでない時も時折見た。「中国人の語感が欲しい！」と，叶うはずもない虚しい思いを抱いていた頃のことである。

　外国人による中国語研究は，言うまでもなく「外国語研究」としてのそれであり，中国人研究者による「母語研究」としての中国語研究とは，関心の向きも違えば，切り口も異なる。事象を捉える視座も違えば，導かれる結論も自ずと異なる。日本語話者である私にとっての中国語研究は，よくも悪くも，日本語の語感に照らしておもしろいと感じられる，あるいは理解しづらいと感じられる中国語の文法現象をあれこれ掘り起こし，日本語による思索を通して腑に落ちる解を探し求め，その考察の過程と結論を日本語によって記述するということである。一言で言えば，日本語話者の視点と思索による中国語文法の把握と記述である。日本語を抜きにしては成り立たない作業である。個別言語を対象とする「外国語」の研究とは畢竟そうしたものである。この，今にして思えば至極当たり前の事実を事実として受け止め，それでいいのだと開き直るまでには，かなりの時間を要した。ようやく開き直れた頃から，不思議にも朱徳熙先生と話す夢を見なくなった。本書は，その開き直りの一つの産物である。

　三つ子の魂などと言えば大げさになるが，卒論で動詞接辞の"了"に挑み，修論でダイクティックな方向補語の"来/去"を論じ，修論提出後の最初の論文で受け身文を扱った私は，その後も，ほとんど無自覚のうちに，ダイクシス，アスペクト，ヴォイスという3つの範疇により強く魅かれてきた。それには，世界を切り取る視点とその言語化に関わる問題のおもしろさを教えてくださった大学時代の恩師の影響が大きい。

また，中国語文法の特質を自然言語の普遍性と多様性というパラダイムのなかで捉えたいという駆け出しの頃からの自分の志向に，この 3 つの範疇が比較的よくなじんだということも，これらのテーマを好んで取り上げきた理由の一つと言えそうである。本書では，この 3 つの範疇に関わるこれまでの論考のなかから何編かを拾い出し，新たに補筆と修正を加えて 3 つの柱に束ねた。また，もう 1 本の柱として構文論に関わる論考を 3 編加えた。各章の議論は，それぞれ以下の既刊論文の内容を骨子とするものである。

第 1 章　「中国語の指示詞──『コレ・ソレ・アレ』に対応するもの」『日本語学』9（3）（1990 年 3 月）：39-47.

第 2 章　「指示と方位──『他那本书』の構造をめぐって」『伊地智善継・辻本春彦両教授退官記念　中国語学・文学論文集』東方書店（1983 年 12 月）.

第 3 章　「中国語指示詞の『遠近』対立について──『コソア』との対照を兼ねて」『日本語と中国語の対照研究論文集（上）』くろしお出版（1992 年 1 月）.

第 4 章　「汉语第三人称代词敬语制约现象的考察」『中国语文』218，（1990 年 9 月）：344-345.

第 5 章　「中国語疑問詞の意味機能──属性記述と個体指定」『日中言語研究と日本語教育』創刊号（2008 年 10 月）：12-24.

第 6 章　「『持続』・『完了』の視点を超えて──北京官話における『実存相』の提案」『日本語文法』6（2）（2006 年 9 月）：45-61.

第 7 章　「動詞接尾辞"了"の意味と表現機能」『大河内康憲教授退官記念　中国語学論文集』東方書店（1997 年 3 月）.

第 8 章　「中国語ヴォイスの構造化とカテゴリ化」『中国語学』247，（2000 年 10 月）：19-39.

第 9 章	「北京語授与動詞"給"の文法化 ——〈授与〉と〈結果〉と〈使役〉の意味的連携」『ヴォイスの対照研究——東アジア諸語からの視点』くろしお出版（2008 年 11 月）．
第 10 章	「"的"の機能拡張」『現代中國語研究』4（2002 年 10 月）：1-13. 「"的"字句的句式语义及"的"字的功能扩展」『中国语文』295（2003 年 7 月）：303-314.
第 11 章	「中国語二重主語文の意味と構造」『認知言語学Ⅰ：事象構造』東京大学出版会（2002 年 9 月）．
第 12 章	「「存在文」が表す〈存在〉の意味および'定不定'の問題」『汉语与汉语教学研究』2（2011 年 7 月）：3-15. 「"有"構文の諸相および「時空間存在文」の特性」『東京大学中国語中国文学研究紀要』14（2011 年 12 月）：1-29.

　28 歳の春，犀川（さいがわ）の堤にまだ根雪の残る金沢の街で初めて大学の教壇に立ち，以来中国語の文法研究を生業（なりわい）として今年三十回目の春を迎える。これを一つの節目とし，ここに開き直りの産物を上梓して，大方のご批正を仰ぐ次第である。

　2012 年春

木 村 英 樹

索　引

[日本語]

あ
アスペクト　　137, 151, 154, 156
表し示す　　17, 18

い
意志性　　191
位数　　119
位置づける　　18
一回性　　308
一項動詞　　252
意味拡張　　217
意味的協働　　150
意味役割　　187

う
ヴォイス　　187
受け身文　　189

え
粤方言　　217
遠称　　15, 57

お
音韻変調　　46
温感形容詞　　269

か
開始相　　158
介助使役　　226
概念化　　280
概念規定文　　129, 130
拡張　　253, 257, 264
格表示　　187
過程描写文　　172, 178, 181
カテゴリ化　　205

可能補語　　279
含意　　162
感覚形容詞　　280, 284
関係概念　　54
感情形容詞　　277, 284
完成線　　157
間接関与的使役　　210
間接的使役事態　　210
間接的主語　　287
完了　　137, 149, 156, 162, 172
完了形事態叙述文　　178
完了形存現文　　173, 174
完了相　　172, 194

き
起因的・既然的動機　　231
記憶指示　　77
既実現　　179
基数　　119
既然　　149, 165
既然性　　257
既然たる実現　　166
既然の事態　　141
既存　　152
既存性　　171
既知　　320
既知性　　259
機能拡張　　121
機能交替　　45
機能論的特性　　172
疑問基数詞　　119, 120
疑問詞　　115
疑問詞疑問文　　115
疑問序数詞　　121
疑問数量詞　　119
疑問属性詞　　131
疑問代名詞　　131

疑問動詞　　128
疑問副詞　　128
疑問連体詞　　128
協働　　149
虚詞　　1
許容使役文　　190, 217
近視眼的　　178, 181
近称　　15, 57
近接性　　290

く

空間系実存相　　155
空間性　　43
空間的視点　　154
空間的定位　　56
空間表現　　149, 299
空間領域　　144
屈折語　　9
区分基準　　255
区分限定　　259
区分対象　　255
区分的限定　　254, 257
グラウンディング　　154

け

敬意性代用表現　　96
経験者　　267
敬語　　87
敬語性　　93
敬語的制約　　88, 99
経済性の原則　　100
敬称　　94
継続性　　151
継続相　　151
形態音韻論的手段　　45
形態素　　47
結果構文　　3, 214
結果補語　　2, 148, 149, 168, 171, 279
結束性　　104

原因　　263
限界化　　152
限界性　　149, 151, 167, 168, 169, 195, 325
限界的　　324
限界動詞　　167
兼語文　　190
現然　　165, 174
現場指示　　59, 76, 90
現場性　　307
現場内文脈指示　　90, 94, 99

こ

語彙的編入　　286
項　　316
後係　　49
後係作用　　38
「後係」連体機能　　42
高淳方言　　208
個体　　127
個体化機能　　323
個体指定　　122, 123, 125, 133
個体指定要求　　123
コト　　263, 308
固有名詞　　303
語用論的条件　　21
語用論的制約　　24, 92
語用論的適性　　24
孤立語　　1, 187

さ

指し示す　　17, 18
参照時　　140, 143
参照領域　　144, 146

し

使役構文　　215
使役者　　223, 278
使役性　　211

使役文	189	実存相	153, 154
時間系実存相	155	実体性	17
時間詞	137	実体的存在	322
時間性	163	自動詞分裂	207
時間相	157	事物	122
時間的階層性	165	事物区分機能	254, 264
時間的段階性	166	事物めあて	264
時間表現	299	斜格	214
時空間存在文	304, 318, 319	終結相	158
時空間的な定位	152	受影文	190, 193, 198, 214, 221
時空間表現	301	受益者マーカー	228, 229, 232
刺激体	268	主語	266
指向的・未然的動機	231	主語後置	239
指示	32	主語適性	129
指示形式	23	主述述語文	266
指示詞	15, 57	主題	106, 266
指示使役文	190, 227	主張	259
指示詞相当句	50	出現	173
指示代名詞	20	述定	47
指示方位詞	38, 39	受動的可能	282, 283
施受同辞	219	受動文	214, 219
姿勢動詞	147	朱徳熙	187
自然被動文	195	主文主語	106
持続	137, 143	授与的スキーマ	233
持続相	160	授与動詞	217
事態叙述文	172, 175, 176	授与目標マーカー	225, 232
視聴覚複合動詞	279	種類	127
実空間	76	準動詞	191, 205, 228
実現	165	照応機能	31, 95
実現済み	165, 166, 172	照応形式	242
実現説	159, 162, 164	状況誘発者	222
実現相	156, 159, 164	状況誘発者マーカー	230, 231, 232
執行使役文	202, 214, 221, 233	消極的な使役者	199
実在	163	消失	173
実詞	1	将然	165
実-時空間	307, 315	状態	192
実-時空間性	310	状態形存現文	173, 174
実存化	152	焦点	108
実存性	152, 259	焦点化	108, 148, 197, 222, 258

焦点化構文　140
譲渡不可能　281, 289
職称　94
叙景的用法　323, 324
序数　118, 120
処置文　202, 214
所動詞文　195
所有　315, 327
序列選択　120
自立変化性　161
新規主題設定　323, 324, 325
新情報　259
親族名称　94, 97
身体部位　270
親和感　99

　　　　す

数　121
数詞　116
数量　116
数量詞　37
数量表現　168, 171, 176, 179, 262
杉村博文　240

　　　　せ

静態形容詞　161
正反疑問文　144
積極的な使役者　199
設置動詞　147
前景化　163, 280
前接　49
前接機能　49
前接作用　36
選択指定　121, 123
選択制限　166, 168
前提　259
前提化　197

　　　　そ

装定　30, 48, 49, 51
属性　54, 254
属性記述　122, 123, 125, 133
属性記述要求　125, 126
属性詞　127
属性措定　254, 255, 257
属性表現　309, 314
素表現　140
存現文　172, 173
存在　148, 159, 172
存在表現　291, 298
存在文　35, 148, 299

　　　　た

対格言語　188, 206, 209
体言　46
台山方言　46
代示機能　21
代示形式　20, 23
題述文　267, 296
態度叙述文　293
代名詞系代用表現　23
代用　93
代用形式　20
代用表現　20, 22
対立的視点　66, 68, 69
対話　59
多者選択　124
他動詞　3
他動詞構文　148
談話　22, 89
談話機能　243

　　　　ち

知覚　309
知覚性　307
知識　309

索　引　345

直接関与的使役　210
直接的使役事態　210
直接的主語　287

つ

痛痒覚形容詞　274

て

定位　32
定位する　18
定位動詞　147, 148
定性　317
定名詞句　302, 303
出来事性　308, 309
テンス　137, 154

と

同一関係　247
同格　69
動格言語　207
統合系　205, 209
統語分布　130
動作区分機能　254, 255, 264
動作めあて　264
動詞接辞　139, 146, 256, 259
動詞の重ね型　179
動態形容詞　161
動態的な変化　161
動補構造　193
独言　59, 74
'独占的'な記憶指示　81, 83
独立文　176, 177, 181
トコロ化　36, 169
トコロ化機能　39, 40
トコロ性　35, 39, 169
捉え方　6
取り立て　109

な

内言　59, 74
内的時間相　158
内容　127
ナレの領域　62, 64

に

二項動詞　251
二者選択　124, 126
二重主語文　265
二重目的語構文　224
ニュース性　177

の

能動的可能　282, 284

は

背景化　83, 109, 174
博山方言　208
裸名詞　299
働きかけ　190
発話領域　144, 146
判断文　256
範疇概念　15, 40, 115

ひ

非既知　172, 319, 321
非既知性　319
非限界化　151
非限界的　324
非限界動詞　167
非顕在的　1
非個体性　131
被使役者　191, 206, 217
被使役者マーカー　232
非実体性　131
非存在　153, 159, 172
非対格構造　283

346

非対格構文　148, 195
非対格動詞　2, 148, 285
否定詞　153, 163
否定文　256
被動文　193
非能格自動詞　3
非文脈指示的　84
非離散的　262, 324
品詞交替　45

ふ

副用語　46
副用語的特徴　41
普通話　138
不定　260
不定称　15
不定名詞句　299, 317
プロトタイプ　174, 195, 203
分割系　205, 209
文間照応　99
文終止　166, 176, 181, 182
文内照応　99, 102
文法化　217
文法形式　254
文法力　150, 169
文末助詞　139
文脈指示　100
文脈指示的　83
分類的限定　251, 253

へ

北京官話　138, 216, 218
変化　140, 141, 192
変化性　167, 168, 169
変化動詞　162

ほ

方位詞　18, 34, 35
方位詞相当　48

方位詞相当句　36
包合的視点　66, 69, 70, 71
方向補語構造　53
報告文　256
包摂関係　247
北方方言　138, 216
香港粤語　208

ま

マイナス敬語　88

む

無意志動詞　192
無テンス言語　137
無範疇　28
無標　70, 151

め

名詞性内心構造　30
明示的　3

も

モダリティ　154
モノ　263, 308
物語り文　256

ゆ

有責者　200
誘発使役文　190, 192, 277
誘発者　222, 230, 278
有標　70, 266
有標ヴォイス構文　189
有標化　151, 188
指さし　17

よ

様態　263

り

リアルな空間領域　146, 152
リアルな時間領域　152
リアルな時空間　140
離散性　325
離散的　262, 324
量　121
領属性　31
臨猗方言　209
輪郭化　323, 324
臨武方言　215

る

類　127
類体系　56

れ

歴史文法　57
連接機能　30
連体機能　37, 39, 127
連体詞　42
連体詞的用法　17

わ

ワレの領域　61, 64

[英語]

anaphoric　89, 93, 96, 100
atelic　142
atelic verb　167
Chao Yuen Ren　187
deictic　20, 34, 123, 125, 132, 133
imperfective　169
Li & Thompson　187
non-deictic　123, 125, 132, 133
perfect　159
perfective　169
reference-modification　56
saliency　110, 111
telicity　195
telic verb　167
VR構造　193, 214

著 者

木村英樹（きむらひでき）

京都市生まれ。大阪外国語大学中国語学科，東京大学大学院人文科学研究科博士課程を経て，現在，東京大学大学院人文社会系研究科教授。中国語学専攻。
著書に『ヴォイスの対照研究——東アジア諸語からの視点』（共編，くろしお出版），『中国語はじめの一歩』（筑摩書房），『中国語入門Q&A101』『中国語学習Q&A101』（共著，大修館書店），訳書に『文法講義』（共訳，白帝社）等。

中国語文法の意味とかたち
——「虚」的意味の形態化と構造化に関する研究——

2012年 5月28日　初版発行
2013年11月 8日　第2刷発行

　　　　著　者　　木村英樹
　　　　発行者　　佐藤康夫
　　　　発行所　　白　帝　社

　　　　　　　〒171-0014　東京都豊島区池袋2-65-1
　　　　　　　　　TEL 03-3986-3271　FAX 03-3986-3272
　　　　　info@hakuteisha.co.jp　http://www.hakuteisha.co.jp/

組版・印刷　倉敷印刷㈱　　製本　カナメブックス

Ⓒ Kimura Hideki 2012　Printed in Japan 6914　ISBN 978-4-86398-097-6
造本には十分注意しておりますが落丁乱丁の際はお取り替えいたします。